교육! 이게 뭡니까?

35년의 빛바랜 교무수첩에서

김창학 지음

도서출판 **위**

프롤로그
시대의 물결 앞에서 교육의 본질을 묻다:
35년 5개월, 교육 여정의 간절한 고백

존경하는 독자 여러분, 그리고 대한민국의 미래를 걱정하는 모든 분께.

저는 1985년, 청운의 꿈을 안고 사립학교 교단에 첫발을 디딘 이래, 2020년 8월 교감으로 정년퇴직하기까지 35년 5개월이라는 시간을 오롯이 학교 현장에서 보냈습니다. 1999년 공립 특채라는 새로운 도전을 거쳐, 공립학교와 사립학교의 경계를 넘나들었고, 중학교와 고등학교의 문화를 체득했으며, 심지어 2018년에는 해외 국제학교에서의 경험까지 더했습니다. 이 길고도 험난했던 여정은 단순한 경력의 나열이 아니라, 대한민국 교육의 명암(明暗)을 가장 가까이에서, 가장 깊숙이 체감한 한 교육자의 고독한 성찰의 기록입니다.

강산이 네 번 가까이 변하는 동안, 저는 교실이라는 작은 우주에서 수많은 학생들의 눈빛을 마주했습니다. 그 눈빛 속에는 미래에 대한 희망과 동시에 현실에 대한 불안이 공존하고 있었습니다. 그러나 시간이 흐를수록, 저의 가슴 한구석에는 암울한 그림자가 드리워지기 시작했습니다. 제가 근무했던 35년 5개월의 현장에서 체득한 냉정한 현실은, 우리의 미래가 우리가 기대하는 만큼 밝지 않다는 뼈아픈 진실이었습니다.

"우리의 교육이 변하지 않고 지금처럼 학교 현장에서 교육이 이루어 진다면 미래가 없다." 이 단언은 단순히 한 퇴직 교감의 푸념이 아닙니다. 이는 격변하는 시대 앞에서 교육의 본질을 외면한 채, 낡은 체제를 고수하고 있는 우리 교육 시스템에 대한 간절한 경고입니다.

엇갈린 교실 풍경과 교육 이기주의의 그림자

제가 교직을 시작했던 80~90년대와 비교하면, 학급당 학생 수는 눈에 띄게 줄어들었습니다. 분명 교육의 질을 높일 수 있는 절호의 기회였습니다. 그러나 현실은 어떠했습니까? 같은 지역, 같은 교육지원청 관할 내에서도 학생 수가 15~20명에 불과한 소규모 학교와 30~40명에 이르는 과밀 학교가 공존하는 기형적인 현장이 펼쳐지고 있습니다. 교육 현장이 이처럼 천차만별로 엇갈리는 이유는 무엇일까요?

표면적으로는 일부 학부모들의 교육 이기주의가 작용하고 있는 것이 사실입니다. 명문 학군을 찾아, 소위 '좋은 학교'에 자녀를 보내려는 부모의 마음은 이해하지만, 그로 인해 다른 학교의 교육 환경은 황폐해지고 있습니다.

그러나 더 깊은 곳에는 교육 행정의 무능과 나태가 자리 잡고 있습니다. 교육청이 학교 현장에 대한 정확하고 냉철한 진단을 하지 못하고 있기 때문입니다. 학교가 밀집된 곳은 과밀로 몸살을 앓고, 외곽의 학교는 존폐의 기로에 서 있습니다. 이처럼 불균형하고 불평등한 교육 환경 속에서, 어떻게 모든 학생들에게 공평한 미래를 이야기할 수 있겠습니까? 학교 현장의 문제는 더 이상 학교만의 문제가 아니라, 교육 시스템 전체의 병든 심장을 보여주는 증거입니다.

학생을 위한 학교인가, 교사를 위한 기관인가?

저는 이 책을 통해 가장 근본적이고 불편한 질문을 던지고자 합니다.
"학교는 학생을 위하여 존재합니까?"

35년 5개월, 교육에 대한 저의 모든 경험과 진심을 걸고 얻은 정답은 차갑고 아픈 "아닙니다" 입니다. 제도와 형식은 학교가 학생의 성장을 돕는 기관이라고 말하지만, 냉정한 현실은 학교가 '상급학교 입시 준비 기관'이라는 굴레를 벗어나지 못하고 있습니다.

아이들의 삶에 진정으로 필요한 '교육다운 교육'은 현재 학교에서 안 하는 것이 아니라, 못하고 있습니다. 교사들은 행정 업무와 입시 압박이라는 두터운 벽에 갇혀, 정작 가르쳐야 할 삶의 지혜와 미래 사회를 살아갈 힘을 아이들에게 전수하지 못하고 있습니다.

이러한 현실 앞에서, 저는 학교가 학생들을 위하여 존재하는 것이 아니라, 교사들을 위한 기관일 뿐이라는 비극적인 결론에 도달했습니다. 물론, 교사의 열정과 헌신이 중요합니다. 그러나 시스템 자체가 교사가 학생을 진정으로 위하는 교육을 방해하고 있다면, 개개인의 노력은 결국 헛된 메아리에 그치고 맙니다. 지금 학교에서 이루어지는 교육이 과연 우리의 삶을 위한 본질적인 교육을 실시하고 있을까요? "그렇지 않다"는 것이 35년간 교단에 섰던 저의 솔직하고 고통스러운 대답입니다.

감동 없는 행정, 교육청은 걸림돌인가?

학교 교육의 근본적인 변화를 막고 있는 또 하나의 거대한 벽은 바로 교육부와 교육청입니다.

저는 교육청의 존재 이유에 대해 묻지 않을 수 없습니다. 교육청은 과연 학교 현장을 지원하기 위하여 존재하는 기관입니까? 안타깝게도 저의 오랜 경험은 그들이 정부 및 정권의 체제를 유지시키기 위한 제도권 교육의 첨병에 불과하다는 인상을 지울 수 없었습니다. 그들의 역할은 학교 현장을 지원하기보다는, 통제하고 감시하는 기관 내지는 제도에 가까웠습니다.

학교 현장에서 겪는 고통은 "교육청은 감동 없는 행정처리 기관일 뿐"이라는 어느 교사의 한 마디에 너무나도 정확하게 응축되어 있습니다. 현장의 맥박을 짚기보다, 서류와 지침에 매몰되어 탁상공론식 행정을 반복하는 그들의 모습은 수많은 교사들의 사기를 꺾고 교육의 창의성을 질식시켰습니다. 학교 현장의 변화를 가로막는 가장 큰 걸림돌이 교육청이라는 생각이 드는 것은, 비단 저만의 고독한 의견일까요? 저는 절대 그렇지 않다고 믿습니다. 수많은 현장 교사들의 절규가 이 의견에 힘을 실어줄 것입니다.

35년 5개월의 성찰, 변화는 여기서부터

교육이 변해야 합니다. 그리고 교육이 변하기 위해서는 학교 현장이 변해야 합니다. 더 나아가, 학교 현장이 변하기 위해서는 교육부와 교육청이 먼저 근본적으로 변해야 합니다. 이것이 제가 35년 5개월간의 교육 여정에서 얻은 가장 명확하고 절실한 결론입니다.

저는 이 책을 통해, 대한민국 교육의 현주소를 진단하고, 우리가 어디서부터 잘못되었는지를 처절하게 되돌아보려 합니다. 저의 자서전적인 경험과 성찰이 부디 우리의 미래 세대를 위한 새로운 교육의 패러다임을 여는 작은 불씨가 되기를 간절히 소망합니다. 누구를 폄훼하고자 하는 생각은 없습니다.

우리가 진정으로 학생들을 위한 교육을 시작할 때, 그때서야 비로소 우리의 미래는 밝아질 것입니다. 이 간절한 염원을 담아, 35년 5개월간의 빛 바랜 교무수첩과 현장 경험을 토대로 이 책을 씁니다.

2025년 가을,
교육의 본질을 갈망하는 한 교육자, **김 창 학** 드림.

저자 소개
"현장이 곧 정책이다" 김창학 前 교감

현장과 정책을 연결하는 독보적 경력

김 전 교감은 단순한 '교사 출신'을 넘어, 교육 현장과 중앙 정책을 모두 아우르는 '올라운드 교육 전문가'로 평가받는다. 한국교원대학교에서 교육과정(석사)을 전공한 그는 교육 이론에 대한 깊은 이해를 바탕으로 서울의 사립고등학교와 여러 중학교에서 교사 및 교감(증산중, 양천중)을 역임했다. 특히, 자카르타한국국제학교 교감 경험은 그의 교육 시야를 국제적인 수준으로 넓혔다.

그의 강점은 현장의 어려움을 정책화하는 능력에서 나온다. 서울시교육청 혁신학교 정책자문위원, 교육부 교육과정심의위원, 고등학교 교과서 심의위원을 지낸 경력은 학교 현장의 목소리를 중앙 교육 정책에 반영하는 통로 역할을 해왔음을 입증한다. 이는 단순히 경험이 많은 인사가 아닌, 현장 대처 능력과 정책 설계 능력을 동시에 갖춘 리더로서의 자격을 보여준다.

증산중 혁신 신화: '명품학교' 디자인하다

김 전 교감의 교육 리더십은 이론에만 머물지 않았다. 증산중 교감 재직 시절, 그는 '4무 1고(학교폭력 Zero, 학부모 민원 Zero, 수업결손 Zero, 행정업무 Zero 및 교육만족도 최고) 운동'과 '3혁신(수업·행정·생활

자치 혁신)'을 추진하며 학교를 근본적으로 변화시켰다. 지역 여건이 불리했던 학교를 '명품학교'로 탈바꿈시킨 이 경험은, 현재 서울 교육이 직면한 학교 간 교육 격차 및 학교 활력 저하 문제를 해결할 수 있는 실질적인 해법을 제시할 수 있다는 기대를 낳는다.

그의 교실 혁신은 더욱 구체적이다. 스마트교실 운영, 분필 없는 수업, 체험 중심 프로젝트형 수업 등 혁신적인 교수법을 도입하여 교사와 학생 모두가 성장하는 '배우는 학교' 모델을 직접 구축했다. 중앙일보 [2018. 2.16일자 더, 오래 인생샷에 소개]가 그를 "퇴직 이후에도 가르침을 멈추지 않는 교사"로 평가했듯, 그의 교육 철학은 '가르침은 곧 배움이다'라는 확고한 신념 위에 서 있다.

'평생의 길' 가르침, 소외된 청소년까지 아우르다

김 전 교감의 헌신은 퇴직 후에도 멈추지 않았다. 3년간 법무부 특별보호관찰위원으로 활동하며 위기 청소년들을 위한 교육에 앞장섰고, 이 경험을 『특별한 금쪽이 900일의 기록』이라는 저서로 펴냈다. 이는 그의 교육 범위가 일반 학교를 넘어 교육의 사각지대에 놓인 아이들에게까지 미치고 있음을 보여준다.

그는 현직 시절부터 '수업방법연구회'를 주도하고, '백두산통일교육연구회' 회장으로 통일 교육에 열정을 쏟는 등 끊임없이 교사들의 역량 강화와 시대적 과제 해결에 집중해왔다. 총 18차례의 표창(장관상 4회, 교육감상 7

회 등)과 홍조근정훈장은 그의 헌신에 대한 교육계의 공식적인 인정이다.

"교단은 떠날 수 있어도, 가르침은 평생의 길이다."라는 좌우명처럼, 김창학 전 교감은 학교 현장과 정책을 꿰뚫는 중도 실용주의와 혁신 리더십이 서울 교육을 어떻게 변화시킬지에 대한 기대감을 높이고 있다. 현재 화곡4동주민자치회장, 강서구 지방보조금심의위원, 강서구 긴급지원심의위원, 민주평통자문위원으로 활동하고 있다.

*저서

- 고교생을 위한 취업정보소프트(양서원)

- 생활금융(한국교과서)

- 사랑과 기다림으로 피는 꽃(공저, 다나출판사)

- 특별한 금쪽이 900일의 기록(소락원)

*수상

- 18차례의 표창(장관상 4회, 교육감상 7회 등)

- 모범공무원상(2012)

- 공무원 연금공단은퇴공무원 사회공헌활동 우수상(2022~2023)

- 전국 학교폭력 전담조사관 우수사례 공모전 우수상(2024)

- 홍조 근정훈장(2020)

- 교육부 교육개혁체험수기 공모 우수상(1997)

CONTENTS

CONTENTS

제1장

교단 35년,
사랑과 혁신으로 쓴
실업계 교사의
고독한 역사

제**1**장
교단 35년, 사랑과 혁신으로 쓴 실업계 교사의 고독한 역사

제1장은 1990년대 후반 실업계 고등학교 교사로서 교육 혁신 도전과 제자들에 대한 헌신적인 사랑을 담은 네 편의 수기를 바탕으로 작성하였습니다.

'분필 없는 교실'의 혁신적 서막 (1997년 3월)

• 연구 배경 및 목표: 금옥학술문화재단 연구비(500만원)를 받아 'LCD PROJECTOR를 이용한 분필 없는 수업의 실현' 연구 시작. 당시로서는 낯선 교실 혁신에 대한 주변의 의아함과 무관심 속에서 고독한 도전을 감행.

연구 과정 및 성과: 학교에 없던 빔 프로젝터를 빌려 첫 수업을 진행. 학생들의 폭발적인 반응을 얻으며 연구 성공. 우리나라 '분필 없는 수업 연구'의 첫 페이지를 장식했다는 자부심과 이후 수업 혁신 연구의 밑거름이 됨.

실업계 교사 김창학의 '25시' (1997년 5월, 스승의 날)

• 현실 인식: 실업계 고등학교는 지식뿐 아니라 사랑, 열의, 인간관계의

기본 태도까지 가르쳐야 하는 곳이며, 학생들의 높은 결석·자퇴율이 현실(당시 화곡동 신정여상).

- 헌신의 이유: 13년 전, 종일 미싱 바늘만 쳐다봐 글씨가 잘 안 보이던 봉제공장 소녀의 흐린 눈을 잊을 수 없으며, 이 눈빛이 실업학교에서 힘쓰는 동력임.

- 숨가쁜 일과 ('25시'): 오전 7시 10분 보충수업, 잦은 아침 식사 거름, 행정 잡무 처리, 점심시간 상담, 수업 외 자료 준비로 시간을 쏟아부음. 명목상 퇴근 시간(4시 50분) 이후에도 잡무와 상담 노트 정리 등으로 밤 9시에야 귀가. 늦은 밤까지 교재 준비를 이어가는 것이 '25시'의 일상.

끝없는 사랑으로 문제아를 바로 세우다 (1996년 ~ 1997년)

- 도전과 결심: 무단가출, 무단결석, 성적 꼴찌(758명 중 747등)였던 '문제아' 서OO을 만남. '끝없는 사랑만이 문제아를 바로잡을 수 있다'는 신념으로 지도 결심.

- 신뢰와 변화: 염색을 지우려는 작은 노력에서 희망을 발견하고, 모두의 의아함 속에서 OO이에게 임시 반장을 부탁. 1주일 후 정식 반장 선거에서 80% 이상의 지지로 당선되어 감격의 눈물을 흘림.

- 노력의 결실: 꼴찌 반장이라는 부담감이 동력이 되어 독서실에서 밤 늦도록 공부. 2학년 첫 중간고사에서 학급 석차 55등에서 17등으로 급상승. 이후 3학기 연속 반장을 맡으며 학업과 학교생활 모두에서 모

범생으로 거듭남.

- 교육의 보람: 1997년 6월, 이 경험을 정리한 수기로 교육부 주최 '교육체험수기 현상'에서 본상(우수작) 수상. 한 교사의 작은 배려와 믿음이 아이의 인생을 바꿀 수 있음을 재확인하며, 제자들을 향한 사랑을 영원한 나침반으로 삼겠다는 다짐으로 글을 마무리.

▷ 공립학교로의 전환 소신: 필자는 사립학교의 구조적 문제에 절망하여 공립학교로 전직했습니다. 그는 '교사는 교육을, 교장은 교사를 지원'한다는 원칙을 가진 교장을 만나 리더십의 모범을 배웠습니다. 이후 연구부장으로서 특정 교사 가산점 부여라는 부당한 지시에 "예, 저는 반대합니다"라며 원칙을 고수했고, 독선적 분위기를 피해 강남 근무를 포기하는 소신을 택하며, 교육의 본질인 원칙과 공정성을 지켰음을 강조합니다.

나의 도전, 분필 없는 교실의 서막

1997년 3월, 내 가슴은 벅찬 기대와 짙은 고독 사이에서 떨리고 있었습니다. 금옥학술문화재단으로부터 받은 500만원의 연구비. 당시로서는 거금이었지만, 내가 시작하려는 연구의 무게에 비하면 가벼운 돌멩이 같았습니다. '분필 없는 수업 연구'. 상상조차 어려운 교실의 혁신, 그 미지의 영역에 나는 첫발을 내디뎠습니다.

힘겨운 여정의 시작이었습니다. 세상은 여전히 하얀 분필 가루와 칠판 지우개 소리에 익숙한데, '분필 없는 수업'이라니! 주변 동료들의 눈빛에는 의아함과 무관심이 교차했습니다. 공립학교도 아닌 사립 상업계 고등학교에서, 수업 방법 개선이라는 낯선 도전을 외치는 일은 결코 쉽지 않았습니다. 혁신은 원래 외로운 길입니다. 쉬웠다면 누가 그것을 혁신이라 불렀겠습니까.

온갖 서러움과 시선 속에서도, 나는 교육의 한계를 절감했습니다. 이대로는 안 된다는 내 안의 목소리가 끊임없이 나를 채찍질했습니다. 기자재가 변변치 않던 시절, 분필 없는 교실을 상상하는 것은 사막에서 오아시스를 찾는 것만큼이나 막막했습니다. 나의 연구 주제는 'LCD PROJECTOR를 이용한 분필 없는 수업의 실현'. 문제는 장비였습니다. 학교에 빔 프로젝터가 없었기에, 영진출판사의 도움을 받아 귀한 장비를 빌려와야 했습니다.

떨리는 마음으로 시작한 첫 수업. 결과는 놀라웠습니다. 학생들의 눈빛은 호기심으로 빛났고, 그들의 반응은 폭발적이었습니다. 빛과 화면이 만들어내는 새로운 교실 풍경은 학생들에게 신선한 충격이었고, 나에게는 연구 성공의 확신을 안겨주었습니다. 그렇게 'LCD PROJECTOR를 이용한 분필 없는 수업의 실현'은 성공적으로 마무리되었고, 연구 결과를 금옥학술문화재단에 제출했습니다. 어쩌면 이것이 우리나라 '분필 없는 수업 연구'의 가장 첫 페이지가 아닐까 조심스레 생각해 봅니다.

그때의 고독했던 도전은 내게 값진 자신감을 선물했습니다. '열린 수업', '수업 혁신'의 가능성을 온몸으로 체감한 나는, 2년 후 공립학교로 이동하여 수업방법연구회를 조직하고 수업 개선에 매진하는 밑거름으로 삼았습니다. 그 시절, 남들이 외면했던 작은 씨앗이 오늘날 교육의 변화에 작은 기여라도 했다는 사실이 가슴 벅찬 보람으로 남아있습니다. 나의 힘든 여정은 그렇게 의미 있는 역사가 되었습니다.

'25시'를 사는 실업계 교사, 나의 스승의 날

1997년 5월, 스승의 날. 사람들은 으레 교육의 성과는 교사의 수준을 넘어설 수 없다고 말하지만, 실업고등학교의 현실은 일반 인문계와는 사뭇 다릅니다. 지식뿐 아니라, 사랑과 열의, 그리고 인간관계의 기본 태도까지 가르쳐야 하는 곳.

서울 강서구 화곡동 신정여자상업고등학교에서 3학년 14반 담임을 맡고 있는 김창학, 당시 서른아홉인 나의 하루는 늘 25시간이 모자란 듯 흘러갑니다.

그 눈빛을 잊을 수 없어, 당시 나의 교직 13년.

13년 전 초임 교사 시절, 저는 산업체 특별학급 학생들을 가르쳤습니다. 저녁 6시, 1학년 전자계산 수업 시간이었죠. 칠판에 걸린 차트의 큼직한 글씨가 안 보인다는 한 아이의 말에 교실 뒤로 갔습니다. 칠판 글씨보다 더 큰데 왜 안 보이냐고 물었더니, 아이는 종일 미싱 바늘만 쳐다봤더니 형광등 불빛 아래선 글씨가 잘 안 보인다고 고개를 떨구더군요. 그 봉제공장 소녀의 흐린 눈을 보며 저는 함께 울었습니다.

바로 그 눈빛이, 제가 남들이 쉽게 포기하고 학생들 스스로 자조하는 실업학교에서 지금까지 힘써 지낼 수 있는 이유입니다. 전교생 중 하루 결석생이 100여 명이고, 한 해가 지나면 가출과 자퇴로 한두 학급 인원이 줄어드는 것이 현실입니다. 지금은 많이 달라졌다고 하지만, 그때 흐린 눈을 비비며 공부하던 소녀들을 떠올리면 저는 언제나 20대 초임 교사로 돌아간 듯 힘이 솟아납니다.

그때 그 시절 스승의 날

잡무와 허기에 시달리는 하루 일과, 그때 그 시절

가르치는 일은 즐겁지만, 현실은 녹록지 않습니다. 여느 학교처럼 학생들이 무조건 따라주는 것만은 아니며, 각종 잡무에 정시 출퇴근은 꿈도 못 꾸죠.

제 하루는 오전 7시 10분, 1학년 전자계산 보충수업으로 시작됩니다. 미진한 부분을 보충하러 일찍 나온 아이들을 봐주려면 저 역시 10분 먼저 도착해야 하니, 아침 식사는 거르기가 일쑤입니다. 직원 조회가 7시 50분인데, 보충수업이 8시 10분에 끝나니 저는 동료에게 조회 상황을 전해 듣고 바로 교실로 향합니다.

오전 8시 30분, 학급조회 후 1, 2교시를 연달아 끝내면 허기가 져 머리가 어지럽습니다. 10시 20분, 교육청에 보낼 공문을 기안하고 행정실에 서류를 넘기자 거른 아침을 먹고 쉬었어야 할 3교시가 거의 지났습니다. 남은 시간엔 시골 간 어머니를 피해 가출한 학생 집에 전화를 걸어 오후 늦게 등교하겠다는 연락을 받습니다.

4교시는 2학년 전자계산 일반 수업. 오전을 쉼 없이 보내고 나면 자리에 앉고 싶은 마음 간절하지만, 점심은 늘 시간을 아끼려 구내식당 2,500원짜리 백반으로 때웁니다. 식사 후엔 최근 아버지가 부도를 당한 ○○이가 잘 지내는지 이야기를 나눕니다.

5교시 역시 2학년 전자계산 일반. 슬라이드를 사용하다 보니 수업 시간보다 몇 배 긴 시간을 자료 준비에 쏟아부어야 합니다. 6교시는 수업이 없어 다음 전자계산 실무 수업 자료를 준비하는 데 한 시간을 보냅니다.

상담과 잡무, 그리고 퇴근 시간 이후의 '25시'

7교시는 상담 시간입니다. 10월 예비 취업을 앞둔 학생들에게 직장 예절을 가르치고, 부모님의 진학 권유에 고민하는 상미, 연예인이 되겠다는 현이를 불러 대화를 나눕니다.

오후 3시 50분 종례 후에는 청소 시간입니다. 저희 반은 교실 청소를 하지 않습니다. "버리지 않으면 청소하지 않아도 된다"는 제 지도로 보통 주번 두 명이 쓰레기통만 비우면 되죠.

학급일지 결재를 마치면 4시 50분, 명목상 퇴근 시간입니다. 하지만 윤리부 글짓기 심사, 학생들의 건의 사항이 담긴 명상 노트를 읽는 등 밀린 일을 챙기다 보면 어느새 창밖이 어두워집니다. 10여 분 거리의 집에 도착하는 시간은 보통 저녁 9시.

저녁을 먹고 신문을 뒤척이다 다시 교재 준비를 위해 컴퓨터 앞에 앉습니다. 몸 생각 좀 하라는 아내의 성화가 잦아들고 무거운 졸음이 몰려올 때쯤, 저는 얼핏 꿈속에서 침침한 눈을 비비며 공부하던 소녀들을 마주칩니다. 그러면 저는 벌떡 정신을 차리고 다시 모니터 앞으로 다가앉습니다.

이것이, 스승의 날을 맞은 실업고 교사 김창학의 '25시'입니다. 교육이란 단순히 지식을 전하는 것이 아니라, 절망 속에서도 희망을 보게 하고, 자신의 삶을 사랑하게 만드는 사랑과 열의의 과정임을 오늘도 깨닫습니다.[1997. 5. 15일자 세계일보 소개]

제자의 변화는 나의 기쁨, 끝없는 사랑으로 서○○을 바로 세우다

문제아를 마주하다, 그리고 결심

1996년 3월, 2학년 8반 담임을 맡았을 때, 제 앞에 놓인 아이들 명단 중 유독 눈에 띄는 이름이 있었습니다. 서○○. 1학년 때부터 무단가출 3회, 무단결석 28회, 조퇴 4회. 성적은 전교 758명 중 747등, 반에서 55등. '부모도 어쩌지 못하는 대책 없는 아이'. 모두가 포기한 꼴찌 문제아였습니다.

학생들의 탈선이 심각한 사회문제로 대두하던 그때, 저는 한 가지 확신을 가지고 교단에 섰습니다. '끝없는 사랑만이 문제아를 바로잡을 수 있다.' 저는 ○○이를 바로 세우기로 결심했습니다.

개학 첫날, ○○이는 머리를 빨갛게 염색한 채 교실에 앉아 있었습니다. 저는 지우라고 지시했고, 다음 날 그녀의 머리는 완전히 깨끗하지는 않았지만, 염색약을 지우려 애쓴 흔적이 역력했습니다. 저는 그 작은 노력에서 희망을 보았습니다. '아, 이 아이는 관심을 쏟으면 바로 잡을 수 있겠구나.'

고심 끝에 저는 모두가 의아해할 만한 결정을 내렸습니다. 반장 선거가 있을 때까지 ○○이에게 임시 반장을 맡아줄 것을 부탁한 것입니다. ○○이는 처음에는 불편한 심정이었을 것입니다. 자신이 문제아라서 특별 대우를 받는다고 생각했을 수도 있습니다. 하지만 저는 ○○이에게

'반장'이라는 책임감과 '너도 할 수 있다'는 믿음을 심어주고 싶었습니다.

그리고 1주일 후, 정식 반장 선거가 열렸을 때 놀라운 일이 벌어졌습니다. 1학년 때 반장을 지낸 모범생을 제치고, ○○이가 무려 80%가 넘는 지지로 당선된 것입니다. 교실 안에는 환호와 감동이 가득했습니다. ○○이는 정식 반장이 되자 고마움에 눈물부터 쏟았다고 했습니다. 그 눈물은 그 아이가 이제껏 받아보지 못했던 인정과 신뢰에 대한 반응이었을 것입니다. 그날, 저는 ○○이의 학교생활에 일대 전환점이 찾아왔음을 확신했습니다.

기적을 만들어낸 꼴찌 반장의 부담감

반장이 된 후, ○○이는 스스로를 채찍질하기 시작했습니다. "꼴찌 반장으로는 친구들의 신뢰를 얻을 수 없을 것 같다는 부담감" 때문이었습니다. 이 부담감은 그녀를 움직이는 가장 강력한 동력이 되었습니다. 그녀는 방과 후 거리를 배회하는 대신 집 근처 독서실을 찾아 밤늦도록 공부에 매달렸습니다.

저는 ○○이의 작은 변화 하나하나를 놓치지 않고 칭찬하고 격려했습니다. 아이가 스스로의 힘으로 자신의 삶을 바꾸려 노력하는 모습은 지도교사로서 저에게도 큰 감동이었습니다. 저는 그녀의 성실함과 진심이 언젠가 결실을 맺을 것임을 의심치 않았습니다.

그리고 2학년 첫 중간고사, ○○이는 저와 급우들 모두를 놀라게 했습니다. 학급 석차 55등에서 17등으로 껑충 뛰어오른 것입니다. 이 성적 향상은 단순히 ○○이 한 명의 변화가 아니었습니다. 급우들에게까지 "할 수 있다"는 자신감을 심어주는 기폭제가 되었습니다. 한때 모두가 포기했던 꼴찌가 노력으로 상위권에 진입하는 모습을 보며, 아이들은 노력의 가치를 온몸으로 깨달았을 것입니다.

○○이는 이제 목표가 생겼습니다. D공전 전자계산학과에 진학하기 위해 계속해서 정진했습니다. 노력한 만큼 성적을 올릴 수 있다는 확신을 얻은 아이는 더 이상 헤매지 않았습니다. 저의 역할은 이제 잔소리가 아닌, 든든한 조력자이자 응원자가 되는 것이었습니다.

사랑의 결실, 그리고 교사의 보람

○○이는 그 후로도 끊임없이 성장했습니다. 2학년 때부터 3학년 1학기까지 세 학기 동안 내리 반장을 맡으며 리더십을 발휘했습니다. 성적도 꾸준히 올라 2학년 학급 석차 18등, 3학년 1학기에는 14등을 기록했습니다. '문제아'의 꼬리표는 완전히 떼어지고, 그녀는 학업과 학교생활 모두에서 급우들의 신뢰를 한몸에 받는 모범생으로 거듭났습니다.

가출과 무단결석을 일삼던 아이가, 주변의 믿음과 스스로의 의지로 삶을 개척해나가는 모습을 지켜보는 것은 교사로서 느낄 수 있는 최고의 보람이었습니다. ○○이의 이야기는 저에게 '끝없는 사랑만이 문제아를 바로잡을 수 있다'는 저의 신념을 다시 한번 확인시켜 주었습니다.

1997년 6월, 저는 ○○이와의 1년여의 경험을 정리하여 교육부 주최 '교육체험수기 현상'에 공모했습니다. 그리고 감사하게도 11명의 본상

(우수작) 수상자 중 한 사람으로 선정되었습니다. 제 이야기가 세상에 알려져 우리 교단에 작은 신선한 반향을 일으켰다는 사실이 기뻤습니다.

○○이의 변신은 한 아이의 성공을 넘어, 우리 교육에 던지는 메시지입니다. 학생들에게는 존중과 믿음을, 그리고 교사들에게는 헌신적인 사랑과 포기하지 않는 인내를 주문하는 이야기라고 생각합니다. 한 교사의 작은 배려와 믿음이 한 아이의 인생을 완전히 바꿀 수 있다면, 그보다 더 가치 있는 교육은 없을 것입니다. 저는 앞으로도 제자들을 향한 끝없는 사랑 실천을 멈추지 않을 것입니다.

"사랑만이 문제아를 바로잡을 수 있습니다." 이 진리는 제 교직 생활 35년 5개월의 영원한 나침반이 되었습니다.

원칙을 지킨 소신, 새로운 교육의 길을 열다

14년 5개월. 필자의 교직 생활은 사립 상업계 고등학교에서 시작되었습니다. 거대했던 학교에서 3학년 17반 담임교사로서 학생들의 미래를 고민하던 나날이었습니다. 그러나 필자는 단지 한 학기를 남겨두고 공립학교로의 전환을 결심했습니다. 그 배경에는 교육 현장의 근본적인 문제에 대한 깊은 성찰이 있었습니다.

학생 모집에는 열을 올리면서도 사후 관리, 특히 취업 문제에는 무관심한 현실을 보며 절망감을 느꼈습니다. 아이들의 취업을 위해 퇴근 후 대기업 인사부서를 직접 찾아다니며 일자리를 부탁해야 했던 경험은, 제 개인의 노력만으로는 해결할 수 없는 구조적 모순을 깨닫게 했습니다. 저는 이러한 교육 현실을 근본적으로 개혁하기 위해서는 더 넓고 공적인 무대인 공립학교로 가야 한다는 소신을 갖게 되었습니다.

결국 공립특채시험에 합격했고, 9월 1일 자로 강남의 한 중학교로 자리를 옮기며 새로운 도전을 시작했습니다. 고등학교 3학년을 지도하다가 중학교 1학년 학생들을 만나게 된 것은 큰 변화였지만, 저는 그 순수한 아이들 속에서 **'사랑이 있는 곳에 교육이 있다'**는 변치 않는 교육의 원칙을 다시 확인했습니다.

훌륭한 리더십, 원칙과 지원의 문화

새로운 학교에서 저는 평생의 스승이 되어주신 고원영 교장선생님을 만났습니다. 교육부 고위직 출신이셨음에도 불구하고, 교장선생님은 학교 발령에 감사하며 **'교육은 선생님이 하는 것, 교장은 선생님을 지원하는 것'**이라는 확고한 원칙을 가지고 계셨습니다. 이 말씀은 학교 운영 전반에 걸쳐 실현되었습니다.

이전에는 교사 단체의 활동 예산 신청이 제대로 승인되지 않아 갈등이 잦았지만, 고 교장선생님은 달랐습니다. 꼼꼼하게 편성된 예산은 용도에 맞게 모두 집행되어야 한다며, 교과나 부서에서 신청한 예산을 원칙적으로 삭감이나 조정 없이 흔쾌히 승인해 주셨습니다. 이러한 투명하고 원칙적인 예산 집행 덕분에 학교 내 갈등의 여지가 사라졌습니다.

훗날 제가 교감으로 근무하던 학교에서 전년도에 8천여만 원의 예산이 집행되지 않은 사례를 접했을 때, 저는 원칙을 고수하는 리더의 역할이 얼마나 중요한지 다시 한번 절감했습니다. 고원영 교장선생님은 제가 지향해야 할 '원칙 있는 지도자'의 모범이었습니다.

독선과의 대립, '대한민국에서 지시를 반대하는 연구부장 있나?'

제가 학교를 옮기게 된 결정적인 계기는 '원칙'과 '독선'의 정면충돌이었습니다. 당시 저는 연구부장이었고, 학교는 '귀국학생 특별학급' 운영

공로 교사에게 연구 가산점을 부여하는 제도를 시행하고 있었습니다. 이 가산점은 교사 승진에 필수적인 요소였습니다.

문제는 한 관리자가 며칠 전까지 반대하던 입장을 바꿔 특정 교사에게 가산점을 부여하라는 부당한 지시를 내린 것이었습니다. 저는 단호하게 반대했습니다. "대한민국에서 'OO이 지시를 반대하는 연구부장 있나?'"라는 압력성 질문에도 불구하고, 저의 대답은 **"예, 저는 반대합니다"**였습니다. 가산점 부여는 연구 활동 참여의 공정성이라는 중요한 원칙이 걸린 문제였기 때문입니다. 부당한 지시를 묵과하는 것은 교육의 공정성을 무너뜨리는 것이라 생각했습니다.

이 상황을 알게 된 고원영 교장선생님은 저를 보호하기 위한 현명한 결정을 내리셨습니다. "김 부장님! 나서지 마십시오. '연구 가산점 부여 위원회'를 소집하여 논의하도록 하세요." 이 조치는 관리자의 독단적 지시를 막고 공식적인 절차와 민주적인 논의라는 원칙을 따르게 한 것이었습니다.

소신을 지킨 대가와 후회 없는 선택

결국 연구 가산점 부여 위원회에서는 특정 교사에게 가산점을 부여하라는 지시가 통과되지 않았습니다. 저는 원칙을 지켰지만, 그 대가로 '괘씸죄'의 대상이 되었습니다. 부당한 압력 앞에서 침묵하지 않고 소신을 지킨 저의 행동이었습니다.

저는 더 이상 그 관리자의 독선적인 분위기 속에서 교육을 지속할 수 없다고 판단했습니다. 강남에서의 근무 여건을 포기하고, 집에서 가까운 학교로 원거리 내신을 신청하여 자리를 옮겼습니다. 주변에서는 강남에서의 근무를 선호하던 시기였기에 저의 결정을 의아하게 생각했지만, 저는 잘한 선택이었다고 확신합니다.

교육의 본질은 원칙과 공정성에 있다고 믿습니다. 저는 부당한 권위나 독선에 굴복하지 않고, 제가 믿는 교육적 소신을 지키기 위해 기득권적인 환경을 떠났습니다. 비록 강남이라는 좋은 환경을 떠났지만, 저의 원칙과 양심을 지킬 수 있었다는 점에서 이 선택은 저의 교직 인생에서 가장 중요한 소신 행위로 남아 있습니다. 새로운 학교에서 저는 다시 한 번 원칙에 기반한 교육을 펼쳐나갈 수 있었습니다.

제2장

학교의 모습:
일그러진 학교 현장,
그리고 35년의 기록

제2장

학교의 모습:
일그러진 학교 현장, 그리고 35년의 기록

이 기록은 필자가 1999년부터 2020년까지 교무수첩에 기록한 내용을 토대로 '일그러진 학교 현장'에 대한 성찰과 노력의 기록입니다. '잠자는 교실'을 넘어: 교사의 비애와 무너진 교권을 위한 한 교육 관리자(교감 및 부장교사 등)가 35년 5개월의 교직 생활 동안 직접 겪거나 목격한 교권 추락의 현실, 학교 내 갈등, 유능한 교직원들과의 인연, 그리고 교육 현장의 애환을 담은 자서전적 기록으로 교육현장을 되돌아 보기 위해 필자가 35년 5개월의 교육여정을 빛바랜 교무수첩에서 찾아낸 진기록입니다.

제2장에 소개한 내용은 다음과 같습니다.

1. 무너진 교권과 교사의 비애 (잠자는 교실)

• 충격적인 교실 풍경: 교감으로 발령받은 학교의 교실에서 학생들이 대다수 엎드려 자고 있고, 교사는 무력감 속에 천장만 바라보는 '잠자는 교실'을 목격하며 큰 충격을 받았습니다.

• 교권의 추락: 수업 중 교사를 조롱하거나 학습을 방해하는 학생이 있으나, 정당한 생활지도가 학부모 민원이나 아동학대 신고로 돌아와 교사들

이 침묵을 택하는 무기력한 현실을 교무수첩의 내용을 정리했습니다.

- **교감의 노력**: 필자는 교사들과의 경청의 시간을 늘리고, 문제 발생 시 교감이 직접 개입하여 교사들의 방패막이가 되며 교권 울타리를 만들고자 노력했습니다.
- **작은 희망**: 2년간의 노력 끝에 기적적인 변화는 없었지만, 교사들의 연대감 강화와 '그럼에도 불구하고 가르치겠다'는 작은 의지의 불꽃을 보며 보람을 느꼈습니다.

2. 학교 내 유능한 인재들의 갈등과 애환

- **열정적인 부장교사의 전출**: 1학년 부장이 교장과의 깊은 갈등으로 인해 전출을 요청했고, 필자는 규정에도 불구하고 교육적 열정을 지키고자 교육지원청을 설득해 전출을 성사시켰습니다. 이는 인간적인 갈등이 교육 현장에 미치는 악영향을 보여줍니다.
- **연구부장의 씁쓸한 퇴장**: 학교의 핵심이었던 유능한 연구부장이 교원평가 문항 배치 문제로 교장과 갈등을 겪은 끝에 소신을 지키고자 학교를 떠난 일화는, 평가 논쟁이 귀한 인재를 잃게 하는 씁쓸한 현실을 지적합니다.
- **두 수장의 불협화음**: 학교를 이끌어가는 교장과 행정실장이 공사 진행 문제를 두고 규정(행정실장)과 권한(교장)으로 격렬하게 충돌하는 모습을 목격했습니다. 이는 학교 운영의 두 축인 행정과 교육의 신뢰가 무너지는 단면을 드러냈습니다.

3. 교직 생활 속 잊을 수 없는 인연과 가르침

- **따뜻한 배려와 정의로운 배려:** 필자는 저출산 문제와 육아 교사의 고충을 인식하고 육아 교사들에게 비담임을 맡기거나 1교시 수업을 배당하지 않는 등 '정의로운 배려'를 실천했습니다.

4. 아찔하고 황당했던 학교 행정 및 소통 경험

- 황당한 입시 실수: 중학교 졸업생의 진학 업무에서 '광영고'와 '광양고'의 단 하나의 글자 오류로 학생이 엉뚱한 학교에 배정될 뻔한 사상 초유의 실수가 발생했으나, 필자가 책임자로서 발 벗고 나서 구제하여 학생의 피해를 막았습니다.
- 학부모의 난동과 소통 부재: 운동부 폐지 루머로 인해 격앙된 학부모가 교무실에서 난동을 부린 사건은 잘못된 정보와 소통의 부재가 빚어낸 안타까운 해프닝이었으며, 진솔한 대화를 통해 오해를 풀었습니다.
- 학부모의 돌직구: 학부모회의실 준공식에서 한 학부모가 교육감 앞에서 전임 교감의 부적절한 인사 이동과 학교 운영 난맥상을 비판한 사건은, 학교 관리자에게 직무에 대한 엄중한 성찰을 요구하는 계기가 되었습니다.
- 귀국학생 특별학급: 귀국학생들이 겪는 문화적, 언어적 혼란(특히 욕설을 먼저 배우는 학생의 사례)을 목격하며 짠한 느낌을 받았고, 이들의 적응을 돕는 작은 봉사가 곧 국익에 기여하는 일임을 깨달았습니다.
- '섬'이 된 행정실장: 일부 행정실장이 소통 없이 '사고의 섬'에 갇혀 자

기 보신에만 전전긍긍하며 학교 교육 활동을 소극적으로 지원하는 행태는 학교 현장의 아쉬운 단면으로 기록되었습니다.

• 결론: 침체했던 학교를 '명품 학교'로 변화시킨 혁신의 리더로 평가됨.

4-1. 정소영 선생님: 빛나는 교육 여정의 동반자

• 특징: 백두산통일교육연구회에서 만난 초등학교 교사. 교육자로서의 소명의식, 학생 사랑, 전문성, 품성 모두 갖춘 '최고의 교사'.
• 공적: 학교 교육에 헌신하면서도 통일교육에 대한 남다른 열정을 가짐.
• 추천/결론: 필자의 설득으로 더 넓은 교육 발전을 위해 교육전문직(장학사)에 도전, 합격하여 서울 교육에 기여할 인재로 기대됨.

2. 학교 현장의 리더십과 갈등 (관리자의 그림자)

2-1. J 교장 선생님: 교육에 부재한 리더십 (아쉬운 기록)

• 특징: 학교 밖 출장이 잦고, 학교 내부 교육 활동에 대한 관심 부족.
• 갈등: 저자의 "교육에 좀 더 관심을 가져달라"는 진심 어린 요청에 불쾌감을 드러내며, 교육 본질에 대한 가치관의 괴리를 보여줌.
• 결론: '다시는 만나고 싶지 않은 교장'으로 메모되며, 교육 본연의 가치에 헌신하는 리더의 중요성을 역설하는 반면교사가 됨.

3. 소통 부재와 혁신의 씨앗 (학부모와의 관계)

3-1. 아찔한 학부모: 4시간 30분간의 긴 통화 (변화의 시작)

- 배경: 교감 부임 학교는 전년도 최다 민원학교로 분위기가 침체됨.
- 사건: 퇴근길에 걸려온 학부모와의 전화가 4시간 30분 동안 이어짐. 학부모의 분노와 좌절을 간절한 관심으로 이해하고 끝까지 경청.
- 결과: 건의사항을 즉시 조치하고 결과를 전달하자, 학부모가 학교를 신뢰하고 협조적인 분위기로 반전됨.
- 혁신: 이를 바탕으로 **'4 Zero, 3 혁신 운동'**을 전개하여 학교를 최고의 교육만족도 학교로 혁신시킴.

3-1. **학부모의 돌직구**: 교육감 앞에서의 직언 (엄중한 성찰)

- 배경: '최다 민원학교'의 오명을 벗기 위해 저자가 주도하여 학부모들의 의견을 반영한 '카페 형식의 학부모회의실' 준공식을 개최.
- 사건: 준공식 간담회에서 한 학부모가 교육감에게 전임 교감의 인사이동 부당성과 학교 운영의 난맥상에 대해 공개적으로 강한 비판을 제기함.
- 결론: 이는 학교 운영 전반에 대한 깊은 불신이었으며, 소통 공간 마련 이전에 책임감 있는 학교 운영이 선행되어야 함을 깨닫는 뼈아픈 성찰의 계기가 됨.

일그러진 학교 현장, 그리고 35년의 기록을 교무수첩에 기록으로 남겼다.

K중학교, 3학년 첫 수업의 숨 막히는 순간

2014년 3월 4일 화요일, 2교시. 새로 옮긴 학교에서의 첫날이었습니다. 서울 시내에서도 교육 여건이 쉽지 않다고 소문난 K중학교, 그것도 고등학교로 진학 할 3학년 학생들과의 첫 만남이었죠. 35년간 교직에 몸담으면서 저의 확고한 지론은 '학생들보다 먼저 교실 문턱을 넘는 것'이었습니다. 타종 소리가 울림과 동시에 교실로 들어서는 습관이 이날도 저를 이끌었습니다. 새로운 환경에 대한 긴장감과 기대가 뒤섞인 채, 저는 교실 문을 열었습니다.

역시 3학년 교실답게 분위기는 다소 어수선했습니다. 하지만 저의 시선은 익숙하게 학생들을 훑었고, 출석을 부르며 한 명 한 명의 얼굴을 확인했습니다. 곧 수업을 시작하려는데, 한 자리가 비어있었습니다. 한 학생이 없었습니다. 주변 학생들에게 물었지만 '모른다'는 짤막한 대답만 돌아왔죠. 첫 만남, 첫 수업에서 결석이라니. 마음속에 작은 파동이 일기 시작했습니다. 새로운 학교에서의 첫 단추를 이렇게 헐겁게 꿰게 되는 건 아닌지, 살짝 불안감이 엄습했습니다.

거구의 학생, 무릎을 꿇지 못하는 이유

얼마나 시간이 흘렀을까요. 교실 문이 조용히 열리고 그 학교의 일명 짱이었던 거구의 학생 한 명이 들어섰습니다. 그 학생의 등장에 교실 안의 모든 시선이 일제히 쏠렸습니다. 나중에 알게 되었지만, 이 학교에서 이미 '유명한' 학생이었습니다. 저는 숨을 고르고 나지막하지만 단호한 목소리로 그 학생을 불렀습니다.

"앞으로 나와."

"왜 늦었니?"

"늦게 왔으니 무릎 꿇어."

교사의 권위와 교실의 질서를 잡아야 한다는 생각, 그리고 학생에 대한 걱정이 뒤섞인 지시였습니다. 하지만 돌아온 대답은 예상 밖이었습니다.

"선생님! 저는 무릎 못 꿇어요."

순간, 교실 안에는 팽팽한 침묵이 감돌았습니다. '첫날부터 낭패인가', '이 상황을 어떻게 헤쳐나가야 하나' 걱정이 밀려왔습니다. 교사와 학생 간의 첫 갈등이 이렇게 시작되는 건가 하는 아찔함에 가슴이 철렁했습니다. 저는 심호흡을 하고, 평정심을 유지하려 노력하며 물었습니다.

"왜?"

학생은 머뭇거리더니 솔직한 이유를 털어놓았습니다.

"저는 뚱뚱해서 무릎을 꿇을 수가 없어서요. 엎드리면 안 될까요?"

그 순간, 팽팽했던 긴장이 눈 녹듯 사라지고 교실에는 묘한 안도감과 함께 작은 웃음이 감돌았습니다. 학생의 솔직함이 가져온 예상치 못한 반전이었습니다. 저는 학생의 상황을 존중하며 말했습니다.

"그래, 엎드려라."

잠시 후, 저는 그 학생을 일으켜 세우고 다시는 늦지 말라고 당부했습니다. 그의 눈빛에서 반항심 대신 미안함과 고마움 같은 감정을 읽을 수 있었습니다.

교직 35년, 갈등 없는 여정의 감사

그렇게 K중학교에서의 첫 수업은 위기를 기회로, 긴장을 이해로 바꾸며 무사히 흘러갔습니다. 첫날의 아찔했던 경험은 저에게 학생을 대하는 태도의 유연함과 경청의 중요성을 다시 한번 일깨워주는 소중한 순간이었습니다. 그 학생이 무릎을 꿇지 못하는 '진짜 이유'를 물어보지 않고 권위만 내세웠다면, 저의 교직 생활의 기록은 사뭇 다른 페이지로 시작되었을 것입니다.

학생의 말에 귀 기울이고, 그들의 사정을 헤아려주는 작은 배려 하나가 교실의 분위기를 바꾸고, 학생의 마음을 열 수 있음을 깨달았습니다. 다행스럽게도 저는 35년간의 교직 생활을 하는 동안 학생들과의 큰 갈등 없이 정년퇴임을 맞이할 수 있었습니다. 그 모든 순간들이 감사하지만, 특히 K중학교 첫 수업의 이 아찔했던 경험은 저의 교직 철학을 더욱 단단하게 다져준 잊을 수 없는 추억으로 남아있습니다. 학생들이 저를 믿고 마음을 열어주었기에 가능한 일이었습니다.

지금도 저는 그날의 거구 학생을 생각하면 빙긋 웃음이 납니다. 첫 만남의 어려움을 지혜롭게 넘겼던 그 순간이, 저의 교직 여정 전체에 긍정적인 영향을 준 중요한 분기점이었음을 알기에 더욱 그렇습니다. 학생들과의 행복한 동행에 깊이 감사드립니다.

'잠자는 교실'을 넘어,
교사의 비애와 무너진 교권을 위한 2년간의 기록

차가운 교실의 첫인상

2018년 8월 28일, 11시. 적도의 뜨거운 열기가 가시지 않은 땅, 인도네시아 자카르타한국국제학교에서의 근무를 마치고 나는 한국의 일상으로 돌아왔다. 강서양천교육지원청 관내 학교로 발령받아 그날 학교를 처음 방문했다. 설렘과 긴장이 교차하는 가운데, 나는 새로운 보금자리에 발을 디뎠다.

학교는 3개의 건물로 이루어져 있었다. 1학년 교실이 맨 위 3번째 건물에, 3학년 교실이 중간 건물에, 그리고 교장실과 행정실이 있는 첫 번째 건물에 2학년 교실이 자리 잡고 있는 복잡한 구조였다. 교감으로부터 업무 인수인계를 받고, 새롭게 내가 맡게 될 학교의 심장인 교실들을 돌아보기 위해 교무실 문을 나섰을 때였다.

나를 안내하던 전임 교감 선생님과 복도를 따라 걷다가 마주친 한 교실의 풍경은, 마치 예고 없이 날아든 차가운 돌덩이에 정통으로 맞은 듯한 충격이었다. 30여 명 남짓한 학생들 중 거의 절반 이상이 책상에 엎드려 깊은 잠에 빠져 있었다. 그리고 교단에 선 선생님은 그 모습을 그저 바라보며, 힘없이 천장만 올려다보고 계셨다. 그 표정에서 나는 깊은 무력감과 체념의 그림자를 읽었다. 당시 교실에서 수업하던 교사는 나를 보자 무안해 하는 표정이었다. 누가 그 교사를 무안하게 만들었을까?

나를 안내하던 전임 교감 선생님은 차마 그 교실을 바라보지 못하고 밖으로만 시선을 고정한 채 걸음을 재촉했다. 복도에서 나와 눈이 마주친 선생님은 멋쩍음과 난감함이 뒤섞인 표정을 지어 보였다. 그 짧은 순간의 마주침 속에서, 나는 그분의 고통을 짐작할 수 있었다.

'왜 아이들은 자고 있을까?' 이 근본적인 질문이 머릿속을 맴돌았다. 그리고 '왜 선생님은 통제를 하지 못하실까?' 이어서 떠오른 생각은 비통함이었다. 선생님들의 마음속에 이는 비애(悲哀), 그 깊은 슬픔을 누가 감히 헤아릴 수 있을까.

아이들을 잘못 건드렸다가는 봉변을 당할 수도 있다는 두려움. 아이들의 수면이 학습권을 침해한다는 상식적인 사실보다, 교사로서의 자존감과 안전이 위협받는 이 현실은 무기력 그 자체였다. 교실은 더 이상 지식과 활기가 넘치는 곳이 아니었다. 한 교육 현장의 단면이었지만, 나는 그 모습에서 우리 교육이 어쩌다 이토록 비굴해졌는지 생각하지 않을 수 없었다.

교권, 그 슬픔의 이름

"교권! 교권!" 우리는 끊임없이 외쳤지만, 정작 학교 현장의 교사들이 매일 마주하는 이 슬픔과 고통을 누가 진정으로 알아줄까. 학생들을 깨우지 못하고 천장만 바라보며 수업해야 하는 선생님들의 무거운 마음, 그 고통의 무게를 가늠해 보았다. 그것은 단순한 업무의 고됨을 넘어선, 교육자로서의 정체성이 훼손되는 깊은 상실감이었을 것이다.

그날의 충격적인 첫 만남은 내게 깊은 숙제를 안겨주었다. 9월 1일, 나는 이 학교의 교감으로서 정식으로 출근했다. 이제부터 남은 2년 동안, 나는 이 '일그러진 학교 현장'을 마주하며 함께 걸어가야 했다. 나는 이 무기력한 교실의 풍경을 바꾸기 위해 무엇을 할 수 있을까? 혹은, 내가 겪게 될 고통은 또 얼마나 클까?

새 학기가 시작되고, 교감으로서 교실을 더욱 자세히 관찰했다. 문제는 비단 잠자는 학생들만이 아니었다. 수업 중 교사를 조롱하거나, 통제를 벗어난 언행으로 다른 학생들의 학습을 방해하는 사례들도 드물지 않게 목격되었다. 학생 생활지도에 대한 교사의 권위는 이미 땅에 떨어져 있었다. 정당한 지도가 오히려 학부모 민원이나 아동학대 신고로 돌아와 교사를 위축시키는 현실 속에서, 선생님들은 차라리 침묵을 택하는 것이 안전하다고 느꼈던 것이다.

교사들의 헌신은 그림자 속에서 빛을 잃어가고 있었다. 열정적인 교사가 지도에 나섰다가 봉변을 당하는 사례가 생기면, 나머지 교사들은 더욱 깊은 무력감 속으로 침잠했다. 교사들의 사기를 높이는 것이 학교 운영의 첫걸음이라고 판단했다. 나는 교사들과의 개별 면담을 늘렸다. 업무 인수인계가 아닌, 그들의 깊은 고통과 이야기를 듣는 '경청의 시간'을 가졌다. "선생님, 고생 많으셨습니다. 선생님께서 겪으신 고통을 알고 있습니다"라는 진심을 담은 말 한마디가 그들에게 작은 위로가 되기를 바랐다.

교육청으로부터 받은 각종 행정 업무와 보고서 작성에 시달리면서도, 나는 틈틈이 생활 지도 문제에 깊이 개입했다. 교감의 직접적인 개입은 교사들에게 최소한의 방패가 되어 줄 수 있었다. 문제가 발생하면 교사가 홀로 해결하도록 방치하지 않고, 교감이 중심에 서서 학부모와 대면하고 학생을 지도하는 모습을 보여주었다. 교사들이 안심하고 교육 활동에 전념할 수 있는 환경, 그것이 내가 만들고자 했던 최소한의 교권 울타리였다.

무력감을 넘어선 작은 희망

2년의 시간은 빠르게 흘러갔다. 그 시간 동안, 기적적인 변화는 없었다. 하지만 단 하나의 희망의 씨앗이라도 심기 위해 노력했다. 내가 보낸 2년 동안, 학교에는 다음과 같은 일들이 일어났다.

첫째, 교사들의 연대감이 강화되었다. 내가 교사들의 어려움에 공감하고 그들의 방패막이가 되면서, 선생님들은 점차 서로를 믿고 의지하기 시작했다. 교사 협의회 시간에는 더 이상 형식적인 이야기만 오가지 않았다. '어떻게 하면 아이들을 잠에서 깨울 수 있을까?', '어떻게 하면 교실의 질서를 회복할 수 있을까?'에 대한 진지한 고민과 아이디어가 공유되었다. 한 선생님의 작은 성공 경험이 다른 선생님들에게 용기를 주었다.

둘째, '잠자는 교실'의 변화를 위한 작은 시도들이 시작되었다. 모든 학생을 한 번에 깨우려 하지 않았다. 대신, 수업 분위기를 해치지 않는 선에서 학생들에게 스스로 선택할 수 있는 기회를 주었다. 예를 들어, 잠이 너무 오는 학생에게는 잠깐 복도를 걷고 오거나, 세수를 하고 올 수 있는 '자율적 휴식 시간'을 부여하는 시도를 했다. 물론 이 시도가 모든 교실에서 성공한 것은 아니었지만, 학생 스스로 책임을 지는 태도를 배우게 하려는 교육적인 메시지는 전달되었다.

셋째, 생활지도 규정이 재정비되고 엄격히 적용되었다. 학생의 인권을 존중하면서도, 다른 학생의 학습권을 침해하는 행위에 대해서는 단호하게 대처한다는 원칙을 세웠다. 이 과정에서 일부 학부모의 항의도 있었으나, 교감으로서 나는 '모든 학생이 공정하게 교육받을 권리'를 수호한다는 일관된 태도를 견지했다. 이 일관성이 교사들에게 힘이 되었다.

2년이 지난 후, 나는 여전히 많은 아이들이 잠들어 있는 교실을 보았다. 근본적인 교육 시스템과 사회적 인식의 변화 없이는 '일그러진 학교 현장'이 하루아침에 온전해질 수 없음을 깨달았다. 하지만, 내가 처음 발을 디뎠던 그날의 교실과 비교했을 때, 분명 달라진 것이 있었다.

선생님들의 눈빛이었다. 처음의 무기력함과 체념은 사라지고, 그 자리에 '그럼에도 불구하고 가르치겠다'는 작은 의지가 들어서 있었다. 나는 그 의지의 불꽃을 보았다. 내가 했던 일은 그저 그 불꽃이 꺼지지 않도록 작은 바람막이 역할을 해 준 것뿐이었다.

코로나가 정점을 찍는 시기, 2020년 8월 31일 정든 학교를 떠나던 날, 나는 복도를 걸었다. 여전히 세상은 교권을 외치고 있었지만, 나는 학교 현장에서의 교사들의 슬픔과 고통이 조금이나마 줄어들었기를 간절히 바랐다. 그 2년의 시간은 내게 '교육이란 무엇인가'를 묻는 고통스러운 성찰의 시간이었으며, 동시에 무너진 교단 위에서 다시금 희망을 찾는 숭고한 여정이었다. 나는 그곳에서 진정한 교사들의 비애와 용기를 배웠다. 이 기록이, 그 모든 고통을 겪고 있는 현장의 선생님들에게 작은 위로가 되기를 소망한다.

갈등의 늪에서 건져 올린 '열정'의 전출, 난감한 1학년 부장교사와의 기억

학교는 늘 역동적인 곳이지만, 학년말이 되면 그야말로 전쟁터와 같다. 교직에 몸담지 않은 이들은 우리를 두고 편한 직업이라 속단하곤 한다. 내 주변에서도 그런 소리를 들을 때마다 쓸쓸한 미소를 짓는다. 한때는 교직이 선망의 대상이었던 시절도 있었건만, 교육 현장의 현실은 그들이 짐작하는 여유와는 거리가 멀다.

특히 자유학년제가 시행된 후, 1학년 담임교사와 1학년부장은 학년말이 가장 바쁜 시기를 보낸다. 자유학년제를 성공적으로 이끌어야 하는 1학년 부장의 책임은 막중하다. 그날도 수업이 끝난 후 밀려드는 업무를 처리하고 있을 때였다.

노크 소리와 함께 1학년 부장이 내 사무실 문을 열고 들어섰다. 얼굴에는 지친 기색과 함께 결연함이 드리워 있었다.

"교감선생님, 이 학교에서 더 이상 근무할 수 없습니다. 전출 보내 주세요."

갑작스러운 요청에 나는 당황했다. "무슨 일입니까? 부장님." 평소 업무 추진력과 열정이 넘치던 교사였기에 더욱 이해하기 어려웠다.

"이 학교에서 근무하기가 싫습니다." 그는 단호하게 말했다.

"부장님, 근무하기 싫다고 해서 바로 옮길 수 있는 상황이 아니지 않습니까? 부장님은 1학년 부장으로 자유학년제 책임부장인데…" 나는 규정과 그의 중요한 역할을 상기시켰다.

"알고 있습니다. 하지만 관리자가 인정하지 않는 1학년 부장은 더 이상 하지 않겠습니다."

그의 말은 충격적이었다.

우리 학교 근무 기간이 남아 있어 관내 전출도 어려운 상황에서, 이 문제를 어떻게 풀어야 할지 눈앞이 캄캄했다. 교감으로서 나는 교사들의 근무 여건을 개선하고 교육을 지원해야 할 책무가 있다. 그러나 당장 규정을 무시하고 전출을 허락할 수는 없었다. 그 시간은 정말 고뇌의 시간이었다.

난감한 부장교사의 전출 요청

원인을 알아보니, 문제는 교장과의 갈등이었다. 두 분 사이에 도저히 같이 근무할 수 없을 정도의 관계가 형성되어 있었던 것이다. 이 복잡한 상황의 중심에서 나는 교장에게 사실을 확인했다. 놀랍게도 교장 역시 부장의 전출에 동의한다는 의사를 밝혔다. 갈등의 골이 얼마나 깊은지 짐작할 수 있었다. 관리자 간의 의견 불일치가 교직원 전체의 분위기에 미치는 악영향을 누구보다 잘 알기에, 나는 이대로 좌시할 수 없었다.

부장교사의 열정이 꺾이지 않도록, 그리고 교육 현장의 안정화를 위해 나는 교육지원청에 사정을 소상히 설명하고 설득하는 지난한 과정을 시작했다.

원칙적으로 불가능한 일이었으나, 교육적 관점에서 이 문제를 해결해야 한다는 절박함이 있었다. 교사의 교육적 열정을 지켜주고 싶었고, 한 사람의 중요한 인재가 소진되는 것을 막고 싶었다.

여러 차례 교육지원청을 찾아가 상황을 설명하고, 부장교사가 원하는 학교로 전출할 수 있도록 간곡히 요청했다. 다행히 나의 진심과 절박함이 통했는지, 교육청은 예외적인 상황임을 인정하고 전출을 허락해 주었다. 그 소식을 전해 들은 부장교사는 진심으로 감사하다는 뜻을 전해 왔다.

그에게 미소와 열정을 되찾아준 것 같아 교감으로서 작은 보람을 느꼈다.

난감했던 상황을 무사히 해결했다는 생각에 잠시나마 위안의 시간을 가졌다. 하지만 이내 깊은 탄식이 따라왔다.

교육은 사람과 사람이 함께 하는 일이다. 때로는 이성적인 규정과 원칙만으로는 해결할 수 없는 감정적인 갈등과 인간적인 어려움이 존재한다.

교사 개개인의 사정을 헤아리면서도 학교 운영의 큰 틀을 유지해야 하는 이 복잡다단한 일. 정말 교육은 힘들다는 생각을 지울 수 없었다.

교육 현장을 지키는 모든 이들의 노고에 진심으로 경의를 표하며, 오늘의 경험을 자서전의 한 페이지에 조심스레 기록해 둔다.

어느 연구부장의 씁쓸한 발자취,
학교를 떠난 투철한 교육관

학교의 주춧돌, 흔들리기 시작하다

학교라는 거대한 건축물에서 교무부장, 학생부장과 함께 '연구부장'은 분명 핵심적인 주춧돌입니다. 11개의 부서 중 어느 하나 중요하지 않은 것이 없겠으나, 연구부장의 역할은 학교의 심장 박동과 같습니다. 그의 역량과 헌신에 따라 수업의 질이 향상되고, 교사들의 연구하는 분위기가 조성되며, 학교 전체에 생기가 돌기 때문입니다.

당시 제가 몸담았던 학교에도 참으로 유능한 연구부장이 있었습니다. 그는 확실하게 업무를 장악하는 능력뿐만 아니라, 교사들에게 진정한 연구의 열정을 불어넣는 드문 사람이었습니다. 그의 노력 덕분에 다소 어려움이 있던 학교에서도 수업 연구 분위기가 활발하게 조성되었고, 우리는 큰 무리 없이 학기의 끝자락, 11월을 향해 나아가고 있었습니다.

하지만 학교의 11월은 늘 잔잔한 호수가 아닙니다. 그 해에도 어김없이 교원평가와 학교평가가 동시에 실시되면서, 학교 전체에 미묘한 긴장감이 감돌기 시작했습니다. 평가 결과를 받아든 교사, 교감, 교장들은 각자의 자리에서 깊은 고민에 빠지곤 했습니다. 대부분의 교사들은 평가를 자신의 학교생활을 되돌아보고 재충전하는 계기로 삼으려 했지만, 일부 민감한 부분에서는 어김없이 갈등의 씨앗이 싹트기도 했습니다.

놀랍게도, 그 갈등의 한가운데에 우리 학교의 핵심이었던 연구부장이 서게 될 줄은 그 누구도 예상하지 못했습니다. 그것은 단순히 개인적인 평가의 문제가 아니었습니다. 문제는 평가 문항의 배치와 그로 인해 촉발된 평가 결과의 '씁쓸함'이었습니다. 연구부장은 "교육청 지침대로 했을 뿐"이라고 했으나, 이 한 마디가 불씨가 되어 교장과의 깊은 골을 만들고 말았습니다. 투철했던 그의 교육관은 현실적인 '평가 논쟁' 앞에서 무참히 부딪혔습니다.

투철한 교육관, 미련 없이 학교를 떠나다

갈등은 순식간에 걷잡을 수 없는 파국으로 치달았습니다. 능력 있는 연구부장은 끝내 자신이 근무해야 할 잔여 기간이 있음에도 불구하고, 학교를 떠나기로 결정했습니다. 저는 당황스러움을 넘어선 깊은 상실감을 느꼈습니다. 어떻게 능력과 소신을 가진 교사가 자신이 기여하던 학교를 이렇게 갑작스럽게 등지게 될 수 있단 말입니까.

"평가 문항 배치로 갈등이 촉발되었다"는 사실은, 우리가 '평가'를 평가 그대로 받아들이지 못하고, 그 이면에 숨겨진 인간적인 감정과 권위의 충돌을 이겨내지 못했다는 씁쓸한 증거였습니다. 그는 미련이 없었습니다. 오직 '교육관'에 투철했던 그는, 자신이 소신대로 일할 수 없는 환경이라고 판단했을 때 주저 없이 새로운 길을 택했습니다. 연구부장은 새로운 학교로 내신서를 제출하여, 그렇게 학교를 떠났습니다. 그의 결단력은 존경스러웠지만, 그를 떠나보낸 학교의 분위기는 그야말로 막대한 타격을 입었습니다. 학교의 '연구하는 분위기'를 이끌던 심장이 멈춘 듯했습니다.

유능한 교사 한 명의 전출은 단순히 행정적인 빈자리를 넘어, 학교 공동체의 사기와 정신에 깊은 그림자를 드리웠습니다. 떠나간 자리는 쉽게 메워지지 않았고, 남아있는 우리에게는 '평가를 평가 그대로 받아들일 수는 없었을까?'라는 아쉬움만이 맴돌았습니다. 교육의 본질은 인간의 성장에 있는데, 우리는 정작 인간적인 갈등의 벽을 넘지 못하고 귀한 인재를 놓쳤다는 자책감이었습니다.

하지만 시간이 흘러, 새로 옮긴 학교에서 그 연구부장이 즐겁게 학교생활을 하고 있으며, 그곳에서도 자신의 투철한 교육관을 펼치고 있다는 소식을 전해 들었습니다. 그 소식은 저에게 깊은 안도감을 주었습니다. 어쩌면 그에게는 그곳이 그의 교육관이 더 빛을 발할 수 있는 '새로운 교단'이었을지도 모릅니다.

아쉬움은 여전히 남지만, 소신을 지키려 학교를 떠난 유능한 교사의 발자취를 보며, 학교는 사람과 마음으로 운영된다는 진리를 다시금 깨닫습니다. 그리고 그가 새 학교에서 교육의 꿈을 마음껏 펼치기를 진심으로 응원합니다.

어둠 속에서 피어난 희망,
감오장천(監五長千)의 비애를 넘어서

시대의 그림자, 감오장천의 속삭임

지금은 아득한 먼 옛날이야기처럼 들리지만, 한때 교육계에는 '감오장천(監五長千)'이라는 어두운 그림자가 드리워져 있었습니다. 교감 승진에는 500만원, 교장 승진에는 1,000만원이 필요하다는 속삭임이 공공연히 나돌던 시절, 노력과 실력이 아닌 금전이 승진의 척도가 되던 비극적인 시대였습니다. 서울시 교육청마저 이 감오장천의 홍역을 앓고 나서야 비로소 일대 혁신의 계기를 마련해야 했습니다.

이런 시대의 비애 속에서, 저는 씁쓸한 현실과 맞서 싸우고자 하는 한 교장의 이야기를 듣고 깊은 울림을 받았습니다. 때는 감오장천의 폭풍이 지나간 지 몇 해 후, 그 해 9월에 한 학교로 부임한 교장이 저에게 직접 들려준 이야기입니다. 이 이야기는, 어둠 속에서도 교육의 본질을 지키고자 했던 한 교육자의 고독한 투쟁이자, 동시에 그 시대를 살아낸 교육자들의 아픈 자화상이기도 했습니다.

책상 위의 흰 봉투와 정직의 무게

11월의 어느 날, 교장실의 책상 위에 놓인 하얀 봉투 하나가 교장의 마음을 흔들어 놓았습니다. 봉투를 열어보니, 빳빳한 10,000원짜리 지폐가 가지런히 놓여 있었습니다. 금액의 많고 적음을 떠나, 평생을 정직하게 살아온 교장에게 이 봉투는 감오장천의 씁쓸한 잔재를 상징하는 충격 그 자체였습니다. 봉투는 교장의 가슴을 짓눌렀고, 그는 즉시 교무부장을 인터폰으로 불렀습니다.

교장실로 들어선 교무부장에게 교장은 조심스럽게 물었습니다. "부장님이 봉투 놓고 가셨습니까?" 부장은 고개를 들지 못하고 연신 "죄송합니다"라는 말만 되풀이할 뿐이었습니다. "무슨 봉투입니까?" 재차 묻는 교장의 질문에도 부장은 그저 죄송하다는 말만 반복했습니다. 교장은 단호하게 말했습니다. "부장님! 이러면 안 됩니다."

그 순간, 교무부장은 그 자리에서 무릎을 꿇고 흐느껴 울기 시작했습니다. 연신 죄송하다고 울먹이는 그의 모습은, 그가 얼마나 깊은 고통과 압박감에 시달렸는지를 짐작하게 했습니다. 교장은 봉투 속의 금액은 확인하지 않았다고 했습니다. 금액은 중요하지 않았습니다. 중요한 것은, 교감 자격연수 대상자 지명이 임박한 교무부장이 학교장으로부터 근무평정 점수를 잘 받기 위해 관행처럼 봉투를 건넸다는, 이 슬프고도 불편한 진실이었습니다.

관행의 굴레, 그리고 새로운 희망의 씨앗

교무부장은 당시 교수학습 분야와 행정업무 분야에서 모두가 인정하는 훌륭한 교사였습니다. 그런 그가 왜 이런 선택을 했을까? 자초지종을 들어보니, 그가 전임 교장 시절부터 그렇게 해온 것이 일종의 '관행'이었다는 말이 돌아왔습니다. 실력과 능력은 충분했지만, 그를 둘러싼 시대의 어두운 관행이 그를 이런 비애의 상황으로 내몰았던 것입니다.

교장은 차분하지만 단호한 목소리로 교무부장에게 말했습니다. "교무부장님! 부장님처럼 소신 있게 업무하고 모든 교사의 인정을 받는 교사가 왜 교장에게 봉투를 건넵니까? 열심히 하여 실력으로 승진하는 풍토를 만들어야 하지 않겠습니까?"

교장의 진심 어린 말은, 굳게 닫혀 있던 부장의 마음을 움직였습니다. 그는 앞으로 절대 그러지 않고 오직 교육에 전념하겠다고 다짐하며 교장실을 나섰습니다. 그 후, 교무부장은 자신의 실력과 노력으로 당당히 교감으로 승진하여 관리자가 되었습니다.

교육의 본질을 향하여

이 이야기는 교육 현장의 씁쓸한 단면을 보여줍니다. 그러나 동시에, 감오장천이라는 어두운 터널을 지나 교육의 본질을 바로 세우고자 했던 한 교장의 존재는 우리에게 작은 안도감을 줍니다.

교육은 공정해야 합니다. 교사의 승진과 성장은 실력과 헌신에 대한 정당한 보상이 되어야 합니다. 흰 봉투의 무게가 교사의 꿈과 열정을 짓누르는 일은, 더 이상 이 땅의 교실에서 반복되어서는 안 될 비애입니다.

우리는 이 이야기를 통해, 한 교육자의 정직한 소신이 어떻게 낡고 부패한 관행의 굴레를 깨고 새로운 희망의 씨앗을 뿌릴 수 있었는지 목격합니다. 감오장천의 비애는 이제 먼 옛날이야기가 되었습니다. 하지만 그 어둠 속에서 피어난 정직과 소신의 가치는, 오늘날에도 여전히 우리 교육의 나아갈 방향을 밝히는 등불이 되고 있습니다. 이 이야기를 기억하며, 우리는 공정하고 깨끗한 교육 환경을 만들어가는 책임을 다시 한번 되새겨야 할 것입니다.

운명 같은 황당함, 그 아찔한 순간의 기록

안심할 수 없는 이름, 학교의 하루

학교라는 공간은 겉으로는 질서정연하게 돌아가는 듯 보이지만, 그 속을 들여다보는 교직원에게는 한시도 마음을 놓을 수 없는 곳입니다. 어린 학생들의 예측 불가능한 에너지와 그들의 미래를 짊어진 무거운 책임감 사이에서, 우리는 늘 아슬아슬한 긴장의 끈을 붙잡고 있습니다.

교사로서, 관리자로서, 학교의 하루하루는 마치 얇은 유리 위를 걷는 듯한 아찔함의 연속입니다. 언제 어디서 터질지 모르는 예기치 않은 사건들, 그것이 바로 학교 생활의 그림자입니다.

35년 5개월의 교직 생활 동안 수많은 우여곡절을 겪었지만, 제 기억 속에 가장 황당하고 아찔했던 순간은 중학교 졸업생의 상급학교 진학을 코앞에 둔 그날이었습니다.

중학교에서 진학 업무는 학생의 인생 항로를 결정짓는 가장 중요한 일이며, 우리는 학생과 학부모의 희망을 받아 담임교사가 작성하고, 부장교사를 거쳐 교감의 확인을 거치는 촘촘한 시스템을 구축하고 있다고 믿었습니다. 하지만 그 시스템의 맹점은 종종 '부장교사 전결'이라는 관행적인 편리함 뒤에 숨어 있었습니다.

문제는 졸업식 바로 전날, 교육청으로부터 배당학교 통지서를 수령하고 해당 학생에게 전달하려던 순간 터졌습니다. 학생은 분명 강서양천교육청 관내의 광영고를 희망했고, 학교는 마땅히 그곳으로 지원서를 제출해야 했습니다. 그런데 통지서에 찍힌 학교 이름은 전혀 다른 곳이었습니다. 바로 광진구에 위치한 광양고였습니다.

순간, 머리가 하얘졌습니다.

'세상에 이런 황당한 실수를!' 누구를 탓할 겨를도 없었습니다. 담임교사의 작성, 부장교사의 확인 과정에서 '영'과 '양' 단 하나의 글자가 뒤바뀐 채, 서류는 아무런 제지 없이 서울시교육청에 제출되었고, 학생은 엉뚱한 학교에 배정되는 사상 초유의 '입시 실수'가 현실이 된 것입니다.

책임의 무게, 학생의 눈물 앞에서

학생과 학부모는 분노했습니다. 당연했습니다. 일생일대의 중요한 진로 결정에서 학교의 명백한 실수로 인해 원치 않는 결과에 직면했으니, 모든 잘못을 학교에 돌리는 것은 어찌 보면 정당한 비난이었습니다. 그들의 절망과 실망 앞에서, 저는 당시 교감으로서 무거운 책임감을 느꼈습니다. '이 일을 어떻게 해결할 것인가?' 저의 머릿속은 오직 그 생각으로 가득 찼습니다.

담임교사나 3학년 부장에게 책임을 미루는 것은 가장 쉽고 비겁한 선택이었을 것입니다. 그러나 그것은 교육자가 취할 태도가 아니었습니다.

실수의 경로는 분명했지만, 그 최종적인 피해는 고스란히 학생의 몫이 될 터였습니다. 저는 주저 없이 잘못과 책임이 전적으로 학교에 있음을 인정했습니다.

그리고 저 스스로, 책임자의 위치에서 이 문제의 해결을 위해 앞장서기로 결심했습니다. 제 개인의 책임이 아닐지라도, 저는 그 책임을 회피하지 않았습니다. 학생에게 피해가 없어야 한다는, 교육자로서의 가장 기본적인 소명감이 저를 움직였습니다.

즉시 서울시교육청에 사유를 보고하고, 이 입시 사상 초유의 사건에 대한 구제 방안을 논의했습니다. 밤샘 작업과 긴급회의 끝에, '학교의 명백한 행정 착오'를 인정받아 해당 학생이 원래 희망했던 광영고등학교에 등록할 수 있도록 조치했습니다.

학생과 학부모는 안도의 눈물을 흘렸고, 저 역시 그제야 가슴을 쓸어내릴 수 있었습니다.

그때의 저는 책임자의 무게를 온몸으로 느끼고 배웠습니다.

완벽할 수 없는 인간의 실수와 시스템의 허점을 인정하되, 그 결과가 학생의 미래에 돌이킬 수 없는 상처를 남기지 않도록 모든 역량을 쏟아

붙는 것. 그것이 바로 교육 관리자의 진정한 역할임을 깨달았습니다.

지금 생각해도 '광영'과 '광양' 사이를 오가던 그 황당하고 아찔했던 순간은, 제 35년 교직 생활에서 가장 잊을 수 없는, 그리고 가장 인간적인 교훈을 남긴 운명 같은 하루였습니다.

학부모의 난동, 소통의 부재가 빚어낸 아픈 성장통

운동장 너머, 엇갈린 시선 속의 갈등

교단에 섰던 긴 세월 중, 유난히도 뚜렷하게 각인된 어느 날의 풍경이 있습니다. 그날의 학교는, 운동장 위의 흙먼지처럼 불안하고 혼란스러웠습니다.

바로 '운동부'라는 이름으로 맺어진, 그러나 때로는 너무도 이질적인 두 세계, 교사와 학부모 사이의 팽팽한 긴장이 폭발했던 순간이었지요.

학교 스포츠의 가치를 믿고 운동부를 운영하는 학교들이 많습니다. 제가 몸담았던 그곳 역시 마찬가지였습니다. 하지만 운동부 학생들은 현실적으로 일반 학생들처럼 학업에 온전히 집중하기 어렵습니다.

훈련과 경기에 매진해야 하는 숙명 때문입니다. 이 불가피한 '학습 소홀'의 그림자는, 일부 교사들에게는 운동부를 향한 미묘한 거리감을 만들기도 했습니다. 학부모 사회에서도 이러한 시선은 완전히 자유롭지 못했을 것입니다.

그러나 운동부 학부모의 마음은 또 얼마나 절박할까요. 자녀의 꿈과 미래를 '운동'이라는 외길에 걸고, 온 가족의 시간과 노력을 투자하는 그들의 심정은 이해하고도 남습니다. 자녀의 진로가 곧 자신의 희망이기에, 그들은 학교의 작은 움직임 하나에도 촉각을 곤두세울 수밖에 없는 구조입니다.

바로 이 지점에서, 엇갈린 시선과 간절함이 충돌했습니다. 누군가의 사소한 의문 제기였을까요? 혹은 오해였을까요? 운동부의 존재 필요성에 대한 '의혹'이 학교 안에 번지기 시작했습니다. 그 소문은 운동부 학부모님들의 마음에 날카로운 비수가 되어 꽂혔습니다. '혹시 우리 아이의 미래가 흔들리는 것은 아닐까?' 이 불안과 걱정은 삽시간에 학교를 뒤덮는 거대한 그림자가 되었습니다.

그리고 마침내, 그 걱정이 분노로 변하여 교무실 문을 박차고 들어오는 학부모님을 마주했습니다. 수업이 끝난 시간, 교무실은 일대 혼란에 휩싸였습니다.

"누가 그런 말을 했느냐! 당장 나와라!" 격앙된 목소리가 울려 퍼졌고, 선생님들은 불안감에 자리를 피하기 시작했습니다. 그 순간, 연구부장이라는 직책의 무게가 저를 그 자리에 붙잡아 두었습니다. 피하지 않고, 그 분노의 파도 앞에 섰습니다. 가슴은 쿵쾅거렸지만, 차분함을 가장하며 설득의 말을 건넸습니다.

그 뜨거운 난동을 멈추고, 교장실로 발걸음을 옮길 수 있도록 안내하는 동안, 저는 그분의 눈빛에서 단순한 화가 아닌, 자녀의 장래를 걱정하는 아버지의 절규를 보았습니다.

소통의 문을 열다, 오해 속에서 찾은 희망

교장실에서 마주 앉아 대화를 나누는 시간은, 마치 폭풍우가 지난 후의 고요함 같았습니다. 그 학부모님의 절절한 이야기는 단순했습니다.

"우리 아이를 훌륭한 선수로 키우기 위해 모든 것을 쏟아붓고 있는데, 학교에서 운동부를 없앤다는 이야기가 들리니 눈앞이 캄캄했습니다. 아이의 장래가 걱정되어 도저히 가만있을 수 없었습니다."

그 난동의 근원은 다름 아닌 오해였습니다.

자녀를 향한 지극한 사랑과 헌신이, 잘못된 정보와 결합하여 일으킨 안타까운 해프닝이었던 것입니다.

저는 차분하게 학교의 상황과 운동부 운영에 대한 진심을 설명해 드렸습니다. 학교는 아이들의 꿈을 꺾을 의도가 전혀 없으며, 운동부의 필요성에 대해 고민하는 것은 더 나은 운영을 위한 건강한 논의의 과정일 뿐, 폐지를 의미하는 것이 아님을 진정성 있게 전했습니다.

시간이 흐를수록, 그분의 얼굴에서 분노의 기색은 사라지고 이해와 안도감이 비추기 시작했습니다. 모든 설명을 들은 후, 그분은 고개를 끄덕이며 진심으로 미안해하셨습니다. "방법이 잘못되었습니다. 죄송합니다." 그분의 사과를 들으며, 제 마음속에서도 무언가 벅차오름을 느꼈습니다.

물론, 의견을 제기하는 데 있어 격앙된 감정을 드러내고 소란을 피우는 방식은 결코 옳지 않습니다. 그러나 그 과정을 통해 제가 깨달은 것은, 소통의 중요성이라는 너무도 기본적인 진리였습니다.

학교와 학부모, 교사와 학생 사이에는 언제나 크고 작은 '정보의 틈'이 존재합니다. 그 틈을 메우지 않으면, 오해는 순식간에 자라나 불신과 갈등이라는 거대한 괴물을 만들어냅니다.

자녀의 성공을 향한 학부모의 순수한 열망과, 아이들을 올바르게 지도하려는 교사의 진심이 만나는 지점, 바로 그곳에 소통의 문이 있습니다. 그 문을 열고 진솔하게 대화할 때, 우리는 서로의 입장을 이해하고, 갈등이 아닌 협력의 길을 찾을 수 있습니다.

눈물을 글썽이며 돌아가시는 학부모님의 뒷모습을 보며, 그날의 난동이 저에게는 우리 사회의 공감 능력과 소통 부재라는 아픈 현실을 성찰하게 만든, 깊은 성장통이었음을 깨닫습니다. 그 기억은 지금도 제가 어떤 상황에 놓이든, 먼저 귀 기울이고 진심을 전해야 한다는 삶의 중요한 가르침이 되고 있습니다.

귀국학생 특별학급 담임교사로 짠한 느낌을 받다

오래전, 교육부가 시범적으로 운영했던 '귀국학생 특별학급'의 담임교사로 2년간 봉사했던 경험은 제 교직 생활에서 가장 짠하고 보람찼던 기억 중 하나입니다.

당시 저는 귀국학생이 유독 많았던 강남교육지원청 소속 학교에 근무하고 있었고, 학교는 이 아이들의 적응을 돕고자 특별학급 운영을 신청하여 심사 끝에 운영권을 얻게 되었습니다. 막막함과 기대감이 교차했던 첫걸음이었습니다.

해외에서 오랜 시간 생활하다 돌아온 아이들이 겪는 문화적, 언어적 혼란은 생각보다 깊었습니다. 이들이 대한민국에서 잘 뿌리내리는 것이 곧 '국익'에 도움이 되는 일이라 믿었기에, 저를 포함한 6명의 교사가 팀을 꾸려 이 특별한 아이들의 적응을 돕기로 했습니다. 교실 수업이 가능한 학생들은 기존 학급에서 수업을 듣게 하고, 적응에 어려움을 겪는 학생들에게는 특별 편성된 프로그램을 운영했습니다.

인원은 많지 않았지만, 그만큼 개개인에게 세심한 주의와 애정이 필요했습니다.

특히 제 마음을 짠하게 했던 두 학생이 떠오릅니다. 한 명은 브라질에서 귀국한 학생이었습니다.

우리말이 서툴러 기본적인 의사소통조차 어려워하는 모습을 보며 각별한 신경을 쓸 수밖에 없었습니다. 어눌한 한국어로 친구들과 소통하려 애쓰는 모습에서 낯선 땅에 홀로 떨어진 듯한 외로움이 느껴지기도 했습니다.

또 다른 학생은 세 살 때부터 미국에서 생활하다 중학교 2학년 과정에 입학한 아이였습니다. 이 학생은 학교 적응에 더 큰 어려움을 겪었습니다.

충격적이었던 것은 이 아이가 맨 먼저 배운 단어가 '욕'이었다는 사실입니다. 하루는 "신발, 신발"이라는 단어를 반복해서 사용하는 것을 보았습니다.

나중에야 'X발'이라는 비속어를 어설프게 따라 하며 감정을 표현하고 있었음을 알게 되었습니다. 이 아이의 입에서 튀어나오는 서툰 욕설은, 낯선 환경에 던져져 방어기제조차 제대로 작동하지 않는 한 영혼의 고독한 외침처럼 들려 저의 마음을 아프게 했습니다.

귀국학생 특별학급 담임교사로 짠한 느낌을 받다

그 아이들의 눈빛에는 혼란과 불안, 그리고 세상에 대한 경계심이 서려 있었습니다. 저는 이 아이들이 우리 학교에 잘 적응해야 부모님들의 오랜 걱정을 덜어드릴 수 있다는 일념으로 정성을 다했습니다.

언어 교육뿐만 아니라 한국의 문화, 예절, 그리고 친구들과의 관계 맺는 법을 가르치기 위해 온 마음을 쏟았습니다. 욕을 하던 아이에게는 분노를 조절하는 법, 한국말로 자신의 감정을 올바르게 표현하는 법을 끊임없이 이야기해주었습니다. 아이들의 작은 변화에도 아낌없는 칭찬을 건네며 그들의 닫힌 마음을 열기 위해 노력했습니다.

시간은 더디게 흐르는 듯했으나, 2년이라는 운영 기간이 무사히 끝났습니다. 브라질에서 온 아이는 어느덧 유창하지는 않아도 일상 대화에 무리가 없을 만큼 우리말을 익혔고, 미국에서 온 아이는 더 이상 '신발'을 외치지 않고 친구들과 어울려 웃는 법을 배웠습니다. 학교라는 울타리 안에서 조금씩 안정을 찾아가는 그 아이들의 모습을 지켜보면서, 저는 비로소 막혔던 숨통이 트이는 듯한 기분을 느꼈습니다.

그때 저는 깨달았습니다. 국가에 기여한다는 것이 거창하고 거대한 일일 필요는 없다는 것을요. 저처럼 한시적인 특별학급의 담임교사로서, 이 작은 아이들의 마음을 보듬고 그들이 이 땅에서 제대로 된 삶을 시작할 수 있도록 돕는 조그만 일도, 정성을 다하면 충분히 의미 있는 기여가 될 수 있다는 것을 말입니다.

저의 작은 노력이 누군가의 삶에 보탬이 되었다는 사실만으로 큰 만족감을 얻었습니다.

세월이 흐른 뒤, 그때 그 학생들이 다시 한국으로 돌아와 각자의 자리에서 열심히 생활하고 있다는 소식을 전해 들을 때면 가슴 한켠에서 조그만 보람이 피어오릅니다. 그 짠했던 기억과 아이들의 성장이 오늘날 제가 교단에 서 있는 힘이 되었음을 고백하며, 그들에게 늘 따뜻한 마음으로 응원을 보냅니다.

학교를 책임진 두 수장의 불협화음

요란한 아침의 서막 (갈등의 발단)

그날 아침, 교무실의 고요함은 요란한 인터폰 소리에 산산이 부서졌다. 행정실에서 걸려 온 급박한 전화. 수화기 너머로 들려온 말은 믿기 어려운 내용이었다.

"부장님, 빨리 와서 교장선생님과 행정실장의 싸움을 말려 주세요!"

"무슨 일로 싸우나요?"

"교장실에서... 두 분이 너무 심하게 싸우고 있어서 무서워요."

상상조차 해본 적 없는 상황에 정신이 아찔했다. 학교를 이끌어가는 두 수장이 격렬하게 충돌하고 있다니. 옆자리의 교감에게 상황을 알리고 교장실로 함께 가자고 권유했다. 그러나 교감은 의외의 반응을 보였다.

"내버려 두세요. 무르익을 때까지."

순간 머리가 멍해졌다. '무르익을 때까지'라니? 그 의미는 명확했다.

교감은 이 해묵은 갈등에 관여하고 싶지 않다는 뜻이었다. 교감의 미온적인 태도에는 오랜 경험에서 우러나온 체념과 무관심이 섞여 있는 듯했다.

최고 관리자의 다툼을 방관하는 교감의 태도는 이 상황의 심각성을 방증하는 동시에, 교직원 사회의 어두운 단면을 미리 보여주는 듯했다.

무르익은 갈등의 현장 (본질적인 충돌)

한참의 시간이 흐른 뒤, 나는 조심스럽게 교장실 문을 열었다. 실내는 여전히 팽팽한 긴장감으로 가득 차 있었다. 교장과 행정실장은 나를 보자마자 각자의 주장을 쏟아내기 시작했다. 마치 오래된 활극의 피날레처럼, 두 사람의 주장은 학교 운영의 핵심적인 가치를 두고 격렬하게 부딪히고 있었다.

교장의 주장은 간결했다.

"학교의 책임자로서 내 책임하에 공사를 진행할 수 있다."는 논리였다. 학교 교육 활동의 필요성과 시급성을 내세우며 자신의 권한을 주장했다.

반면, 행정실장은 완고했다. "이는 규정에 맞지 않습니다. 규정대로 절차를 밟지 않으면 공사를 할 수 없습니다.

교육청에 확인해 봅시다!" 행정실장의 주장은 규정과 절차, 그리고 회계 책임자로서의 명확한 책무에 기반하고 있었다.

있을 수 없는 일이었다. 최고 관리자인 교장이 학교 운영의 근간이 되는 '절차'와 '규정'을 무시하고 자신의 뜻대로 일을 추진하려 하고, 회계 집행의 최종 책임자 중 하나인 행정실장이 이를 막아서고 있는 형국이었다. 교감이 선뜻 나서지 않았던 이유를 이제야 구차한 설명 없이도 알 수 있었다. 이 싸움은 단순히 개인적인 감정 싸움이 아니라, 책임과 규정이라는 두 축이 충돌하는 학교 시스템의 민낯이었다.

신뢰의 추락과 씁쓸함 (남겨진 상흔)

결국, 행정실장의 규정 준수 주장 덕분에 교장이 밀어붙이려던 공사는 진행되지 않았다. 규정을 벗어난 행정은 멈춰 섰지만, 이 사건이 교직원 사회에 남긴 상흔은 깊었다.

학교를 책임진 교장과 학교 회계를 책임진 행정실장의 격렬한 다툼은 다른 교직원들의 눈에 어떻게 비쳤을까? 학교 공동체, 특히 관리자급의 '신뢰'가 산산이 조각나는 한 단면을 보는 것 같았다. 행정은 공정해야 하며, 교육은 비전을 따라야 한다. 이 두 가치가 규정이라는 울타리 안에서 조화롭게 굴러가야 학교는 발전할 수 있다. 하지만 그날의 소동은 학교 운영의 두 축이 서로를 불신하고, 심지어 대립하고 있음을 만천하에 드러낸 사건이었다.

학교의 리더가 규정을 무시하고, 그 리더의 뜻을 따르지 않는다는 이유로 회계 책임자와 정면충돌하는 모습을 본 교직원들은 이후 학교 행정을 신뢰할 수 있었을까? 교사들은 교장의 교육적 비전을 온전히 따를 수 있었을까?

그날의 요란한 인터폰 소리와 팽팽했던 교장실의 긴장감은 내게 씁쓸한 기억으로 남아있다. 학교라는 조직의 투명성과 공정성이 관리자의 개인적 책임감과 규정 준수 의지에 얼마나 취약하게 달려있는지를 깨닫게 해준, 신뢰의 추락을 목격한 순간이었기 때문이다. 우리는 모두 학교를 사랑하지만, 그 기반이 되는 시스템과 신뢰가 얼마나 중요하고 깨지기 쉬운지 절감한 경험이었다.

따뜻한 배려, 교단을 지키는 어머니들의 미소

필자가 학교에서 근무하며 직접 목격한 풍경 중, 육아와 교직을 병행하는 선생님들의 고충은 늘 마음 한구석을 무겁게 했습니다. 가정에서는 어린 자녀를 돌보느라 몸과 마음이 지쳐있을 텐데, 학교에 나와서는 수십 명의 학생들을 지도해야 하는 이중고. 그 무게는 겪어보지 않으면 알 수 없을 것입니다.

안타깝게도, 많은 관리자들이 육아를 병행하는 교사들에게 '인색하다'는 느낌을 받았습니다. 물론 예외적으로 배려하는 분들도 많았지만, 사회 전반의 분위기가 이들에게 특별한 관심과 배려를 기울이는 것과는 거리가 멀었습니다.

마치 '육아 때문에 업무에 소홀해지는 것 아니냐'는 무언의 압박이라도 받는 듯, 육아를 하며 출근하는 교사들은 늘 죄책감 아닌 죄책감을 느끼며 마음이 편치 않아 보였습니다. 학교에 오는 것 자체가 일과 육아 사이의 줄타기처럼 느껴졌을 것입니다.

저는 달랐습니다. 제가 재직하는 동안, 가급적이면 육아를 하는 교사들에게는 '비담임'을 맡도록 했습니다. 담임교사가 갖는 행정 업무와 학생 생활 지도에 대한 부담을 조금이라도 덜어주고 싶었습니다.

또한, 아침 시간 육아 준비의 부담을 고려하여 '1교시 수업'을 가급적이면 배당하지 않으려고 노력했습니다. 이는 제 나름의 확고한 교육철학에서 비롯된 것입니다. 가정에서 육아의 부담을 조금이라도 줄여줘야, 선생님들이 학교에서 학생들에게 더욱 집중하고 더 나은 교육을 제공할 수 있다고 믿었습니다.

가정에서 이미 육아로 힘들게 부딪치며 에너지를 소모한 교사가, 직장인 학교에 와서 또다시 최상의 에너지를 쏟아 학생들을 지도하라는 것은 어딘가 맞지 않는, 정의롭지 못한 요구라고 생각했습니다. 교사의 인간적인 삶이 존중되어야 학생들에게도 진정한 사랑을 나눌 수 있습니다.

주변에서는 불만의 목소리가 들려왔습니다. "교감선생님은 왜 육아교사에게만 너그러우신가요? 똑같이 해야 공평하지 않습니까?" "똑같은 교육공무원인데, 이것은 차별이 아닌가요?"

맞는 말일 수도 있습니다. 틀린 말은 아닙니다. '공평함'이라는 잣대로만 본다면, 모든 교사에게 동일한 업무를 배당하는 것이 원칙일 것입니다.

하지만 저는 더 큰 국가와 사회의 틀에서 이 문제를 바라봤습니다. 현재 우리 사회는 심각한 '저출산 문제'로 홍역을 앓고 있습니다. 이런 현실 속에서 육아교사에게 주어지는 '조금의 배려'는 단순한 시혜가 아니라, 우리가 미래를 위해 마땅히 감당해야 할 '정의로운 배려'라고 생각했습니다. 다음 세대를 키워내는 이들에게 따뜻한 울타리를 제공하는 것이야말로, 건강한 공동체가 가져야 할 의무입니다.

처음에는 불만을 가졌던 동료 교사들과 관리자들도, 저의 확고한 방침과 진심을 이해하기 시작했습니다. 그리고 점차 학교 전체에 육아 교사들을 배려하는 분위기가 잘 정착되어 가는 것을 보면서, 이것이 바로 진정한 '소통'이며 '공감'이라고 느꼈습니다. 정책을 관철시키는 것이 아니라, 마음과 마음이 연결되어 상대를 이해하는 과정이었습니다.

마지막 학교에서 퇴임을 얼마 앞두지 않은 어느 날이었습니다. 육아 교사들의 조그만 선물을 준비하여 내 연구실을 찾았습니다. 저는 조그만 선물을 준비하여 육아 교사들의 연구실과 교실을 찾아갔습니다. 그 중 한 선생님께서 제게 다가와 눈물을 글썽이며 말씀하셨습니다.

"교감선생님 덕분에 아이 키우면서도 교직을 포기하지 않고, 교육에 많은 도움을 받을 수 있었습니다. 정말 감사합니다."

그 짧은 순간, 저는 잠시나마 세상에서 가장 행복한 사람이 된 듯했습니다. 저의 작은 배려가 한 교사의 직장 생활과 가정에 긍정적인 영향을 주었다는 사실이 가슴 벅찼습니다. 이 경험은 우리 사회가 '경쟁'이 아닌 '함께' 가야 하며, 서로의 어려움을 보듬어줄 때 비로소 따뜻하고 정의로운 공동체가 될 수 있음을 다시 한번 깨닫게 해준 소중한 순간이었습니다.

왜 학교 행정실장은 '섬'이 되었는가?

학교 현장의 아쉬운 인연들

35년 5개월간 교직에 몸담으며, 학교 행정실과의 관계는 늘 뜨거운 감자였습니다. 학교 교육의 '뒷마당' 역할을 하는 행정실의 지원은 교육 활동의 성패를 좌우할 만큼 중요합니다. 적시에, 원활한 지원이 이뤄지지 않으면 교육 활동 전반에 낭패가 생기고, 특히 부장교사나 관리자와의 갈등이 빚어질 경우 그 혼선으로 인한 피해는 고스란히 학생들에게 전가됩니다.

학교 밖의 시선은 학교를 '교사' 중심의 교육기관으로만 보지만, 실상은 '행정실'과의 긴밀한 협력 없이는 단 하루도 원활하게 돌아가기 어렵습니다. 그럼에도 불구하고, 많은 교사들이 행정실과의 관계에서 '좋은 인연'보다는 '그렇지 않은 인연'을 더 많이 경험했다고 회고하는 현실은 참으로 씁쓸합니다.

이 긴 세월 동안, 저는 수많은 행정실장들을 만났습니다. 그 중에서도 유독 '아쉬움'을 넘어 '답답함'으로 기억되는 두 분, A 행정실장과 B 행정실장의 근무 태도는 교무수첩에 별도의 페이지를 할애해 기록할 수밖에 없었습니다. 이 두 분의 사례는, 행정실장의 역할과 자세에 대해 우리가 다시 한번 생각하게 만드는 반면교사이기 때문입니다.

소통 없는 '섬'이 되어버린 두 행정실장

A 행정실장과 B 행정실장의 가장 기이하고도 두드러진 공통점은 바로 '교류 부재'였습니다.

첫째, '사고(思考)의 섬'에 갇힌 행정실장

이들은 철저히 본인의 사고 속에서만 머물렀습니다. 행정실 내부 직원들과의 소통은 물론, 교사들과의 소통, 심지어 학교의 운영 전반을 책임지는 관리자들(교장, 교감)과의 소통마저도 거의 없었습니다.

부장교사 회의나 간부 회의에 참석은 하되, 본인의 의견을 적극적으로 개진하거나, 교육 활동 지원을 위한 행정실의 입장을 피력하는 경우가 전무했습니다.

그들의 존재는 마치 회의실 한쪽에 놓인 가구처럼 느껴질 정도였습니다. "왜 그 자리에 앉아 있는지 모른다"는 탄식이 절로 나올 지경이었습니다.

'본인 때문에 학교가 존재한다'고 착각하는 것인지, 아니면 '본인의 직위를 유지하는 것 외에는 관심이 없는 것'인지 알 수 없었습니다. 이런 분들과 함께 근무하는 기간은 교사들에게는 그저 '답답함' 그 자체였고, 빨리 근무 기간이 끝나 다른 학교로 이동하기만을 바랄 뿐이었습니다.

둘째, '자기 보신(保身)'에만 전전긍긍

이들의 업무 스타일은 철저히 '자기 신상에 이상이 없을까' 하는 불안감에서 비롯되었습니다. 학교 교육 활동에 대한 관심은 지극히 낮았고, 오로지 본인의 업무 처리 과정이 규정상 문제가 되지는 않을까, 혹여나 책임질 일이 생기지는 않을까 노심초사했습니다. 이러한 '전전긍긍'하는 업무 스타일은 행정실 내부 직원들에게도 그대로 전파되어, 직원들조차 이 행정실장들을 기피하는 악순환을 낳았습니다. 교육 활동 지원을 위해 필요한 결단이나 적극적인 조치는 기대할 수 없었고, '원칙'과 '규정'이라는 방패 뒤에 숨어 현실적인 요구를 회피하는 모습만 보였습니다.

공(公)과 사(私)의 경계에서

학교는 남의 귀한 자식들을 받아 성숙한 사회인으로 양성하는 국가의 중대한 임무를 수행하는 공적 기관입니다. 이 곳에서 근무하는 모든 공무원들은 사적인 감정이나 사적인 생각보다는 공적인 마인드로 뭉쳐야 합니다.

일선 학교의 행정실장은 규모에 따라 다르지만, 연간 처리해야 하는 막대한 예산을 관리하고 집행하는 막강한 자리입니다. 이 자리는 곧 교육 활동을 가장 최일선에서 지원해야 하는 '임무'를 부여받은 자리이기도 합니다. 그런데 만약 이처럼 공적인 임무를 방기하고 '섬'처럼 고립된 행태로 학교 교육에 부정적인 영향을 미친다면, 그 피해는 결국 학생들에게 돌아갑니다.

이 두 행정실장의 아쉬운 행태를 되돌아보며, '교육, 이게 뭡니까?'라는 자조 섞인 질문을 남길 수밖에 없었습니다. 물론, 자신의 영역에서 최선을 다하고 학교 교육 활동을 열과 성을 다해 지원하는 훌륭한 행정실장들이 훨씬 더 많다는 사실은 변치 않는 진실입니다. 하지만, 소수의 '일그러진 모습'은 학교 현장 전체에 깊은 그림자를 드리웁니다. 이 기록은, 모든 학교 행정실장들이 '섬'이 아닌 '다리'가 되어 학교 구성원과 교육 활동을 잇는 중요한 존재임을 되새기기 위한 아쉬움의 기록입니다.

학부모의 돌직구, 학교를 깨우다

새로운 시작, 가시밭길을 걷다

교감으로 발령받은 그 학교에서의 첫걸음은 마치 가시밭길을 걷는 듯했습니다. 전년도에 학교가 겪었던 '최다 민원학교'라는 불명예는 깊은 그늘을 드리웠고, 그 여파로 많은 예산을 사용하지 못해 학교 전체는 침울한 기운이 감돌았습니다. 학교를 살리고 싶었습니다. 그 생기를 되찾아주고 싶었습니다. 제 마음속에는 오직 하나, 학부모님들과의 소통의 물꼬를 터야 한다는 절박함이 자리 잡고 있었습니다. 이 침묵의 벽을 허물지 않고서는, 학교는 한 발짝도 앞으로 나아갈 수 없으리라 직감했습니다.

고심 끝에 교육청에서 온 '학부모회의실 구축 학교 공모' 공문은 사막의 오아시스처럼 느껴졌습니다. 마침 학생 수 감축으로 비어있는 교실이 있었기에, 저는 직접 팔을 걷어붙이고 학부모회의실 구축 계획서를 작성했습니다. 이 공간을 학부모님들의 목소리가 울려 퍼지는, 학교와 가정을 잇는 튼튼한 다리로 만들고 싶었습니다. 간절함이 통했는지, 계획서가 당첨되어 예산이 내려왔습니다.

파격적인 시도, 신뢰를 쌓다

저는 과감한 결단을 내렸습니다. 학부모회의실 구축 예산은 온전히 '학부모님의 뜻'대로 사용되어야 한다고 생각했습니다. 학교의 입김을 최소화하고 학부모님의 의견을 최대한 반영하기 위해, 저는 곧바로 '학부모회의실 구축 학부모 협의회'를 조직했습니다. 몇 차례의 진지한 회의 끝에, 우리는 기존의 딱딱하고 권위적인 회의실이 아닌, '카페 형식'의 따뜻하고 편안한 공간으로 꾸미기로 의견을 모았습니다. 시간이 있는 학부모님들이 자발적으로 시장 조사를 하며 애정을 쏟았고, 마침내 그 노력의 결실인 학부모회의실 오픈식이 다가왔습니다.

학부모님이 주축이 되어 이색적인 회의실이 구축되었다는 소식은 큰 반향을 일으켰습니다. 당시 조희연 교육감님께서 이 뜻깊은 자리에 참석해 주셨고, 새로운 학부모회의실에서 준공 및 간담회가 열렸습니다. 모두가 축하와 기대에 찬 분위기였습니다. 교육감님의 인사말이 끝나고, 저는 흐뭇한 미소를 지으며 다음 순서를 기다리고 있었습니다.

벼랑 끝의 질문, 직무에 대한 엄중한 성찰

돌발 질문, 얼어붙은 시간

그때, 3학년 G군의 학부모님이 마이크를 잡으셨습니다. 순간, 공간 전체에 팽팽한 긴장감이 감돌았습니다.

"교육감님! 이런 인사가 어디 있습니까?"

당황한 기색이 역력한 교육감님께서 "무슨 말씀입니까?"라고 되물으셨습니다.

G군 학부모님의 다음 질문은 제 심장을 멎게 하는 듯했습니다.

"이렇게 학교를 망친 전임 교감이 고등학교 교감으로 인사 이동하는 것이 서울시 교육청의 인사 이동이 올바른 것입니까?"

"그 교감은 교직에 적합하지 않습니다!"

교육감님은 당황하셨지만, 이내 "예, 확인해 보겠습니다"라며 짧게 답하셨습니다. 조희연 교육감은 학부모의 질문에 진지하면서도 잘 살펴보겠다라고 하면서 자세를 낮춘 모습에서 업무에 대하는 겸손하면서도 학부모를 존중한다는 느낌을 받았다. 하지만 G군 학부모님의 지적은 여기서 멈추지 않았습니다. 그분은 작년도 학교 운영의 혼란상을 교육감님, 교육장님, 그리고 교장선생님까지 모인 자리에서 가감 없이 쏟아냈습니다.

"학교를 이렇게 운영해도 어떤 조치가 없다는 것은 직무유기 아닙니까?"

참석한 학부모님들의 눈빛은 공감으로 가득 차 있었습니다. 모처럼 수도 서울의 교육 수장을 앞혀놓고, 현장의 목소리가 필터 없이 전달되는 엄중한 순간이었습니다.

뼈아픈 성찰, 다시 서는 책임감

저는 그 어떤 변명도 할 수 없었습니다. G군 학부모님을 탓할 수도 없는 노릇이었습니다. 학교 운영의 난맥상, 그 혼란의 그림자를 직접 들여다본 학부모로서는 당연히 할 수 있는 얘기였습니다. 그분의 질문은 비단 전임 교감 한 사람에게만 향한 것이 아니었습니다. 그것은 학교 운영 전반에 대한 깊은 불신과, 아이들의 교육을 책임진 우리 교직원 전체에게 던지는 뼈아픈 경고였습니다.

그날의 '아찔한 순간'은 제게 큰 가르침을 주었습니다. 소통을 위한 공간을 마련하는 것도 중요하지만, 그 공간에서 터져 나오는 목소리의 무게를 감당할 수 있는 책임감 있는 학교 운영이 선행되어야 함을 깨달았습니다. 아이들의 교육을 책임진 교사로서, 교감으로서 저의 책임이 막중함을 다시 한번 가슴 깊이 새기는 계기가 되었습니다. 그날의 준공식은 축하의 자리를 넘어, 저희 학교가 진정한 소통과 책임의 학교로 거듭나는 새로운 출발점이었습니다.

조희연 교육감의 당시 학교 방문 모습

교육의 열정, 리더의 부재 앞에서 쓴 아쉬운 기록

교육의 책무, 흔적을 찾아서

교직에 몸담은 지난 시간은 저에게 수많은 성장의 기회이자, 교육자로서의 신념을 단련하는 여정이었습니다. 학교라는 공간은 단순한 건물이 아니라, 미래의 주역인 아이들의 삶과 꿈이 영글어 가는 숭고한 터전이라 믿어왔습니다. 그 믿음의 중심에는 항상 '교육의 힘'이 자리하고 있었고, 교육 활동의 가장 중요한 지휘자는 바로 학교를 이끄는 '교장'이라는 생각을 해왔습니다. 한 학교의 교육 철학은 교장의 비전과 리더십 아래에서 구체화되며, 이는 곧 학생들의 교육과정에 지대한 영향을 미치기 때문입니다.

그런 의미에서 제가 재직하는 짧은 기간 동안 만났던 J 교장 선생님과의 경험은, 저의 교직 생활에서 가장 큰 아쉬움과 질문을 던져준 기억으로 남아있습니다. 학교 현장에서는 교장 선생님의 교육에 대한 깊은 관심과 헌신이 필수적이라고 생각합니다. 아이들의 미래를 책임지는 교육 활동에 몰두하며, 학교 구성원들과 교육의 방향을 끊임없이 논의하고 고민하는 모습은 마땅히 교장의 책무라고 여겼습니다.

그러나 J 교장 선생님이 학교에 부임하신 이후, 저는 본업인 교육 활동에 대한 고민의 흔적을 찾기가 어려웠습니다. 교장실은 자주 비어있

없고, 들려오는 소식은 '출장'에 관한 것이 대부분이었습니다. 물론 대외 협력이나 중요한 행정 업무를 위한 출장도 있겠지만, 그 잦음은 학교가 아닌 '밖'에 더 많은 관심이 있는 듯한 인상을 지울 수 없게 했습니다.

취임 후 부장교사들과의 상견례를 위한 저녁 모임조차 한 달이 지나 서야 간신히 가질 수 있었다는 사실은, 교장 선생님께서 학교 내부의 교육적 논의보다 외부 활동에 얼마나 우선순위를 두고 계셨는지 단적으로 보여주는 일화였습니다. 교육 현안을 논의할 시간 자체가 부족하다는 것은 학교의 교육 활동이 표류할 수 있음을 의미합니다.

중요한 역할, 부재하는 리더십

교육 현장을 지탱하는 것은 결국 교단에 서 있는 교사들의 열정과 아이들을 향한 마음이라고 생각합니다. 하지만 그 열정을 하나로 모으고 학교 전체의 교육적 역량을 극대화하는 것은 교장의 리더십입니다.

저는 교장 선생님이 학교 교육에 깊은 관심을 가지셔야 한다고 생각했습니다. 그래서 용기를 내어 조심스럽게 말씀을 드렸습니다. "교육에 좀 더 관심을 가져주시면 좋겠습니다."

저의 진심 어린 요청에 돌아온 것은 공감이나 숙고의 자세가 아니었습니다. 오히려 불쾌하다는 기색이 역력했습니다. 그 순간, 우리는 무엇 때문에 이 교단에 서 있는지, 우리의 궁극적인 목적이 무엇인지에 대한 깊은 괴리감을 느꼈습니다. 교직 생활의 기본인 '교육' 그 자체에 대한 가치관의 차이가 너무나 크다는 사실에 마음이 무거웠습니다.

학교를 이끌어가는 교장의 역할은 단순히 행정적인 관리를 넘어섭니다. 수많은 아이들의 성장과 미래를 위한 교육 환경을 조성하고, 교사들이 마음 놓고 가르칠 수 있도록 교육 철학을 제시하며 지원하는 일이야말로 교장의 가장 중요한 책무입니다. 그러나 제가 만난 J 교장 선생님은 이러한 역할의 무게와 중요성을 인지하지 못하는 듯했습니다. 학교 안팎의 관계를 잘 관리하는 것이 교직 생활의 전부라는 인상을 받았을 때, 저는 진정한 교육의 가치가 외면당하고 있다는 쓸쓸함을 느꼈습니다.

짧은 기간의 근무를 마치고 다른 학교로 이동했지만, J 교장 선생님과의 경험은 저에게 '좋은 교장이란 무엇인가'에 대한 근본적인 질문을 남겼습니다. 저는 학교를 진정으로 사랑하고, 아이들의 성장을 첫 번째로 생각하는 교장이 학교를 이끌어야 한다고 굳게 믿습니다. 단순한 이익이나 형식적인 관계를 넘어, 교육 본연의 가치에 헌신하는 리더만이 학교 공동체를 바람직한 방향으로 이끌 수 있습니다. 저의 교무수첩에는 J 교장 선생님에 대한 아쉬움과 함께 "다시는 만나고 싶지 않은 교장"이라는 메모가 남아있습니다. 이 메모는 저에게 교직의 본질을 잊지 않고, 아이들을 중심에 두는 교육을 실천하겠다는 다짐이기도 합니다. 진정한 교육자의 길을 걷기 위한 제 자신과의 약속입니다.

아찔한 학부모, 4시간 30분간의 긴 통화: 변화의 시작

교감으로 첫 발령을 받은 학교는 전년도 최다 민원학교라는 불명예스러운 꼬리표를 달고 있었다. 학교의 분위기는 무거운 침묵 속에 가라앉아 있었다. 교사들은 지쳐 있었고, 학부모와의 관계는 얼음장처럼 차가웠다. 학교의 변화를 염원했지만, 그 시작이 어디여야 할지 막막하던 4월의 마지막 주 금요일이었다.

퇴근 무렵, 3학년 학부모로부터 전화가 걸려왔다. 처음엔 간단한 학생 상담으로 시작되었던 대화는 이내 전년도 학교 운영의 문제점, 불통에 대한 이야기, 교사들의 교육활동, 심지어 관리자들에 대한 내용까지 봇물 터지듯 쏟아져 나왔다.

교무실의 불은 하나둘 꺼지고, 모든 선생님이 퇴근한 텅 빈 공간에 나홀로 앉아 수화기를 붙들고 있었다.

시간은 째깍째깍 흘러 저녁 8시를 훌쩍 넘기고 있었다. '끊어야 하는데, 언제 끊어야 하는가?' 머릿속으로는 수많은 고민이 교차했다.

지금 끊어 버리면 지금까지의 긴 인내가 허사로 돌아갈 것만 같았다. 학부모의 분노와 좌절이 담긴 목소리는 학교를 향한 간절한 관심의 다른 표현임을 직감했다.

나는 그녀의 모든 이야기를 놓치지 않으려 수첩에 꼼꼼히 메모하며 긴 인내의 시간을 견뎌냈다. 학생 교육과 관련한 본인의 자녀 이야기뿐 아니라, 학교 운영 전반에 대한 깊은 건의와 요구들이었다.

마침내 학부모가 모든 이야기를 마치고 수화기를 내려놓았을 때, 시계는 밤 8시 30분을 가리키고 있었다. 4시간 30분이라는 믿기지 않는 긴 통화였다. 온몸의 긴장이 풀리자 허기가 밀려왔다. 집에 도착하니 9시 30분, 아내는 저녁도 굶고 온 나를 보며 "지금까지 뭐 했냐"고 투덜거리면서도 걱정스러운 눈빛을 보냈다. 그녀의 빈정거림 속에는 긴 시간 학교에 매달려야 하는 남편에 대한 안쓰러움이 배어 있었다.

일주일 후, 나는 교무수첩에 메모했던 학부모의 건의사항들을 하나하나 확인하고 실현 가능한 것들부터 즉시 조치했다. 그리고 그 결과를 직접 학부모에게 전달했다. 작은 변화였지만, 그 영향은 놀라웠다.

그 학부모는 다른 학부모들에게 "교감 선생님이 오시고 학교가 달라지기 시작했다. 우리의 목소리를 들어주신다"고 이야기하기 시작했다. 한 사람의 마음을 열자, 마치 도미노처럼 학부모들의 반응이 달라졌다. 그동안 학교에 비협조적이었던 학부모들이 협조적인 분위기로 바뀌었고, 학교를 믿고 따르기 시작하자 아이들 또한 긍정적으로 변화하기 시작했다. 선생님들의 얼굴에도 생기가 돌기 시작했다. 소통의 물꼬를 트자 침체했던 학교에 활기가 되돌아온 것이다.

이 한 통의 전화는 학교 혁신의 씨앗이 되었다.

나는 이 경험을 바탕으로 학교 공동체 전체의 힘을 모으는 '4 Zero, 3 혁신 운동'을 전개했다.

학교폭력 Zero, 학부모 민원 Zero, 수업결손 Zero, 행정업무 Zero 및 교육만족도 최고를 목표로 삼고, 특히 수업혁신, 행정혁신, 생활자치혁신이라는 3대 혁신에 집중했다.

학부모의 목소리에 귀 기울였던 그 날의 인내는 결국 학교 공동체 전체를 변화시키는 거름이 되었다. 모두의 협력 덕분에 우리 학교는 최고의 교육만족도를 자랑하는 학교로 발돋움할 수 있었고, 그 성공 사례는 언론에도 소개되는 영광을 안았다.

'최다 민원학교'의 오명을 '최고의 학교'라는 명예로 바꾸는 첫걸음은, 금요일 밤 4시간 30분 동안 이어진 한 학부모의 간절한 목소리를 경청하는 데서부터 시작되었던 것이다.

2017년 4월, 거부당한 아이의 그림자

2017년 4월, 교감으로 근무하던 시절의 일입니다. 여느 때처럼 업무를 보던 중, 교무실 밖이 시끄러워졌습니다. 이내 한 아이가 어머니와 함께 문을 열고 들어섰습니다. 큰 덩치와는 어울리지 않게 눈빛은 불안으로 가득 찬, 3학년 남자 학생, ○○였습니다.

학교사회는 좁고 민감합니다. 전학 오는 학생 한 명이 교실 분위기에 미치는 영향은 큽니다. 특히 ○○의 경우는 더욱 그러했습니다. 그는 이미 여러 학교에서 적응하지 못하고 밀려나 우리 학교에 마지막으로 찾아온 아이였습니다. 소문은 빠르게 퍼졌고, 교무실은 술렁였습니다. "왜 하필 우리 학교가 ○○이를 받아줘야 하죠? 학교 분위기가 흐트러질 겁니다." 선생님들의 반대는 거셌고, 그 우려는 너무나 당연하고 정당했습니다.

긴 침묵 속에서 저는 스스로에게 물었습니다. '우리가 이 아이를 거부한다면, ○○이가 설 곳은 어디에 있는가?'

그러나 제 마음을 움직여 결국 모두를 설득하게 만든 결정적인 순간이 있었습니다. 바로 ○○의 어머니였습니다. 여러 학교를 전전하며 얼마나 많은 눈물을 흘렸을지 짐작이 가는 그 어머니의 눈 속에서, 저는 아들을 향한 절대 놓지 않은 끈을 보았습니다. 그 끈이 존재하는 한, 희망은 있다고 믿었습니다. 어렵고 험난할지라도, 학교 공동체가 이 아이의 손을 한 번 더 잡아줘야 한다고. 수많은 우여곡절과 길고 긴 설득 끝에, ○○이는 마침내 우리 학교의 학생이 되었습니다.

흔들리는 교정과 절박한 외침

○○이의 학교생활은 제가 예상했던 것보다 훨씬 더 순탄치 않았습니다. 교무실은 언제나 긴장 상태였습니다. 하루도 마음을 놓을 수 없었습니다. 저는 ○○이를 수시로 불러 학교생활에 적응할 수 있도록 필요한 이야기를 건네고, 격려하고, 때로는 단호하게 선을 그어주었습니다. 마치 끝이 보이지 않는 짙은 안개 속을 걷는 듯했습니다.

다행히 저에게는 든든한 동료가 있었습니다. ○○이를 저만큼이나, 아니 어쩌면 더 깊이 이해하고 관찰해주신 K 전문 상담선생님이었습니다. 두 사람이 ○○이를 지켜보는 동안, 과거의 그림자는 끝내 ○○이의 발목을 잡았습니다. 전학 오기 전에 저질렀던 일로 인해, ○○이는 안양에 있는 안양심사분류원으로 가야 한다는 통보를 받았습니다.

책임자로서, ○○이를 받아들였던 사람으로서, 제 가슴은 무너져 내렸습니다. '결국 내 노력이 부족했던 걸까? 선생님들의 우려가 맞았던 걸까?' 스스로를 자책했습니다. 하지만 좌절하고 있을 시간이 없었습니다. ○○이가 돌아와야 할 곳은 학교였습니다. 이곳에서 완전히 끈을 놓게 할 수는 없었습니다.

안양에서 피어난 뉘우침의 씨앗

저는 K 선생님과 함께 무거운 마음을 안고 안양심사분류원으로 향했습니다. 현직 교감이 심사분류원까지 직접 찾아가 학생을 선도하고 설득하는 일은 흔치 않았습니다. 아마도 저를 아는 이들은 모두 놀랐을 것입니다. 하지만 저는 교감 이전에, 한 아이의 변화를 바라는 한 사람으로서 그 자리에 서야만 했습니다.

면회실에서 만난 ○○이는 여전히 큰 덩치였지만, 갇힌 공간 때문인지 더욱 위축되고 불안해 보였습니다. 저는 훈계나 꾸짖음 대신, 제 속마음을 그대로 털어놓았습니다.

"○○아, 네가 여기서 생활을 잘하고 돌아와 학교에 잘 적응하지 못하면, 내가 이 학교에서 더 이상 설 곳이 없게 된다. 나는 너를 믿고 모든 선생님들을 설득했어. 너의 모습이 곧 나의 책임이야."

저는 저의 절박한 심정을 여과 없이 이야기했습니다. 이는 일종의 정면 승부였습니다. 어쩌면 무책임하게 들릴 수도 있지만, 저는 ○○이가 본인의 행동이 단순히 개인적인 문제를 넘어 자신을 믿어준 한 어른의 삶의 무게까지 짊어지게 했음을 깨닫기를 바랐습니다. 그 순간, ○○이의 눈빛이 흔들리더니, 이내 깊은 곳에서부터 우러나오는 뉘우치는 기색을 보았습니다. 형식적인 반성이 아니라, 가슴으로 전해지는 진심이었습니다. 그 기색을 확인하는 순간, 저는 안도했습니다. 변화의 씨앗이 마침내 심어진 것입니다.

이별, 그리고 새로운 삶의 디자이너

한 달간의 심사분류원 생활을 마치고 학교로 돌아온 ○○이는 확연히 달라져 있었습니다. 말수가 적어졌지만, 눈빛에는 전과 다른 단단함이 서려 있었습니다. 학교생활에 성실히 임했고, 주변 친구들과의 관계에서도 눈에 띄게 안정적인 모습을 보였습니다. 단 1년이었지만, ○○이와의 만남은 제 교직 생활에서 가장 강렬하고 의미 있는 시간이었습니다. ○○이에게 용기를 주고자 했던 시간들이, 역설적으로 저에게 깊은 위로와 확신을 주었습니다.

1년의 만남을 뒤로하고, 저는 인도네시아 자카르타 한국국제학교로 자리를 옮겼습니다. 학교를 떠난 이후에도 ○○이 어머님과는 가끔 안부를 주고받으며 ○○이의 근황을 들을 수 있었습니다. 그리고 어느 날, 어머니께 전해 들은 소식은 저를 눈물짓게 만들었습니다.

○○이가 완전히 새로운 삶을 살게 되었다는 소식. 그리고 마침내 명지전문대 리빙디자인과에 진학하여 꿈을 키우고 있다는 놀라운 소식이었습니다. 지금은 옷에 디자인을 해서 교수님으로부터 감각이 있어서 매우 잘한다고 하면서 칭찬을 듣고 있다는 소식도 들려 옵니다. 온라인 쇼핑몰도 같이 하면서 새로운 인생을 멋지게 살아가고 있다는 소식을 접하면서 한교사의 노력으로 새로운 삶을 살게 됩니다. 이게 교육의 힘이 아닌가하는 생각을 가져 봅니다.

불안했던 3학년 남학생이, 이제는 자신의 삶을 직접 설계하는 디자이너의 꿈을 꾸고 있는 것입니다. 이 소식은 제 교직 생활의 가장 큰 보상이었습니다. ○○이의 일탈과 방황은 결국 주변의 진정한 관심과 사랑을 통해 되돌아왔습니다. 아이들의 방황은 결코 영원한 탈선이 아니며,

그들이 돌아올 수 있도록 끈을 놓지 않고 기다려주는 것은 단지 시간의 문제일 뿐이라는 소중한 진실을 이 아이가 저와 우리 학교에 일깨워주었습니다. 영원히 잊지 못할, 귀한 가르침이었습니다.

▷ 당시 상담사로로 근무했던 김○○선생님이 책을 쓴다고 했더니 전해온 글을 독자들의 이해를 돕기 위하여 그대로 옮깁니다.

교감선생님
오랫만입니다.
이제야 제대로 읽어봅니다
연휴 가족들과 일정이 있었거든요.

그땐 교감선생님 참으로 고생하셨지요.
몇 몇 선생님들의 거부..
ㅇㅇ를 살리기 위해 중간에서 교감선생님 낭패스러우셨지요..
전 저대로 그때 강제전학 없어야한다고
생각했었고
아이를 어떻게 이토록 뺑뺑이 돌리다니..
강전보낸 학교측과 부모님에 대해
무척 화 났던 기억
또한 서○○부장님이 아이 간식 사가려고 기안 하려 했을 때 잘못한 아

이 간식까지 사가냐고 했던 것도 기억납니다.

아이가 다시 학교로 돌아올텐데

좀 친해지려 노력해야 되지 않겠냐고... 교사와 상담사가 바라보는 관점

이 다르니까 이해하지만 일부 선생님들의 비행 학생에 대한

이해와 관심은 절실히 필요하단 생각도 했었구요.

ㅇㅇ는 6번째 증산에 왔고 졸업과

바람같은 청소년기를 넘기도록 도와야 했으니까요.

진솔하게 글을 쓰셨고 훌륭하십니다.

만약

저의 이야기가 들어간다면   익명으로 하시길 부탁드립니다.

안하셔도 상관없구요.

교감선생님께선

남다르게 학생들의 눈높이에 맞게

소통하려고 애쓰셨고.

오늘의 명언? 누구나 참여하여

소속감과 기대를 느낄 수 있도록 하셨던 멋진 관리자셨습니다.

오랫만에 ㅇㅇ어머니의 반가운 소식 받았어요.

ㅇㅇ가 자신의 길을 가고 있다니

마음으로 축복하고 지지해봅니다.

고맙고 감사합니다.

증산중학교 교무실에서 김창학 교감 (사진=증산중학교)

서울 교육 혁신의 길목,
혁신학교 정책자문위원으로

2010년, 곽노현 교육감의 취임은 서울 교육에 새로운 바람을 몰고 왔습니다. 오랫동안 곪아 터지다 만신창이가 된 서울 교육의 현실 앞에서, 곽 교육감의 등장은 혁신으로 가는 중요한 변곡점이었습니다.

저는 이 중대한 시기에 혁신학교 정책자문위원으로 위촉되어 서울특별시교육청의 혁신학교 정책 결정 과정에 참여하게 되었습니다.

혁신학교가 서울 교육의 새로운 표준으로 자리 잡기 시작하면서, 혁신학교 정책자문회의는 사실상 혁신 교육 정책을 결정하는 핵심 기구였습니다.

교육 혁신의 필요성에 모두가 공감했지만, 그 길은 예상했던 것보다 더 깊은 관행과의 싸움이었습니다.

혁신교육이 태동하던 당시, 교육청의 행정 시스템과 학교 현장 사이에는 깊은 괴리가 존재했습니다. 혁신을 외치고 있었지만, 수십 년간 굳어진 비효율적이고 권위적인 행정 문화는 쉽게 바뀌지 않았습니다. 정책자문위원으로서 저는 그 변화의 중심에서 현장의 목소리를 대변해야 한다는 무거운 책임을 느꼈습니다.

'이럴려고 교육감 되셨습니까?' 비합리적 관행에 던진 일침

어느 날 아침, 출근 후 문서를 확인하다 저는 믿기 힘든 공문 하나를 발견했습니다. 아침 9시에 접수된 공문인데, '12시까지 상황을 보고하라'는 내용이었습니다. 3시간 안에 학교 현장에서 즉각적인 보고를 요구하는, 그야말로 황당한 공문이었습니다. 당시 교육청에서는 이런 비합리적인 '일 처리'가 드물지 않게 일어나던 시기였습니다.

급박함만을 강조하며 학교의 일상과 수업을 침해하는 관행은 혁신이라는 이름표를 무색하게 만들었습니다.

그날 오후, 혁신학교 정책자문회의가 예정되어 있었습니다. 회의 시작 전, 저는 심사숙고 끝에 이 문제를 정면으로 짚고 넘어가야겠다고 결심했습니다.

관행이라는 이름으로 교육 현장의 에너지를 낭비하는 것을 더는 묵과할 수 없었습니다. 교육감이 강력한 의지를 가지고 혁신을 추진한다고 해도, 실무선에서 이러한 비합리적인 행태가 지속된다면 진정한 변화는 불가능하다고 보았습니다.

회의가 시작되자, 저는 모두가 긴장하는 분위기 속에서 곽노현 교육감에게 정중하지만 단호하게 말을 건넸습니다.

"곽노현 교육감님!"

교육감이 "예" 하고 대답하며 대각선으로 저를 쳐다보았습니다. 그의 눈빛에는 묘한 긴장감이 서려 있었습니다. 옆에 배석했던 실국장들과 과장들 역시 모두 숨죽이는 분위기였습니다.

"이럴려고 교육감 되셨습니까?" 저는 곧바로 핵심을 찔렀습니다.

교육감이 되묻자, 저는 아침에 있었던 공문 사안을 자세히 설명했습니다.

"아침 9시에 공문을 보내고 12시까지 보고하라고 하면, 학교에서 수업은 누가 하고 보고는 누가 합니까? 학교의 모든 인력이 수업을 준비하고 학생을 가르치는 일에 집중해야 하는데, 이런 터무니없는 행정으로 현장을 마비시키고 있습니다."

제 발언에 회의실 전체가 얼어붙었습니다. 곽 교육감은 잠시 말을 잃었다가, 이내 상황의 심각성을 깨달은 듯 단호하게 지시했습니다.

"그런 일이 있습니까? 바로 조사하여 조치하세요."

그는 즉석에서 이 비합리적인 관행에 대한 강력한 시정 지시를 내렸습니다. 교육감의 즉각적이고 단호한 대응은 현장의 목소리에 귀 기울이겠다는 강력한 의지의 표현이었습니다.

이 일화는 작은 사건이었지만, 이후 서울시교육청 행정 문화에 큰 변화의 물꼬를 트는 계기가 되었습니다. '교육 현장을 존중하고 수업 중심의 학교를 지원한다'는 혁신 교육의 원칙이 행정 실무에까지 깊숙이 스며들기 시작한 것입니다. 비합리적인 '묻지 마 보고' 문화는 점차 사라지고, 학교가 온전히 교육 본연의 역할에 집중할 수 있도록 지원하는 방향으로 교육청의 행정 시스템이 개선되었습니다.

혁신은 거대한 정책 발표뿐만 아니라, 이처럼 학교 현장의 일상을 괴롭히는 작은 관행 하나하나를 바꿔나가는 치열한 과정 속에서 완성된다는 것을 깨달은 소중한 경험이었습니다. 내가 본 곽노현 교육감은 교육개혁에 대한 의지가 강한 교육감이었다고 회고한다. 학교현장을 개혁한다는 확고한 소신을 가진 교육감이었다.

교육 현장의 일그러진 승진 풍경,
2008년 신설학교 교무부장의 회고

2008년 3월, 저는 신설 중학교의 개설 교무부장이라는 중책을 맡게 되었습니다. 당시만 해도 신설학교의 교무부장 자리는 교감 승진의 발판으로 여겨졌기에, 단순히 능력뿐만 아니라 **'인맥 관리'**라는 무형의 힘이 중요하게 작용하던 시기였죠.

저는 강렬하게 승진을 갈망했습니다. 그러나 그 갈망은 단순히 **'승진이 곧 출세'**라는 일반적인 공식과는 달랐습니다. 저는 진정으로 학교 관리자가 되어 학교를 변화하고 혁신하고 싶은 열망에서 승진하기를 바랐습니다. 하지만 현실은 냉혹했고, 승진의 길은 멀게만 느껴졌습니다. 당시에는 오로지 연구 점수에만 매달리는 교사들이 넘쳐나던 때였으니까요.

기형적인 승진 제도와 '학위 원정' 코미디

제가 승진의 길에서 멀어질 수밖에 없었던 주요 원인, 그리고 당시 교육 현장을 왜곡시켰던 근본적인 문제는 바로 교육부의 잘못된 정책에 있었습니다.

첫 번째 기형적인 풍경은 **'학위 원정'**이라는 웃지 못할 코미디였습니다. 서울의 교사들이 서울에 있는 교육대학원을 졸업하고도, 승진에 필요한 가산점을 더 얻기 위해 천안, 금산, 포천 등 지방에 위치한 교육대학원으로 학위 원정을 떠나는 일이 비일비재했습니다. 이처럼 **'원정 학위'**를 받는 것이 서울 학교 현장에서 관리자가 탄생하는 가장 빠른 지름길이었다는 사실은 당시 교육부의 일그러진 정책이 낳은 비극적 현실이었습니다.

두 번째로는 교감 승진에 절대적인 영향을 미쳤던 '20여 년 전의 1급 정교사 자격 취득 점수' 제도였습니다. 이미 오래전에 결정된 이 점수가 승진에 막대한 영향을 미치다 보니, 점수가 낮은 교사들은 이를 만회하기 위해 상담 교사 자격증을 받고 갱신하는 등의 **'웃픈 현실'**을 감수해야 했습니다.

이 모든 편법의 정점은 '두 번의 석사 학위' 구조였습니다. 서울의 교육대학원에서 석사 학위를 취득해 교감 승진 시 인정을 받고, 이후 두 번째로 지방의 교육대학원에서 학위를 취득하여 교장으로 승진하는 구조. 바로 이 구조 때문에 교사들은 지방으로 **'원정 학위'**를 떠나야 했으며, 이는 두 번째 웃픈 현실이자, 승진을 향한 비정상적인 경쟁을 부추긴 주범이었습니다.

물론 지금은 많이 개선되었다고는 하지만, 당시 교육부의 이러한 잘못된 정책이 학교 현장을 이토록 일그러지고 기형적인 모습으로 만드는 데 크게 일조했다는 생각은, 저만의 회고일까요?

부조리한 시스템 속에서 꿈꿨던 진정한 변화

저의 진정한 바람은 승진 그 자체가 아니라, 관리자로서 학교 시스템을 바로잡고 교육의 본질에 충실한 환경을 만드는 것이었습니다. 하지만 당시의 승진 시스템은 그런 열정과 비전을 가진 사람보다는, 점수와 학위를 얼마나 효율적으로 수집했는지에 따라 결정되는 듯 보였습니다.

개인의 능력과 교육에 대한 헌신보다는 제도의 맹점을 이용하는 것이 관리자가 되는 지름길이었던 그 시절의 교육 현장은, 한편으로는 승진을 향한 개인의 욕망과 다른 한편으로는 공정하지 못했던 교육 정책이 만들어낸 부조리한 고발장 그 자체였습니다.

방송에 출연하여 교육정책에 대하여 토론하다

불안의 그늘 아래 피어난 소명,
내 교직 35년의 빛나는 만남

최근, 교육 현장을 맴도는 불안한 통계를 접하며 마음이 무거웠습니다. 초·중·고 기간제 교사가 6만 명을 돌파했다는 뉴스, 담임 교사 여섯 명 중 한 명이 비정규직이라는 현실은 교육의 안정성을 걱정하게 만드는 우려스러운 목소리였습니다. 5년 새 2만 명이나 급증한 이 통계는 고용 체계 개선이 얼마나 시급한 과제인지를 웅변합니다. 오랫동안 교단에 몸담아온 사람으로서 이 통계를 외면할 수 없었습니다.

하지만, 저는 이 통계의 숫자 너머에 숨겨진 또 다른 진실, 저의 교직 생활 35년을 지탱해 준 희망의 증거들을 보았습니다. 바로 '정규 교사보다 더 훌륭한 기간제 교사'들이 생각보다 많다는 사실입니다. 불안정한 고용이라는 역설적인 환경 속에서도, 자신의 소명을 굳건히 지키며 헌신했던 선생님들의 모습은 제게 교육의 미래를 향한 희망을 놓지 않게 하는 굳건한 믿음이 되었습니다.

책상 위의 교무수첩이 남긴 울림, L 선생님과의 인연

제가 교무부장을 맡고 있을 때 만난 이○○ 선생님은 그 진실을 가장 빛나게 보여준 분입니다. 처음 학교에 국어 기간제 교사로 오셨을 때, 그분의 첫인상부터 남달랐습니다. 다른 교사들보다 30분 일찍 출근하여 하루를 준비하는 모습은 단순히 부지런하다는 말로는 부족했습니다. 그것은 자신의 일과 학생들에 대한 깊은 책임 의식이 몸에 밴 행동이었습니다.

출근 후 자리에 앉아 자신이 맡은 반뿐만 아니라 가르치는 모든 학생을 일일이 기억하고 정리하는 그 꼼꼼함과 세심함은 모든 교사들의 귀감이 되었습니다. 학급 관리, 학생 지도, 맡은 업무 분장 그 어느 것 하나 소홀함이 없었습니다. 비정규직이라는 불안정한 신분에도 불구하고, 정규직 교사와 똑같이, 아니 그 이상으로 헌신하는 그 태도에서 저는 진정한 교사의 소양을 보았습니다.

이 선생님이 제게 가장 큰 울림을 준 순간은 그분의 기간제 임무가 끝난 바로 다음 날 아침이었습니다. 습관처럼 일찍 출근하여 선생님의 책상을 확인하는 순간, 저는 마치 '한 방 맞은 듯한' 충격을 받았습니다. 텅 비어야 할 책상 위에는 두툼한 교무수첩이 놓여 있었습니다.

수첩을 펼쳐보니, 그동안 근무하면서 학생 지도와 교과 지도 내용을 빼곡히, 아주 상세하게 적어 놓은 기록들이 가득했습니다. 단순히 일정을 적는 수첩이 아니라, 한 학생 한 학생의 성장 과정과 고민, 그리고 후임자가 바로 교육을 이어갈 수 있도록 완벽하게 정리된 귀한 자료였습니다. '진정한 교사란 바로 이런 모습이구나'를 확인하는 순간, 저는 숙연해질 수밖에 없었습니다.

　자신의 임무가 끝났음에도 불구하고, 다음 교사를 위해 이토록 깔끔하고 완벽하게 마무리를 정리해준 이 선생님의 책임감과 배려는 저 자신을 되돌아보게 만들었습니다. 마지막까지 '교육의 연속성'을 염두에 둔 그분의 행동은 제게 큰 가르침을 주었습니다.

　그때부터 저는 교무수첩 관리를 철저히 하게 되었습니다. 지금 제 책상 서랍에는 35년 교직 생활의 흔적이 담긴 빛바랜 교무수첩들이 쌓여 있습니다. 그것들은 저를 되돌아보는 소중한 계기이자, L 선생님과의 만남이 제 교직에 얼마나 큰 행운이었는지를 되새기게 합니다. 놀랍게도 저는 훗날 학교를 옮겨서도 세 차례나 그분과 다시 함께 근무하는 행운을 누렸습니다. 그분은 언제나 한결같은 모습으로 교육 현장을 지켰습니다.

몸에 밴 주인의식, 예의바른 헌신, K 선생님의 솔선수범

　또 다른 훌륭한 기간제 교사는 체육을 담당하셨던 K 선생님입니다. 저와 동갑이었던 그분은 제가 학생부장을 맡았을 때부터 함께 근무하며 그 진가를 알게 되었습니다.

　김 선생님의 가장 큰 무기는 '몸에 배어 있는 솔선'과 '주인의식'이었습니다. 누가 시키지 않아도 학교에 가장 먼저 출근하여 학교를 한 바퀴

돌아보는 것이 그분의 일과였습니다. 가장 먼저 등교하는 학생부터 마지막 등교하는 학생까지 따뜻하게 맞이하고 나서야 교무실로 들어오셨습니다. 여름이나 겨울이나, 비가 오나 눈이 오나 이 행동은 변함이 없었습니다.

교실에도 가장 먼저 들어가 학생들을 맞이하고, 운동장 수업이 있는 날이면 미리 나가 필요한 준비를 마친 후 학생들을 기다렸습니다. 본인이 맡은 업무는 마치 칼로 자르듯 정확하고 깔끔하게 처리했습니다. 항상 예의 바름을 갖추고 계셨기에, 같이 근무했던 모든 선생님들이 그분이 계속 학교에 남아주기를 간절히 바랐습니다.

몇 년간의 기간제 근무를 마치고, K 선생님은 사립 고등학교에 정규직으로 채용되었습니다. 당연한 결과였습니다. 학교 근무 시절, 교사들은 물론이고 학생과 학부모들로부터 쏟아진 찬사는 그분의 헌신적인 태도가 헛되지 않았음을 증명합니다.

불안정 속에서도 피어난 '진짜 교육'의 가치

요즘 기간제 교사가 많다고 걱정하는 목소리가 높습니다. 하지만 그 걱정의 핵심은 '기간제 교사라서 교육을 소홀히 할까 봐'가 아닙니다. 오히려 '고용의 불안정성' 때문에 그들의 열정과 헌신이 꺾이지 않을까 하는 염려가 더 큽니다.

그러나 L 선생님과 K 선생님과의 만남을 통해 저는 확신하게 되었습니다. 우리 주변에는 정규 교원 못지않게, 아니 그 이상으로 교육에 대한 열정과 책임감을 가지고 열심히 일하는 기간제 교원들이 많다는 사실을 말입니다.

그들의 '기간제'라는 신분은 그저 고용 형태를 나타낼 뿐, 그들이 가진 '교사'로서의 소명 의식까지 규정할 수는 없습니다. 오히려 불안정한 상황 속에서도 이처럼 헌신하는 선생님들의 모습에서, 우리는 교육 현장의 진정한 희망과 가능성을 발견합니다. 그들의 땀과 노력은 빛바랜 교무수첩 속에, 그리고 수많은 학생들의 기억 속에 오래도록 선명하게 남아 교육의 참된 가치를 증명할 것입니다. 제 35년 교직의 여정에서, 이분들은 저의 가장 빛나는 스승이었습니다.

새로운 도전, Y중학교에서의 기록

익숙함을 벗어나 새로운 교단에 서다

강남이라는 이름이 주는 특유의 활기와 경쟁의 공기 속에서 2년 6개월을 보냈다. 고등학교 교단에서 입시와 성적이라는 거대한 무게를 짊어지고 아이들을 바라보았던 시간들. 익숙함은 편안했지만, 그 너머의 새로운 '나'를 찾아 떠나야 할 때가 온 것이다. 근무지를 옮겨 가까운 남부교육청 관내의 Y중학교로 발걸음을 옮겼을 때, 내 안에는 알 수 없는 설렘과 약간의 긴장감이 교차했다. 이전 학교와는 또 다른, 새로운 환경에서의 삶이 나를 기다리고 있었다.

새 학년, 새로운 교실에서 맞이한 첫 담임은 2학년 7반이었다. 오랫동안 청소년기의 끝자락에 선 고등학생들과 함께하다가, 이제 막 사춘기의 한가운데를 통과하는 중학생들을 마주하니 그저 모든 것이 신기했다. 그들의 눈빛, 아직 다듬어지지 않은 순수한 에너지, 풋풋한 웃음소리 하나하나가 낯설면서도 정겨웠다. 문득, 고등학교에서 쌓아 올렸던 모든 경험이 리셋된 듯한 기분이 들었다. 이 아이들과 진정으로 친해지고, 그들의 성장을 돕는 '새로운 나'가 되어야 한다는 절박하면서도 즐거운 도전 의식이 가슴 깊은 곳에서부터 솟아올랐다.

나는 이 도전을 구체적인 형태로 만들어보고 싶었다. 그 첫 번째 시도가 바로 주간 학급통신이었다. 단순히 학교 공지사항이나 숙제를 전달하는 낡은 통신문이 아니었다. 한 주간 우리 반에서 일어난 소소하지만 의미 있는 일들, 학생들 각자가 만들어낸 작품이나 생각들을 담아 매주 금요일마다 배부하는, 살아 숨 쉬는 우리 반의 기록이었다. 나는 통신문을 만들면서 비로소 아이들의 일상 깊숙이 들어가는 느낌을 받았다. 어떤 아이가 어떤 분야에 재능이 있는지, 작은 성공에 얼마나 크게 기뻐하는지, 그리고 어떤 고민을 안고 있는지 세밀하게 관찰하고 기록해야만 만들 수 있는 통신문이었기 때문이다.

학생과 학부모들의 반응은 나의 예상을 훨씬 뛰어넘었다. 통신문을 받아 든 아이들의 눈은 반짝였고, 학부모님들께서는 학교가, 그리고 우리 반이 "변하고 있다"는 느낌을 강하게 받고 있다는 피드백을 주셨다. "선생님 덕분에 아이와 대화할 거리가 생겼어요," "매주 다음 호가 기다려집니다"와 같은 감사의 말들은 나에게 가장 큰 보상이었다. 이 작은 움직임이 학교 공동체에 긍정적인 파동을 일으키고 있다는 사실은 나를 벅차게 만들었다. 한때는 옆반 담임 선생님까지 이 움직임에 동참하겠다고 나섰을 때, 나는 우리가 함께 더 큰 변화를 만들어낼 수 있으리라 믿었다.

변화의 파동과 동료 사회의 시선

하지만 변화는 언제나 단단한 관성과 마주하기 마련이다. 주간 학급

통신은 단순히 글을 쓰고 인쇄하는 작업이 아니었다. 아이들의 마음을 읽고, 그들의 삶을 공유하며, 매주 새로운 콘텐츠를 기획해내는 것은 엄청난 손이 가는 일이었다.

학생들을 깊이 알지 못하면 불가능한 일이었다. 결국, 의욕적으로 동참했던 옆반 선생님은 세 번의 통신을 끝으로 아쉽게도 발을 빼셨다. 그 모습을 보며 나는 다시 한번 깨달았다. 열정만으로는 지속할 수 없는, 지난한 노력과 끈기가 필요한 일이라는 것을.

이 무렵, 우리 반에 예상치 못한 큰 변화의 기회가 찾아왔다. Mnet 방송국의 교실 개조 프로그램 공모에 내가 맡은 2학년 7반이 당첨된 것이다.

낡고 획일적인 교실이 순식간에 아늑한 카페형 교실로 바뀌는 마법 같은 일이 벌어졌다. 이 사건은 우리 반 학생들은 물론, Y중학교의 모든 학생과 선생님들의 관심이 집중되는 계기가 되었다.

순식간에 나는 학교의 스포트라이트를 받는 사람이 되었다. 처음에는 즐거웠지만, 곧 그 관심이 모두 긍정적인 것만은 아님을 느꼈다. 일부 동료 선생님들의 시선은 불편함, 혹은 심지어 비난에 가까웠다. "우리도 변해야 한다"는 공감의 말 대신, 느껴지는 것은 묘하게 냉랭한 분위기였다. 교직 사회 특유의 집단 문화 속에서, "왜 너만 혼자 앞서서 나서는가", **"너는 왜 나서서 불편함을 만드는가"**라는 무언의 압력이 느껴지는 듯했다. 새로운 시도를 통한 성공은 때로 동료 사회에서 견디기 어려운 소외감을 안겨주기도 했다. 나 혼자만 이방인이 된 듯한 기분, 나선 대가로 치러야 하는 심리적 비용이 너무나 크다는 것을 절감했다.

하지만 나는 멈추지 않았다. 교실이 카페로 변했듯, 내 마음속의 열정은 어떤 냉랭한 시선에도 변하지 않았다. 나는 학교의 변화가 결코 쉽지 않다는 것을 온몸으로 배웠지만, 동시에 작은 변화의 불씨가 얼마나 큰 기쁨과 의미를 가져다주는지 또한 경험했다.

시간이 흘러 Y중학교에서의 그 모든 도전들이 추억이 된 지금, 여전히 나는 그 시절의 나를 생각하면 흐뭇함을 느낀다. 내가 만든 주간 통신을 읽고 활짝 웃던 아이들의 얼굴, 교실 한가운데 놓인 원형 테이블에 둘러앉아 속닥이던 2학년 7반 아이들의 모습. 교직 생활 중 가장 힘겨웠던 순간이자, 동시에 가장 생생하게 살아있음을 느꼈던 그 변화의 기록은, 내 자서전의 가장 빛나는 페이지로 남아 있다.

새로운 조직의 성장통, '뚜껑'이 열린 날의 교훈

새로운 학교를 설립하는 과정은 언제나 설렘과 중압감이 교차하는 도전이었습니다. 교육자로서의 남다른 사명감을 공유한 교사와 직원들이 모여, 학교의 근간이 될 철학과 구조, 교육과정을 수립하는 밀도 높은 시간을 보냈습니다.

일반적인 인사 이동과 달리 오직 '학교 개설'이라는 공동의 목표 아래 헌신하고자 모인 이들이었기에, 서로에 대한 기대와 열정은 남달랐습니다.

우리는 마치 백지 위에 새로운 도시를 설계하는 건축가처럼 학교의 미래를 그려나갔고, 신입생을 맞이할 준비를 마쳤습니다. 이후 정기 인사 발령으로 합류한 교직원들과 하나의 팀을 이루어 역사적인 첫 입학식을 무사히 치러냈습니다.

학교는 새롭게 출발하며 활기를 띠었고, 모든 교직원들이 각자의 자리에서 헌신하며 희망찬 3월을 보내고 있었습니다.

그러던 3월 중순, 아직 완연한 봄을 맞이하지 못한 교정에서 예상치 못한 사건이 발생했습니다. 교장 선생님께서 행정실의 한 남자 직원에게 학생들의 등굣길에 꽃을 심으라는 지시를 내리신 것입니다. 당시 교장 선생님의 의도는 학교를 아름답게 단장하여 학생들에게 기쁨을 주려는 순수한 마음이었을 것입니다.

그러나 그 지시를 들은 직원이 보인 반응은 저를 포함한 주변 사람들에게 큰 충격을 안겨주었습니다. 그는 입에 담기 힘든 한마디를 내뱉었습니다.

"뚜껑이 열리네."

순간 교장실과 행정실 사이의 공기는 얼어붙었습니다. 교직 사회에서 상급자의 정식 업무 지시에 대해 이토록 거친 표현을 쓰는 것은 상상하기 어려운 일이었습니다. 교장 선생님은 큰 충격에 휩싸이셨고, 저 역시 아연실색할 수밖에 없었습니다.

물론 지금의 시각으로 되돌아보면, 학교 행정직원의 주요 업무는 회계, 인사, 시설 관리 등 행정 사무이며, 직접적인 육체노동을 요하는 조경 작업은 일반적인 행정직의 고유 업무 범위를 엄격히 벗어날 수 있습니다. 하지만 학교 개설 초기에는 인력과 체계가 미비했고, '학교를 위한 일'이라는 대의 아래 모두가 자신의 역할 이상의 일을 감당해야 하는 분위기가 있었습니다.

교장 선생님의 지시 역시 학교를 신속히 아름답게 만들고자 하는 의욕의 발로였을 것입니다.

이후 저는 중재자로서 그 직원을 잘 타일러 교장 선생님께 사과하도록 주선했습니다. 다행히 이 일은 큰 문제 없이 수습되었습니다. 직원은 자신의 부적절한 언행을 사과했고, 교장 선생님 또한 그 직원을 너그러이 이해하고 넘어가는 것으로 일단락되었지요.

시간이 많이 흘렀지만, 새로운 조직을 만들 때의 그 팽팽한 긴장감과 열정, 그리고 그 한마디가 던져준 충격은 아직도 생생합니다. 개설학교라는 특수한 환경 속에서도 '업무의 경계'와 '직급 간의 소통'이라는 근본적인 문제는 언제든 터져 나올 수 있는 시한폭탄과 같았습니다.

그 일은 제게 조직 내 소통의 중요성과 역할 분담의 명확성을 다시 한 번 뼈저리게 깨닫게 해준 사건으로 남아있습니다. '뚜껑이 열린다'는 말의 충격만큼이나, 새로운 조직을 만들어가는 과정의 고통과 성장통이 진하게 느껴지는 기억의 한 조각입니다. 그 모든 어려움 속에서 학교는 결국 굳건히 뿌리를 내렸습니다.

'불통'의 벽을 넘어, 교감으로서의 소통 여정

2017년 3월 1일, 교감이라는 새로운 직함을 달고 발령받은 학교에 첫발을 디뎠습니다. 학교는 겉보기에 평온했지만, 그 안에는 뿌리 깊은 '불통(不通)'의 그림자가 드리워져 있었습니다. 전임 학교에서부터 이어진 끊임없는 민원은 소통 부재가 낳은 곪아 터진 상처의 증거였죠. 저는 이 학교의 가장 시급한 임무가 바로 이 불통의 이미지를 걷어내고 신뢰를 회복하는 것임을 직감했습니다.

제가 찾은 해법은 원대한 정책이 아니라, **'다가가는 노력'**이라는 단순하지만 강력한 원칙이었습니다. 소통은 멀리 있지 않으며, 진심을 담아 한 걸음 먼저 다가가는 **'마음의 거리 좁히기'**에 달려있다고 믿었습니다.

저는 일과를 학생들과의 접점에서 시작했습니다. 학생들이 등교하는 주 출입구와 중앙 현관에 '오늘의 한마디' 코너를 신설했습니다. 아이들의 사소한 생각과 주장을 매일 게시하며, 학교가 아이들의 목소리를 경청하고 있다는 메시지를 주고자 했습니다.

또한, 교감이 중앙 현관에 서서 학생들에게 먼저 인사하고, 학부모들에게는 학교에서 진행된 활동과 행사의 결과를 자세히 알리는 노력을 시작했습니다. 특히 학부모 활동이 따로 없어 어색해하는 분들에게 제가 먼저 다가가 아이의 이름을 묻고 대화를 나누며 심리적 거리를 좁히려 애썼습니다. 이러한 작은 노력들은 학교 구성원들에게 '교감이 변하고 있다'는 인식을 심어주기 시작했습니다.

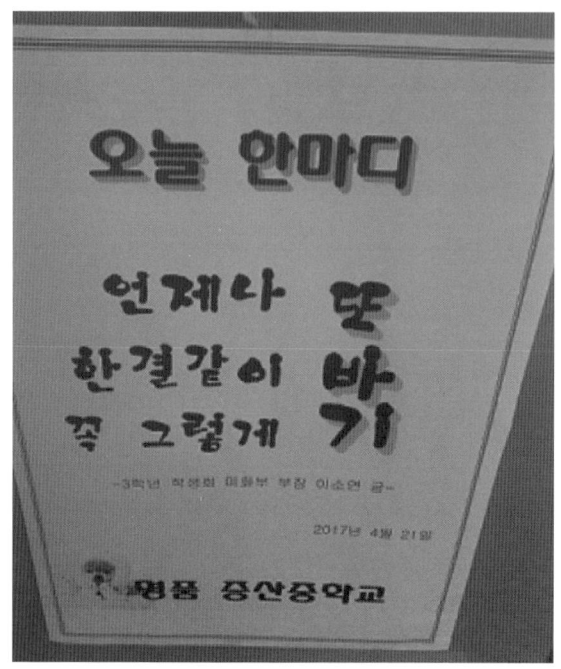

등굣길, '오늘의 한마디' 게시판을 확인하는 학생들:
중앙 현관에 설치된 흰색 게시판에 붓글씨로 쓰인 제목
아래 학생들이 직접 쓴 쪽지들이 빼곡히 붙어있다.

자서전 속 한 페이지, 소통의 물꼬가 트이다

소통을 위한 저의 작은 노력은 기대 이상의 폭발적인 반응을 이끌어 냈습니다. 학교와 교감에게 불통의 이미지가 강했던 만큼, 진심으로 다가가는 노력에 대한 학부모님들의 반응은 즉각적이었고 매우 감동적이었습니다.

어느 날 한 학부모님께 받은 문자 메시지는 제 교감 생활에서 잊을 수 없는 순간이었습니다.

"교감선생님 안녕하세요^^. 지난달 진로 진학 설명회 때 뵈었는데 수줍어서 제대로 인사드리지 못했었네요. 학부모활동이 따로 없어 어색했던 차에 먼저 다가오셔서 아이 이름 물어주시고 인사해 주셔서 무척 감사했습니다. 학교도, 아이 생활도 좀 더 가까워지고 알아가는 부분이 넓어지는 것 같아 기쁩니다."

진심이 담긴 문자 메시지를 확인하는 교감: 교감실 책상에 앉아 휴대전화로 받은 학부모의 장문의 감사 문자 메시지를 읽으며 따뜻하게 미소 짓고 있는 모습. 문자의 내용 일부가 확대되어 보인다.

저는 이 메시지를 통해 소통은 멀리 있지 않다는 단순한 진리를 다시 한번 확인했습니다. 제가 한 것은 평범한 인사였지만, 학부모님께는 존중받고 있다는 느낌과 학교와의 연결고리를 확인하는 중요한 순간이었던 것입니다.

또 다른 감동적인 순간은 학교에서 진행된 글짓기 대회 결과를 문자로 알려드렸을 때였습니다. 수상 소식에 대한 학부모님의 반응은 제 마음을 더욱 뭉클하게 했습니다.

"정말요? 늘 모든 일에 열심히 하는 ○○가 너무 자랑스럽습니다. 교감선생님께서 친히 챙겨 보내주신 문자에 눈시울이 젖어요. 감사합니다. 학교생활을 너무 즐거워하는 ○○ 모습에 저도 행복합니다. 오늘 문자 다시 한 번 감사합니다. 오늘도 즐거운 하루 되세요~~~"

수상 학생과 함께하는 교감: 글짓기 대회 상장을 들고 기뻐하는 학생과 그 어깨에 손을 올리고 환하게 웃으며 격려하는 교감의 모습. 뒤쪽에는 '학생들의 자랑스러운 성과'라고 쓰인 현수막이 걸려 있다.

이 메시지는 저에게 교감의 역할을 새삼 되돌아보게 하는 계기가 되었습니다. 교감의 역할은 단순히 학교를 관리하는 행정가에 머무는 것이 아니라, 학생들의 작은 성취를 진심으로 인정하고, 그 기쁨을 부모와 함께 나누는 따뜻한 마음의 전달자라는 것을요.

자서전 속 한 페이지: 교감으로서의 깨달음

학부모님들의 폭발적인 반응과 진심 어린 감사는 저에게 교감으로서의 새로운 정체성을 확립시켜주었습니다. 저는 깨달았습니다. 학교를 둘러싼 갈등과 불만의 대부분은 복잡한 제도나 구조의 문제가 아니라, 공감과 소통의 부재에서 비롯된다는 것을요. 학교가 학생과 학부모에게 '우리 편'이라는 느낌을 주지 못했을 때, 사소한 문제도 불신으로 증폭되어 민원으로 돌아오는 것입니다.

제가 한 노력은 대단한 것이 아니었습니다. 학생들의 주장을 매일 게시하고, 행사를 문자로 알리고, 등굣길에 먼저 다가가 아이의 이름을 묻고 인사하는 지극히 작은 행동들이었습니다. 하지만 이 작은 행동들이 모여, 학교에 대한 학부모들의 인식을 완전히 바꾸어 놓았습니다.

'불통의 학교'라는 이미지 대신, '먼저 다가와 소통하는 학교'라는 이미지를 심어주었고, 이는 결국 학교에 대한 신뢰로 이어졌습니다.

소통의 징검다리 역할을 하는 교감: 학교 현관 앞에서 학부모와 마주 보고 서서 밝게 대화하고 있는 교감의 모습. 학부모는 편안하고 친근한 표정으로 교감과 이야기 나누고 있으며, 그들의 뒤로 등교하는 학생들이 보인다.

소통은 지위나 격식의 문제가 아니었습니다. 그것은 진심을 담아 먼저 다가가고, 상대방의 말에 귀 기울이는 '마음을 여는 일'이었습니다. 교감이라는 자리는 행정과 교육을 총괄하는 책임자이기도 하지만, 그에 앞서 학교 공동체 구성원들의 마음을 하나로 모으는 소통의 징검다리 역할을 해야 한다는 것을 깨달았습니다.

이 소중한 경험은 앞으로 제가 교직 생활을 해나가는 데 있어 가장 강력한 무기가 될 것입니다. 저는 불신과 오해의 벽을 허물고, 학교를 아이들이 더욱 행복하게 배우고, 학부모들이 안심하고 믿음을 보낼 수 있는 곳으로 만드는 일에 '소통'의 힘을 계속해서 사용할 것입니다.

소통은 멀리 있지 않았습니다. 바로 우리 마음속에 있었습니다. 이것이 제가 교감으로 부임한 첫 해에 얻은 가장 중요한 깨달음이자, 제 교육 철학의 핵심이 된 소중한 페이지입니다.

어느 진로교사의 고백, 아이들의 눈높이에서 꿈을 짓다

L교사는 이 학교에 발령받았을 때부터 명확한 확신을 가지고 있었다. 진로 교육은 단순한 행정 업무나 입시 컨설팅이 아니다. 특히 우리 학교처럼 교육 여건이 어려운 환경에 놓인 아이들에게는, 진로 교육이야말로 미래를 향한 유일하고 든든한 '나침반'이자 '희망' 그 자체다. 진로진학 담당교사로서, 역량 하나하나가 아이들의 장래를 결정짓는 중요한 퍼즐 조각이 될 수 있다는 사실이 L교사를 늘 긴장시키고 또 불타오르게 했다.

L교사 이름의 이니셜을 따 주변에서는 나를 'L 부장교사'라고 부른다. 책임감, L교사는 이 단어에 갇혀 지내는 것 같다. 교육청에서 학교마다 진로진학을 책임질 교사를 한 명씩 배치하는 정책을 펼친 것은 정말 잘한 일이라고 생각하지만, 그 정책의 빛이 학교 현장의 짙은 그림자를 완전히 걷어내지는 못했다. L교사는 책임감으로 무장하고 이 아이들의 길을 터주고 싶지만, 학교의 물리적인 여건은 L교사의 뜨거운 열기를 받쳐주지 못했다.

가장 시급한 문제는 '공간'이었다. 아이들이 마음껏 자신의 미래를 상상하고, 진로 자료를 탐색하며, 때로는 편안하게 털어놓을 수 있는 전담교실이 없었다. 진로진학부장으로서 이것은 도저히 용납할 수 없는 현실이었다. 아이들에게 잠시 머물다 가는 교실이 아닌, '나만의 꿈을 발견하는 아지트'를 만들어주고 싶었다.

그래서 발품을 팔았다. 교육청 예산을 확보하기 위해 보고서를 쓰고, 설득 논리를 다듬고, 밤늦게까지 관련 자료를 뒤졌다. 아이들의 진로 교육에 최적합한 환경, 그 청사진을 그리는 일은 고단했지만 가슴 뛰는 작업이었다.

L교사가 구상한 교실은 단순히 책상과 의자가 놓인 공간이 아니었다. 학생들이 서로의 꿈을 공유할 수 있는 협업 공간, 다양한 직업 세계를 간접 체험할 수 있는 VR 기기 공간, 심리 상담이 이루어질 수 있는 아늑한 개인 공간 등이 복합적으로 어우러진, 그야말로 진로 교육의 '플랫폼'이어야 했다.

예산 확보 소식에 L교사는 하늘을 날 듯 기뻤다. 이제 남은 것은 내 구상대로 교실을 멋지게 구축하는 일뿐이었다. L교사는 아이들의 미래가 펼쳐질 공간을 상상하며 잠시나마 행복한 꿈을 꾸었다.

하지만 세상의 모든 일이 내 뜻대로만 흘러가지 않는다는 냉혹한 현실을 마주하는 데는 오랜 시간이 걸리지 않았다.

진로교사의 고백: 아이들의 눈높이에서 꿈을 짓다

"L 부장님, 아이들 눈높이도 중요하지만, 학교 경영의 효율성도 생각해야죠."

학교장님과의 의견 충돌은 L교사가 현실과 이상 사이에서 얼마나 치열하게 줄다리기를 하고 있었는지 깨닫게 해주었다. L교사는 진로교육의 본질을 구현하기 위해 '아이들의 눈높이'에 모든 초점을 맞추어 교실 구축을 고민했지만, 학교장님의 초점은 달랐다. 제한된 학교 자원을 최대한 효율적으로 운용하고, 학교 전체의 경영적 관점에서 교실을 활용해야 한다는 입장이었다.

학교장님의 말씀이 일리가 없지는 않다. 학교장으로서 당연히 학교 전체를 아우르는 시야를 가져야 하고, 한정된 예산과 공간을 최대한 다목적으로 활용하려는 효율성을 추구하는 것은 옳다. 하지만, L교사는 그 효율성이라는 잣대가 아이들의 진로 교육이라는 '절실함'을 훼손할까 봐 두려웠다. 진로 교육은 단순히 빈 강의실을 채우는 일이 아니다. 그 교실은 아이들의 삶의 방향을 결정하는 신성한 공간이 되어야 한다.

L교사는 고민 끝에 결국 내 초점이 옳다고 결론지었다. 모든 판단의 기준을 각자의 위치에서 본다면 모두가 옳을 수 있다. 학교장님은 경영의 위치에서, L교사는 교육의 위치에서. 그러나 결국 이곳은 교육의 장소이고, 가장 최일선에서 학생 교육을 담당하는 것은 교사인 L교사의 몫이다. 학생들이 필요로 하는 것이 무엇인지, 그들의 시선이 어디를 향하는지 가장 잘 아는 사람은 바로 L교사다.

L교사는 이 공간이 단지 '진로진학부 교실'이라는 명패를 다는 것을 넘어, 아이들의 불안을 해소하고 잠재력을 폭발시키는 '교육적 관점'이 투영된 공간이 되어야 한다고 믿는다.

학생을 지도하는 교사의 관점에서 진로 교실을 구축해야 하는 당위성, 이 교육적 안목을 관철시키기 위해 L교사는 다시 한번 학교장님을 설득하고 나의 비전을 나누는 지난한 과정을 반복할 것이다. 이 작은 교실 하나가 우리 학교 아이들 수십 명의 인생 경로를 바꿀 수 있다는 확신. 이 확신만이 지금 내가 이 모든 난관을 이겨낼 수 있는 유일한 동력이다. 나는 L교사의 신념대로 아이들의 꿈을 짓는 공간을 완성해낼 것이다. 그러나 현실은 미완성의 완성, 아쉽다.

탁상행정과의 싸움, 증산중학교에서의 경험

벼랑 끝의 학교 현장

2016년, 내가 증산중학교 교감으로 재직하던 시절의 일이다. 학교 현장은 늘 예측 불가능한 사건과 행정 업무의 파도 속에서 허덕이지만, 특히 1학기말 고사를 앞둔 6월은 그야말로 전쟁터나 다름없었다. 교사들은 학생들의 성적 처리, 생활 기록부 정리, 시험 감독, 그리고 다음 학기 준비로 몸이 열 개라도 부족한 시기였다. 학교의 모든 기능이 '평가'라는 거대한 허들을 넘기 위해 총력을 다하는 때였다.

바로 그 숨 막히는 시기에, 지역 교육청으로부터 한 장의 공문이 내려왔다. 공문의 내용은 충격적이었다. 규모에 상관없이 각 학교에서 교사 2명을 추천하여 평일에 파주출판단지에서 '힐링' 연수를 진행하겠다는 것이었다.

물론 교육청의 의도는 순수하고 선했을 것이다. 삭막한 학교 현장에서 고군분투하는 교사들에게 잠시나마 휴식을 제공하고 재충전의 기회를 주겠다는 '선한 의도' 말이다. 하지만 현장을 아는 이라면 이 계획이 얼마나 비현실적이고 탁상공론적인 발상인지 즉각 깨달을 수 있었다.

뼈아픈 공백과 침묵의 카르텔

학교 규모가 크든 작든, 가장 중요한 시기에 교사 2명의 평일 공백은 치명적이다. 1학기 학사 일정이 마무리 단계에 접어드는 중요한 시기에, 핵심 인력 두 명의 부재는 남은 교사들에게 업무 폭탄을 안기고, 학생 지도와 학사 운영 전반에 막대한 지장을 초래할 수밖에 없다. 한 마디로, '힐링'을 위한 행정이 오히려 현장에 '킬링'을 안기는 격이었다.

이 문제는 비단 우리 학교만의 문제가 아니었다. 다른 학교 교감, 교사들과도 연락해보니 모두가 속으로는 불만을 터뜨리고 있었다. 그러나 그 불만은 공적인 장에서 터져 나오지 못했다. 학교 현장의 교직원들이 지역 교육청에 감히 문제를 제기하기란 하늘의 별 따기였다. 왜냐하면 교감의 교장 승진권을 교육청이 쥐고 있는 현실적인 벽 때문이었다.

많은 교감은 '좋은 게 좋은 것'이라는 안일한 태도로, 혹은 자신의 미래를 위해, 잘못된 행정을 보고도 못 본 척 맹종하는 길을 택한다. 침묵하고 때를 기다리는 것이 현명한 처세로 여겨지는 현실. 이것이 바로 학교 교육이 관행과 타성에 젖어 아무런 변화 없이 흘러가기만을 기다리는, 학교 현장의 잘못된 관행을 고착화시키는 침묵의 카르텔이었다. 나는 그 현실을 너무나 잘 알고 있었기에 더 답답했다.

용감한 목소리, 그리고 철회

나는 더 이상 침묵할 수 없었다. 현장의 어려움을 알고도 외면하는 것은 교감으로서, 교육자로서의 책임을 방기하는 것이라 생각했다. 결국 나는 당시로서는 상상도 할 수 없는 용기를 내어 이 문제를 지역 교육장에게 직접 제기했다.

"이 정책이 학교 현장을 아는 정책입니까? 가장 바쁜 시기에 교사 2명의 공백은 학교 운영에 막대한 지장을 초래합니다. 교육청의 선한 의도는 이해하지만, 시기상 문제가 심각하니 당장 철회해 주십시오."

나의 직설적인 문제 제기는 교육청 관계자들에게 불쾌함을 안겨주었을 것이다. 교육청의 행정에 '반기'를 들고 '시정'을 요구하는 행위는 괘씸죄에 걸릴 수도 있는, 대단히 위험한 도발이었다. 교감의 입장에서 교육청에 반기를 든다는 것은 곧 자신의 승진 가도에 먹구름을 드리우는 일과 같았다. 그럼에도 불구하고, 나는 학교 현장의 고통을 대변하는 것이 옳다고 믿었다.

결과적으로 추진되던 교사 힐링 연수는 철회되었다. 현장의 목소리가 탁상행정을 꺾은 것이다.

교육청에 던지는 질문

이 경험은 나에게 깊은 교훈을 남겼다. 학교의 교무 업무와 학생 지도에 큰 영향을 미치는 위치에 있으면서도, 많은 관리자가 침묵을 택하는 현실. '학교 교육은 아무 일 없이 흘러가기만을 기다리는 것'이 잘못된 관행인 것을 알면서도 나서는 관리자가 드문 이유가 바로 여기에 있었다.

현장에 근무했던 경험이 있는 교직자라면 누구나 끊임없이 변화하고 노력하는 관리자가 왜 출현하기 어려운지 그 이유를 알고 있다. 교육청의 인사권이 현장 관리자들의 목소리를 옥죄는 핵심 고리이기 때문이다.

나는 아직도 의문을 품는다. 학교 현장을 가장 잘 알아야 할 교육청만이 이 현실을 모른 척하고 있는 것은 아닐까? 아니면 알면서도 '편의주의적 관리'를 위해 침묵을 강요하고 있는 것은 아닐까? 나의 '용감한' 행동이 위험했지만, 그 경험을 통해 나는 "교육 행정은 현장 중심적이어야 하며, 관리자는 학교의 목소리를 대변할 용기를 가져야 한다"는 신념을 더욱 확고히 다질 수 있었다. 탁상행정과의 싸움은 현재도 진행형이다.

퇴임하는 필자에게 보내온 두 분 선생님의 글을 소개하면서 걸어온 36년간의 교직 생활을 되돌아 보는 계기가 되었다.
"저에게도 교감선생님께서는 특별한 분이세요.
교감이라는 자리는 승진을 위해 거쳐 가는 자리이고 교감 선생님은 승진을 향해 가는 분들이라고만 생각했었는데 증산중에서 만난 교감선생님께서는 그러한 제 생각을 완전 바꿔놓으셨습니다.
누구보다도 열정을 가지고 학교 구성원 한명 한명을 위해 애쓰셨던 아름다우신 모습 가슴 깊이 간직하겠습니다. 퇴임 이후 더욱 멋지게 출발하실 존경하는 교감선생님을 위해 항상 기도하겠습니다."출처 : (https://www.edupress.kr)2020.8.18자 기고문)

어느 신규교사의 눈물
– 학교 현장의 민낯과 교사의 고민 –

시작: 다급한 연락

주말 아침, 다급한 문자와 카톡이 한 통 도착했다.

보낸 이는 지난해 시간강사로 근무하며 임용고사를 준비한 신규 교사였다. 어렵게 합격한 임용고시를 통과하고 새 학기를 맞이한, 이제 막 다른 학교에 발령받은 교사였다.

문자의 내용은 간단했다. "한번 꼭 통화하고 싶습니다."

나는 잠시 망설였다. 무슨 일이 있었을까? 학생 문제일까, 아니면 학교 생활에서 어려움을 겪고 있는 걸까?

희망의 시작

기억을 되돌리면, 지난 2월 10일 나는 이 교사로부터 기쁜 소식을 먼저 받았다.

임용시험 합격 소식을 알리며 "교감 선생님과 함께 일하며 많은 동기부여가 되었고, 좋은 선생님들과 함께해서 감사하다. 교직생활에 큰 도움이 될 것 같다"는 메시지를 주고받았던 교사였다.

그때의 다짐이 아직도 생생하다.

"항상 처음처럼, 이 순간을 잊지 않고 열심히 교직생활을 하겠다."

그랬던 교사가, 이제는 주저앉아 눈물로 밤을 지새웠다고 했다.

2개월 만에 드러난 학교의 민낯

전화 너머에서 들려오는 목소리는 가라앉아 있었다.

무슨 일이 있었던 걸까?

사건의 내막을 듣고 나자, 나는 스스로에게 질문을 던졌다.

"학교는 왜 존재하는가?"

"학교에서 관리자의 역할은 무엇인가?"

신규 교사는 학생 전학과 관련하여 지역청과 학교장에게 민원을 제기해야 했다. 그러나 원칙과 규정을 지켜 처리할 수밖에 없는 입장이었다.

그런데 학교 관리자인 교감과 교장은 신규 교사의 의견은 듣지도 않고, 단지 학부모의 요구대로 처리하라고만 했다.

그 순간, 교사는 자신이 믿을 곳이 없다고 느꼈다.

규정과 원칙, 책임 있는 지도와 상담은 어디에 있는가?

문제가 발생하면 교감과 교장은 문제를 해결하고 교사가 교육 활동에 전념할 수 있도록 해야 한다. 하지만 일부 학교에서는 모든 책임이 담임 교사에게 돌아가곤 한다.

이런 현실은 교사들의 교육력을 떨어뜨리고, 결국 학생들에게도 피해를 준다.

승진과 관리자, 그리고 학교의 쓸쓸함

지난 2월 초, 필자는 또 다른 소식을 들었다.

어느 선생님이 이번 승진 명단에 포함되지 않아 섭섭해 했다.

그러나 그 뒤 전해진 이야기에는 이렇게 적혀 있었다.

"승진 명단에 없는 것이 너무 시원하다. 그런 사람이 관리자가 된다면 다른 학교에 민폐가 될 것이다."

이 말은 단지 한 사람의 이야기일 수도 있다. 하지만 신규 교사에게 비친 학교의 민낯은 더욱 쓸쓸하게 다가왔다.

스승의 날을 앞두고, 교사들은 여전히 학교 내 소통 부족과 일부 관리자의 무책임 속에서 혼자 고군분투하고 있다.

교육의 본질을 되돌아보며

학교는 학생을 가르치고 성장시키는 곳이어야 한다.

그 과정에서 교사들이 마음 놓고 교육 활동에 전념할 수 있도록 관리자가 지원해야 한다.

규정과 원칙은 교사의 보호와 학생의 이익을 위해 존재해야 한다.

하지만 현실은 그렇지 않다.

신규 교사의 눈물은 단순한 개인적 어려움이 아니라, 학교라는 제도의 구조적 문제를 보여주는 상징이기도 하다.

교육은 사람을 가르치는 일이다.

사람을 지켜주지 못하는 학교는 제 역할을 다할 수 없다.

그리고 교사는 혼자가 아니다. 학교가 함께 고민하고 책임지는 구조가 필요하다.

신규교사들의 컨설팅 모습

오래된 교실의 그늘, '일그러진' 기록을 마주하다

Y중학교의 복도를 지날 때마다, 유독 걸음이 무거워지는 구석이 있습니다. 그곳은 시간이 멈춘 듯, 꽤 오래전 벌어진 한 사건의 쓸쓸한 메아리가 남아있는 공간입니다. 지금은 고인이 되신 박 모 교사, 1학년 담임이었던 박모교사와 J군, 그리고 그를 둘러싼 학부모의 그림자가 어른거립니다.

사건은 J군이 고등학교 진학을 앞둔 어느 날 터져 나왔습니다. 기숙사가 있는 명문고 전형에서 탈락한 후, 부모님이 들고 온 것은 다름 아닌 1학년 생활기록부에 적힌 단 열두 글자였습니다. '두뇌는 명석하나, 교우관계가 원만하지 않다.'

그 문구가 파문을 일으킬 줄이야, 교사님도 저도 그 누구도 예상치 못했을 겁니다.

학부모님은 학교로 찾아와 마치 재판관처럼 박 교사님을 몰아세웠습니다. "이 글의 근거를 대세요! 내 아이의 진학을 막은 주홍글씨가 바로 이것 때문 아닙니까!" 담임 교사가 3년 전에 기록한 관찰의 결과가, 한 아이의 미래를 가로막은 실패의 원인으로 지목되는 현장이었습니다.

기록의 무게, 교사의 위축

그때 복도 한쪽에 서서 그 장면을 지켜보던 저는, 숨이 턱 막히는 기분이었습니다. 그 폭풍의 한가운데 서 있던 박 교사의 심정은 어떠했을까요. 단지 아이를 관찰한 교사의 정직한 기록이었을 뿐인데, 왜 그것이 공격의 대상이 되어야 했을까요.

물론 J군이 불합격한 진짜 이유를 그 '생활기록부의 한 줄' 때문이라고 입증할 방법은 없습니다. 하지만 학부모의 격렬한 항의와 그 뒤에 숨겨진 절박한 감정의 폭력 앞에서, 논리는 힘을 잃었습니다. J군의 부모에게는 그 기록이 '일그러진 교사의 악의'로 해석되었을지 모릅니다.

이 사건은 저를 포함한 모든 교사에게 무거운 질문을 던졌습니다. 교사는 과연 아이를 있는 그대로 기록할 용기를 가질 수 있을까요? 아니면 훗날의 민원과 추궁을 피하기 위해 모두에게 좋은 말만 골라 적는 길을 택해야 할까요?

그 일이 있은 후, 교실에는 묘한 위축감이 감돌기 시작했습니다. 아이의 단점이나 부족한 부분을 솔직하게 기록하는 것은, 이제 미래의 위험을 감수하는 행위처럼 느껴졌습니다. 교육은 학생의 성장을 돕는 일인데, 그 성장의 기록이 오히려 교사를 위협하는 무기가 되어 돌아오는 현실을 어떻게 해석해야 할까요.

'두뇌는 명석하나, 교우관계가 원만하지 않다.'는 열두 글자는, 박 교사님이 고인이 된 지금도 Y중학교 교사들 사이에서 단순한 사건을 넘어, 교사의 권위와 기록의 정직성에 대한 쓸쓸한 상징으로 오랫동안 회자되고 있습니다. 교사들이 아이들을 가르치고 기록하는 일에 가슴 졸이지 않아도 되는 날이 올 수 있을까요? 그 오래된 복도 끝에서, 저는 여전히 그 답을 찾고 있습니다.

재외 한국학교장 임용을 되돌아보며, 교육부의 자화상과 소명의 무게

인도네시아의 햇볕 아래 던진 '소신': 칼럼 게재의 배경

2018년 3월, 인도네시아 자카르타의 뜨거운 햇볕 아래서 나의 새로운 교육 여정이 시작되었습니다. 자카르타 한국국제학교 교감으로 발령받은 지 불과 이틀째. 낯선 이국땅에서 느끼는 기쁨과 긴장 속에서도, 나의 마음 한편에는 이미 오래전부터 품어왔던 '소신'이 자리하고 있었습니다.

나는 부임과 동시에, 한국의 유력 일간지인 동아일보에 "[열린 생각/김창학] 재외 한국학교장 임용 방법 개선하라"라는 제목의 칼럼을 기고했습니다.

재외 한국학교는 단순한 해외 분교가 아닙니다.

이곳은 우리 아이들의 정체성과 미래를 지키는 보루이며, 재외국민교육의 상징입니다. 이러한 중요한 학교의 수장을 선임하는 방식이 과연 합당한가에 대한 근본적인 의문이 나를 펜을 들게 했습니다. 당시 교장 선발 제도는 교육부 본부 근무 경력자(연구사, 연구관)에게 월 0.6점이라는 압도적인 가산점을 부여하고 있었습니다. 반면, 교육 현장에서 땀 흘려 온 일선 학교의 교장과 교감들에게는 고작 0.2점이 주어졌습니다. 이는 현장 전문가가 선발되기 어려운, 오로지 '교육부 제 식구 감싸기'에 유리한 구조였습니다.

나는 칼럼을 통해 강력하게 주장했습니다. 학교운영위원회와 학교법인 등 현지 사정을 가장 잘 아는 주체에게 교장 임용권을 되돌려주고, 학교장이 개방형 공모를 통해 초빙되어야 한다고 말입니다. 능력과 리더십이 검증된 진정한 교육자가 재외 학교의 수장이 되어야 한다는 간절한 외침이었습니다. 나의 칼럼은 부임과 동시에 중앙 교육 행정부에 하나의 질문을 던진 것이나 다름없었습니다.

칼럼 당일 걸려 온 전화, 교육부의 '자화상'을 마주하다

기쁜 마음으로 새로운 업무를 시작하려던 찰나, 교감책상위의 전화가 울렸습니다. 수화기 너머에는 재외 한국학교를 담당하는 교육부 담당과의 연구관 목소리가 들려왔습니다.

"교감선생님, 오늘 동아일보에 칼럼을 썼습니까?"

인도네시아까지, 부임한 지 불과 20일 된 일선 교감에게 교육부 연구관이 전화를 건 이유. 그것이야말로 내가 칼럼에서 지적하고자 했던 '교육부의 자화상', 즉 우리 교육 행정의 민낯이었습니다.

제도의 개선을 위한 건전한 비판의 목소리마저 허용되지 않는 경직된 조직 문화, 일선 관리자의 입을 막으려는 행정적 압박의 실체였습니다.

나는 당당하게 "칼럼을 게재하였다"라고 대답했습니다. 연구관의 황당하다는 뜻에도 나는 물러서지 않고 단호하게 요청했습니다.

"현직 교감은 제도의 개선을 위하여 칼럼도 게재하면 안 되는가? 이런 문제를 가지고 저에게 문제 제기하지 마시고 동아일보에 직접 연락하십시오. 앞으로 이런 일로 전화하지 말아 주십시오."

통화는 교무실 안 대다수 교사들이 숨죽이며 엿듣는 가운데 이루어졌습니다. 통화가 끝난 후, 동료 교사들은 놀라움과 함께 존경을 표했습니다. 대부분의 관리자들이 교육부의 눈치를 살필 수밖에 없는 현실을 너무나 잘 알기에, 나의 당당한 행동은 그들에게 작은 충격이자 해방감이었을 것입니다.

잠시 후, 교장 선생님께서도 똑같은 질문을 하시며 근심 어린 표정을 지으셨습니다. "오늘 동아일보에 칼럼을 게재했냐?" 모두 알고 계시면서 물어보는 현실.

이것이 바로 오늘의 교육 현실이 아닐까 생각했습니다. 관리자로서 교육부의 심기를 건드리는 일이 곧 학교 운영의 난관으로 이어질 수 있다는 두려움. 그것이 재외 학교의 어깨를 짓누르는 무게였습니다.

현장 적합성을 위한 간절한 외침: 소명의 무게

시간이 흘러도 내 머릿속을 떠나지 않는 근본적인 질문은 여전히 이것입니다.

"왜 교육부가 재외 한국학교장을 '파견'해야만 하는가? 능력 있는 교장을 선임할 권한을 학교 법인과 운영위원회에 되돌려 줄 수는 없을까?"

해외 학교는 현지의 특수성과 교민 사회의 요구를 가장 잘 이해하는 리더를 필요로 합니다. 교육부가 교장을 '파견'하는 행위는 '관리'와 '감독'의 연장선상에 있으며, 학교를 교육부 행정 시스템의 하부 조직으로 간주한다는 의미가 내포되어 있습니다. 이는 곧 학교의 자율성과 현장 적합성을 희생시키는 결과를 낳았습니다.

재외 한국학교의 교장은 현지 사법, 행정, 교육 체계 속에서 우리 학교를 지켜낼 **'외교관'**이자, 흩어진 교민 사회를 통합하는 **'구심점'**이어야 합니다. 행정력 가산점 경쟁에서 승리한 '교육부 식구'가 아닌, 아이들과 교직원, 학부모가 진정으로 원하는 리더십을 갖춘 '교육자'가 교장으로 서야 합니다.

동아일보에 칼럼을 게재했던 그날의 소신은 단순한 '일탈'이 아니었습니다. 그것은 재외 한국학교 교육 발전을 위한 간절한 외침이었고, 중앙 교육 행정이 풀어야 할 숙제였습니다. 그날의 통화는 교육 현장 최전선에 선 한 교육자로서, 내가 평생 짊어지고 가야 할 소명의 무게를 깨닫게 해준 사건이었습니다.

교육부의 그림자에서 벗어나, 현장의 자율성과 책임 속에서 우리 학교들이 진정으로 빛을 발하는 날이 오기를, 저는 지금도 간절히 염원합니다.

자카르타에서 남긴 작은 유산,
세 언어의 울림, '오늘 한마디'

자카르타에서 남긴 작은 유산, 세 언어의 울림, '오늘 한마디'

2018년 3월, 자카르타한국국제학교 중등 교감으로 부임했다. 30여
년 교직 경력의 베테랑이었지만, 낯선 이국의 교정에 첫발을 내딛던 그
날의 설렘과 도전 의식은 지금도 생생하다. 이곳에서의 시간은 단순한
근무가 아닌, '나는 무엇을 바꿀 수 있을까?'라는 질문에서 시작된 새로
운 도전이었다.

부임 후, 나는 가장 먼저 학생들의 표정을 살폈다. 학교는 안정적이었
고 큰 문제는 없었으나, 어딘가 활력이 부족했다. 규칙은 있었지만, 그
속에 설렘과 도전이 사라진 듯 보였다. 나는 아이들에게 스스로의 존재
를 자랑스러워할 기회가 필요하다고 생각했다.

그 생각 끝에 떠올린 것이 바로 '오늘 한마디 코너'였다.
매일 아침, 학생들이 자신의 생각을 짧은 문장으로 적어내는 이 코너
에는 단 하나의 조건이 있었다. 그 문장을 우리말, 영어, 인도네시아어,
세 가지 언어로 함께 써야 한다는 것이었다.

처음엔 어렵다고 했던 아이들은 곧 서로의 표현을 돕고 번역하며 문

장을 다듬기 시작했다. 교실마다 언어의 열기가 돌았고, 세 언어로 완성된 문장들은 교문 앞 게시판에 걸렸다. 영어부장과 현지 교사의 감수를 거친 짧은 한마디였지만, 그 속에는 아이들의 생각과 감정, 성장의 흔적이 고스란히 담겨 있었다.

학생들은 자랑스러운 눈빛으로 게시판 앞에 섰다.

친구의 문장을 사진 찍어 가족에게 보내고, 학부모들은 감동했다는 전화까지 걸어왔다. "우리 아이가 저런 생각을 했다고요? 감동이에요." 그 말 한마디가 내게는 큰 보람이었다. 나는 깨달았다. 작은 변화라도 아이들의 마음에서 시작된다면, 학교는 살아 있는 공간이 될 수 있다는 것을. '오늘 한마디'는 그 증거였다.

그러나 모든 좋은 시도가 그러하듯, 제도와 마음을 이어갈 사람이 없다면 시간 속에 스러지기 마련이다. 내가 부임 기간을 마치고 귀임한 뒤, '오늘 한마디 코너'도 어느새 사라졌다는 이야기를 들었다.

그 소식에 게시판 앞에 서 있던 아이들의 웃음과 열정이 눈에 선했다.

비록 코너는 사라졌지만, 나는 믿는다. 그때의 경험이 아이들 마음속에 작은 씨앗으로 남아 있을 것이라고. 언젠가 그 씨앗이 자라, 다른 곳에서 또 다른 '오늘 한마디'로 피어나길 바란다. 그것이 내가 자카르타 한국국제학교에서 아이들에게 남기고 싶었던 작은 유산이다.

3월 13일에야 도착한 교과서,
이국땅에서 피운 교육의 꽃

2018년 3월의 문턱, 낯선 설렘을 안고 자카르타한국국제학교에 초빙 교감으로 부임했다.

대한민국 교육 현장에서의 익숙함을 잠시 내려놓고, 중등(중학교, 고등학교) 교육의 책임자로서 새로운 도전을 시작하는 흔치 않은 기회였다. 3월 2일, 성대하게 치러진 취임식의 환호 속에서 나는 약속했다. 이전의 교육을 넘어 '최고의 교육'으로 보답하겠노라고. 그 다짐이 채 식기도 전에, 학교의 현실은 나를 시험했다.

취임식을 마치고 자리에 앉자마자, 고등학교 2학년 학부모 일곱 분이 찾아왔다. 40명을 한 반으로 편성한 '정치와 경제' 수업에 대한 우려였다. 강사비 절약을 이유로 교육의 질을 희생하려 했다는 사실에 가슴이 철렁했다. "이래서는 안 된다"는 판단이 즉시 섰다.

곧바로 2개 반 편성을 지시했고, 학부모들의 감사하다는 인사 속에 작은 변화의 첫걸음을 떼었다.

한 시간 후, 이번에는 1학년 학부모 일곱 분이 찾아와 작년까지 활발했던 방송반 동아리가 지도교사 부재를 이유로 폐지되었다는 소식을 전했다. 방송반은 학교 공동체에 꼭 필요한 동아리였다. 머뭇거릴 이유가 없었다. 즉시 재편성을 지시했고, 방송반은 다시 생명을 얻었다. 연이은 학부모들의 건의는, 학교가 변화를 갈망하고 있다는 무언의 외침처럼 들렸다.

진짜 문제는, 교실에서 터져 나왔다. 선생님들이 교과서 대신 유인물로 수업하고 있었다. 무슨 일인가 싶어 담당 부장을 통해 확인해보니, 매년 반복되는 '연례 행사'와 같은 교과서 지연 사태였다. 세상에 이럴수가! 대한민국 교육을 표방하는 국제학교에서 교과서 없이 프린트 수업이라니. 분노와 함께 책임감을 느꼈다. 즉시 본국의 교과서 배달 책임자에게 연락을 취해 늦어진 이유를 따지고, 내년부터의 지연에 대해서는 문제를 삼겠다고 단호하게 다짐을 받았다.

그리고 무려 13일이 되어서야, 기다리고 기다리던 교과서가 도착했다. 그제야 학생들은 온전한 교과서를 손에 쥐고 수업에 임할 수 있게 되었다. 이 모든 과정 속에서 나를 가장 분통 터지게 했던 것은, 교과서 지연이라는 심각한 문제에 대해 그동안 그 누구의 관리자도 '문제 의식'을 갖지 않았다는 사실이었다. 수많은 교장, 교감이 이 학교를 거쳐 갔건만, 그들이 이 사실을 알았더라면 매년 이렇게 방치하지는 않았을 것이라는 씁쓸함이 밀려왔다. 학교를 관리하는 이들의 무관심이 만들어 낸, 교육의 질을 저해하는 비극적인 관행이었다.

나는 학교의 변화를 위해 끊임없이 노력했다. 학생, 교사, 학부모들은 수시로 나를 찾아와 학교에 필요한 개선 사항들을 건의했다. 규정에 어긋나지 않는 범위 내에서, 학생들의 교육에 조금이라도 보탬이 되는 방향이라면 주저하지 않고 개선해나갔다. 작은 노력들이 모여 학교에는 눈에 띄는 변화가 일어나기 시작했다.

폴란드 출신 시인 체스와프 미워시(Czesław Miłosz)는 "인간은 고통을 겪은 만큼 성숙해진다"고 했던가.

이국땅, 자카르타에서 겪은 짧지만 강렬했던 시간들은 나에게 관리자로서의 책임감과 교육자로서의 사명을 다시 한번 일깨워주었다. 조그만 노력과 관심만으로도 학교에 긍정적인 변화를 일으킬 수 있음을 직접 목격하면서, 나는 가슴 벅찬 보람을 느꼈다.

그리고 이 모든 변화의 과정 속에서 묵묵히 학생들을 가르치고 지도했던, 멀리 이국땅에서 고생하는 우리 선생님들의 노고를 나는 지금도 잊지 못한다. 그들의 헌신과 열정이 있었기에 자카르타한국국제학교의 교육은 한 걸음 더 전진할 수 있었다.

자카르타한국국제학교 출근 길 (초등교감과 함께)

K 교장과 함께한 악몽 같은 5년의 세월

나에게 지난 5년은 교육자로서의 자존심이 무너지고 희망이 질식당했던 '악몽' 그 자체였다. 이 이야기는 비단 한 개인의 불운한 경험이 아니라, 비교육적인 리더십이 한 학교의 시스템과 교사들의 영혼을 어떻게 갉아먹는지에 대한 뼈아픈 기록이다.

K 교장은 우리 학교에서 교감으로 근무하다가 교장으로 승진한 흔치 않은 경우였다. 교감 시절부터 이미 그는 강한 자기중심적인 성향을 드러냈다. 교사들에게 지시를 내릴 때, 그것이 교육적인 필요 때문이라기보다는 자신의 취향과 뜻을 관철시키기 위함이라는 인상을 지울 수 없었다. 그러나 그때는 그래도 '교감'이라는 직책의 틀 안에 갇혀 있었다고 할까. 교장으로 승진한 후, 그 모든 제약은 사라졌고 그의 본색은 거침없이 드러나기 시작했다.

학교 운영은 순식간에 교육이라는 보편적 가치 대신, '교장 K의 취향'이라는 지극히 사적인 잣대에 의해 좌우되었다. 자기 취향에 맞는 교사는 무엇을 해도 좋게 보였다. 그들에게는 너그러웠고, 그들의 작은 실수마저 덮어주었다. 특히, K 교장은 특정 성향의 체육과 남교사들을 선호했는데, 이는 그가 투영하고 싶었던 젊은 날의 모습이었던 모양이다.

반면, 나와 같이 오직 학생의 바른 성장과 올바른 수업에 몰두하며, 그 흔한 잡담이나 눈도장 찍기에는 서툴렀던 교사들은 철저히 무시당했다. 성실하고, 교과 지도에 충실하며, 학생 상담을 주 업무로 여기는 교사일수록 K 교장의 성향과는 멀었다. 그는 우리의 진정성 있는 교육적 노력을 인정하기는커녕, 마치 자신의 그림자에 가려진 듯 함부로 대했다. 그는 성실함을 '놀지 못하는 지루함'으로 치부했고, 교육적 열정을 '자기와 다른 성향'으로 낙인찍었다.

　이것이야말로 가장 비교육적인 리더의 모습이 아니겠는가. 학교라는 곳은 수많은 교사가 존재하는 곳이며, 교장의 역할은 자신의 사적인 성향을 내려놓고, 오직 학생을 지도하는 교육적인 면으로 교사들을 공정하게 판단하며 격려하는 데 있다. 그래야만 다양한 교사의 장점이 발휘되어 학교 교육력이 전체적으로 상승할 수 있다. 하지만 K 교장의 잣대는 오직 자신이었다. 그의 시대에 교육은 뒷전으로 밀려났다.

　비교육적인 교장 아래에서 견뎌야 했던 시간은 참으로 고통스러운 악몽이었다. 우리는 K 교장의 비합리적이고 비교육적인 지시에도 겉으로는 순종해야 했고, 승진이라는 교직의 희망을 스스로 내려놓아야 했다. 오직 그가 퇴임하기만을 묵묵히 기다리는 것 외에는 달리 할 수 있는 일이 없었다. 침묵하며 인내하는 것이 생존 전략이 되는 순간, 학교는 이미 병들기 시작한 것이다.

오직 학생의 바른 성장, 바른 수업, 그리고 상담만이 교사에게 주어진 주된 임무인데, K 교장과 친분이 있는 일부 부장 교사들은 그 모든 에너지를 교장을 기쁘게 하는 데 집중했다. 그들은 교장의 비위에 맞추어 승진의 길을 찾으려 했고, 그 결과 학교의 교육적 풍토는 심각하게 훼손되었다. 학교의 중심축은 아이들의 교실에서 교장실로 옮겨갔으며, 아첨과 사적인 친분이 공적인 평가를 압도했다.

그 정점은 교원근무평가(근평) 점수에서 드러났다. K 교장은 본인이 예뻐하는 순서대로, 마치 사적인 점수를 부여하듯이 근평을 매겼다. 공정한 평가 시스템의 붕괴를 바로 옆에서 지켜보는 것은 참담했다. 동료 교사들은 "차라리 교장에게 뇌물이라도 주어보라"고 농담 반 진담 반으로 이야기할 지경이었다. 그 말이 그가 만들어낸 학교의 비뚤어진 현실을 가장 잘 대변하고 있었다.

하지만 나는 단 한 푼도 이러한 비교육적인 쓰레기 같은 행태에 바칠 수 없었다. 나의 자존심과 교직관이 그것을 허락하지 않았다. 그 더러운 게임에 참여하는 대신, 나는 묵묵히 나의 교실과 나의 아이들 곁을 지켰다. 그것만이 교육자로서 내가 지킬 수 있는 마지막 보루였기 때문이다.

이러한 비교육적이고 능력 없는 인사가 다시는 학교라는 신성한 공간에서 권력을 휘두를 수 없도록, 이 악몽이 재발하지 않도록 우리는 제도를 뜯어고쳐야 한다. 교감, 교장의 승진 시스템은 반드시 교육적 역량과 공정성, 그리고 민주적인 리더십을 검증하는 방향으로 개혁되어야 한다. 그래야만 K 교장과 같은 '악몽'을 경험하는 교사들이 더 이상 생기지 않을 것이다.

※편집자 주: 이글은 필자가 '교육! 이게 뭡니까?'를 집필한다는 소식을 접하고 필자에게 보내온 전직 교장의 글을 그대로 옮겼습니다.

제3장

교직 35년의 역설,
리더십의 그림자,
시스템의 덫

제3장
교직 35년의 역설, 리더십의 그림자, 시스템의 덫

이 글은 교직에서 35년을 보낸 한 교육자의 시선으로 한국 교육계 리더십의 명암(明暗)과 승진 시스템의 역설을 기록한 회고록입니다.

현장의 헌신과 능력은 물론, 침묵, 회피, 독단 등 다양한 방식으로 최고 관리자의 자리에 오른 다섯 분의 교감과 학교를 발전시키거나 병들게 한 여섯 교장의 유형, 다섯 명의 교사들을 분석하여, 교육 현장 리더십의 본질과 시스템적 모순을 통찰하는 것이 목적입니다.

Ⅰ. 그림자 속 교감들 (35년 교직 회고)

교직 행정의 최전선에서 만난 다양한 교감 유형을 분석하고, 이들이 어떻게 교장이라는 최종 목표에 도달했는지에 대한 기록입니다. 특히, 현장의 능력과 무관하게 승진하는 시스템의 역설을 강조합니다.

1. 성공한 생존자: 침묵의 교감 (A 교감)특징: '모나미 교감'이라는 별명처럼 서랍이 텅 비어 있었고, 발언이나 지시가 전혀 없는 침묵형 리더십. 생존 전략: 일에 개입하지 않고 관계의 굴레를 끊어 책임과 마찰을 최소화하여 평화롭게 생존. 결과: 흠집 없이 교장으로 퇴직하며,

무관심과 회피가 승진의 지름길이 될 수 있다는 시스템의 모순을 증명.

2. 현장 밖의 전략가: 출장의 교감 (B 교감)특징: 학교 업무보다는 외부 출장과 전문직 경험을 중시하며, 교육계 네트워크와 정책 방향 파악에 집중. 가치: 학교 내부 행정의 디테일보다 외부의 영향력과 '전문직 경험'이라는 배경을 중요시함. 결과: 교장으로 승진하며, 현장의 헌신보다 외부 네트워크와 이력이 교육부의 승진 기준임을 시사.

3. 현장의 별: 최적의 교감 (C 교감)특징: 업무 능력과 인간관계 모두 탁월한 현장의 이상적인 관리자. 교사의 입장에서 문제를 해결하며 존경받음. 리더십: 교장과의 원만한 파트너십과 교사들의 전폭적인 신뢰를 바탕으로 현장의 정의를 실현. 결과: 교장으로 승진하며, 현장의 땀과 노력이 결코 헛되지 않음을 증명한 모범 사례.

4. 무능력의 역설: 업무 Zero 교감 (D 교감)특징: 업무 능력 제로이나, 스스로 세상의 중심인 듯 행동하고 교장에게 맹목적으로 순종함. 교사들과 소통 단절. 아이러니: 모두가 무능하다고 여겼지만, 교장으로 승진하며 '노력과 능력만으론 안 된다'는 슬픈 진실을 현장에 남김.

5. 권위의 그림자: 자기의식 과잉 교감 (E 교감)특징: 지나친 권위의식

과 자기 우선 중심의 사고방식. 업무에는 자신감 있으나 조직의 조화에 실패. 결론: 현장의 능력과 인품 외에, 다양한 (때로는 부정적인) 처세술과 시스템의 알 수 없는 방정식이 승진에 작용함을 목격.

II. 그림자가 드리운 교장들 (35년 교직 회고)

학교를 이끈 교장들의 리더십을 '존경과 배움의 시간'과 '그림자가 드리운 시간'으로 나누어, 리더 한 명이 학교 공동체에 미치는 절대적인 영향을 기록합니다.

1. 존경과 배움의 시간: 학교를 밝힌 등불들 (A, B, C, F 교장)유형, 핵심
   특징리더십 및 성과
   A 교장전문가의 아우라, 강한 교육적 소신. 모든 문제에 학생 교육을
      최우선으로 두고 정면 돌파하여 신뢰 확보.
   B 교장권위 없는 권위, 따뜻하고 소탈함. 교사 보호의 방패가 되어 안
      정적 분위기 조성. '학생다운 학생'을 길러야 한다는 소신.
   C 교장걸어 다니는 법전, 청렴결백, 전문직 거목. 법과 존중으로 갈등
      을 정리하고 학교 안정화. 교사의 전문성을 절대 신뢰하고 책임지
      는 리더.
   F 교장교실로 돌아온 리더, 헌신적. 수업 결손 시 직접 교단에 서는
      '수업하는 교장'. 학생 지도에 열의를 보인 진정한 교육자.

2. 그림자가 드리운 시간: 학교를 병들게 한 리더십 (D, E 교장)유형, 핵
   심 특징리더십 및 악영향

   D 교장무색무취, 목표 의식과 결단력 부재. 예산 결정 미루기로 교육
   활동 지연 및 무산. 책임 회피가 낳은 학교의 정체와 침몰

   E 교장독단적 주관, 교육적 무지, 열등의식 의심. 편애와 편파로 갈등
   조장. 유능한 교사들이 떠나는 인력 유출을 초래한 성찰 부재형 리더.

Ⅲ. 맺음말

리더십의 역설과 쓸쓸한 질문35년 동안의 만남을 통해 리더의 소신
과 헌신이 학교를 성장시키는 동력임을 배웠고, 무능과 독단이 얼마나
쉽게 학교를 파괴하는지 목격했습니다.

♣ 최종 통찰: 교육부의 시계가 현장의 능력(C, F)뿐만 아니라, 침묵(A),
  외부 이력(B), 무능한 순종(D)까지 성공의 자리로 안내하는 기묘한
  역설을 경험.

♣ 남겨진 질문: 과연 교육 현장의 승진 기준은 현장의 열정인가, 아니
  면 알 수 없는 기회인가?나의 교직 35년은 그 답을 찾지 못한 채, 모
  나미 볼펜 한 자루처럼 텅 빈 서랍 속에 머물러 있는 리더십의 그림
  자와 함께 쓸쓸히 막을 내립니다.

나의 교직 30년, 그 그림자 속 교감들

나는 8월의 어느 날, 교직을 마무리했다. 내가 마지막 한 달 동안 처리한 공문이 1,106건이었다. 하루 평균 48건. 정부는 공문서 감축을 외쳤지만, 교감의 책상 위에 쌓이는 종이의 무게는 결코 가볍지 않았다. 이 엄청난 무게를 감당하는 교감이라는 자리, 그곳에서 나는 참으로 다양한 인간 군상을 만났다. 그리고 그들은 교육부의 시계가 돌아가는 한, 결국 교장이라는 완장을 차고 퇴직했다.

이 글은 내가 만났거나 주위의 내용을 중심으로, 결코 잊을 수 없는 다섯 명의 교감에 대한 기록이다.

1. 교단에서 마주한 '모나미 교감'의 침묵,
A교감의 어느 평화로운 생존자의 기록

비어 있는 서랍, 그 검은 침묵의 철학

나는 A교감님과 같은 학교에서 근무한 경험은 없지만 함께 근무했던 동료들의 이야기를 정리하면 다음과 같다. 처음 부임했을 때 그분의 존재는 하나의 '수수께끼' 같았다. 교감실 옆, 행정실과 교무실을 오가며 매일 마주치던 그분의 서랍은 늘 똑같은 모습이었다. 완전히 닫혀 있거나, 아주 가끔 열려 있을 때도 그 안은 놀라울 정도로 텅 비어 있었다. 마치 방금 청소를 마친 듯 깨끗한 나무 바닥 위에, 오직 검은색 모나미 153 볼펜 한 자루만이 덩그러니 놓여 있었다.

우리끼리는 그분을 '모나미 교감'이라고 불렀다.

다소 무책임하게 들릴 수도 있는 별명이었지만, 사실 그 별명은 그분의 교단 생활 전체를 상징하는 강력한 은유였다. 교감이라는 직책은 학교 행정의 한가운데, 수많은 공문과 실무의 무게를 지고 서 있는 자리다. 하지만 A교감님은 그 모든 무게를 밖으로 밀어내는 데 탁월한 능력을 가진 분이었다. 1,106건의 공문, 끝없는 학교 회의, 그 모든 소란함 속에서 그분은 자발적 고독을 택했고, 그 고독은 완벽한 '침묵'으로 나타났다.

관계의 굴레를 끊어낸 무관심의 방패

회의 시간은 그분의 철학이 가장 극명하게 드러나는 순간이었다. 교장 선생님의 훈시가 길어지든, 부장들 사이에 격렬한 토론이 벌어지든, A교감님은 늘 그 자리에 앉아 계셨지만, 마치 투명 인간처럼 완벽하게 존재감을 지우셨다. 발언이 없었다. 질문도 없었고, 지시도 없었다. 한 번도 어떤 교사에게 편을 들어주거나, 척을 진 적이 없었다. 교장 선생님과의 관계 역시 누구도 섣불리 정의할 수 없는 '중립 지대'였다.

"교감님은 왜 아무 말씀도 안 하실까?" 신규 교사들은 자주 수군거렸다. 어떤 이들은 무능하다고 비난했고, 또 어떤 이들은 책임을 회피하는 '무책임한 방관자'라고 꼬집었다. 하지만 시간이 흐르면서 그분의 침묵이 단순한 회피가 아니라, 계산된 '생존 전략'임을 깨달았다.

발언은 관심의 표현이고, 관심은 곧 관계라는 굴레를 만든다. 그 굴레에 묶이는 순간, 복잡한 학교 정치와 실무의 책임에서 자유로울 수 없다.

그분의 무관심은 가장 완벽한 방패였다. 그 누구의 비난도, 그 어떤 책임의 화살도, 그분의 고독한 서랍 속으로는 침투할 수 없었다. 그분은 나서는 일이 없었기에, 실수를 할 일도 없었고, 책임을 지고 사과할 일도 전혀 없었다.

최소한의 개입과 최대한의 평화

가장 흥미로운 지점은, 그분이 일에 개입하지 않아도 학교는 너무나도 잘 돌아갔다는 사실이다. 텅 빈 교감의 서랍은 학교 시스템의 역설을 드러냈다. 누군가가 해야 할 공백은 부장 교사들의 몫으로 채워졌고, 업무는 어찌 되었든 처리되었다. A교감님은 그 사실을 조용히 관찰하며, '나'라는 존재가 학교 시스템에서 얼마나 쉽게 대체 가능한지를 증명해 보였다.

그분의 모나미 한 자루는 '불필요한 욕심을 버린 자의 평화'를 상징했다. 모든 것에 개입하여 피로에 지치고, 실수를 두려워하며, 끊임없이 관계를 관리하는 현대인의 삶을 그분은 거부했다. 오직 나의 영역만을 지키겠다는 조용한 선언, 그것이 그분의 철학이었다.

그리고 역설적이게도, 교육부의 시계는 정확히 그분을 '성공'의 자리로 안내했다. 논란도, 흠집도, 구설수도 없던 그분은 교장의 자리에 올랐다가 명예롭게 퇴직하셨다.

나는 아직도 그분이 퇴임하던 날의 모습을 잊을 수 없다. 여전히 깨끗한 서랍, 그 안에 놓인 모나미 볼펜 한 자루. A교감님의 고독은 분명했지만, 그분의 삶은 누구보다 평화롭고 성공적이었다. 겉으로 보기엔 서랍이 비어 있었지만, 그분의 정신은 불필요한 모든 것을 버려낸 자의 충만함으로 가득 차 있었을 것이다. 교단은 한 명의 무거운 '교감' 대신, 한 자루의 가벼운 '모나미'를 선택한 현명한 생존자를 기억할 것이다.

2. 교정(校庭) 밖에서 길을 찾다, B의 회고록

사람들은 그를 '출장이 주특기였던 교감'이라고 부른다. 듣기 따라서는 냉소처럼 들릴 수도 있겠지만, 그는 이것이 가장 큰 재능이자 교육계에서 살아남는 방식이었다고 자부한다.

그는 과거 전문직으로서의 경험이 있었다. 그 경험은 단순한 이력이 아니라, 그에게는 날개와 같았다. 학교라는 울타리를 넘어, 교육계 전반의 흐름을 읽고 중요한 연결고리를 만드는 일. 그것이 그의 주 임무였다. 교내 업무가 돌아가지 않을 정도로 외부에 불려 다니는 일이 잦았지만, 그 덕분에 그는 교육부의 시계가 어떻게 돌아가는지 누구보다 잘 알고 있었다.

학교 내의 교사들이 바쁜 일상에 매몰되어 쉴 새 없이 돌아갈 때, 그는 오히려 여유로웠다. 복잡한 서류나 행정 업무에 얽매이기보다, 도서관에서 책을 읽으며 시대적 통찰을 얻는 것이 그의 일과였다. 주변에서는 '학교 일은 나 몰라라 한다'는 쓴소리도 나왔다. 사실이기도 하다. 나중에 후임 교감에게 인수인계를 소홀히 했다는 싫은 소리를 들었으니 말이다. 하지만 학교 행정의 디테일에 갇히는 대신, 더 넓은 물에서 교육 정책의 방향을 틀고 영향력을 행사하는 것이 그에게는 더 중요한 가치였다.

그의 가치는 교정 안이 아닌, 교육부와 연수원, 외부 정책 회의장에서 빛을 발했다. 잦은 외부 활동과 전문직 경험이라는 확실한 배경은 그에게 '보이지 않는 날개'를 달아주었다. 그리고 시간이 증명해 주었다. 그가 중요하게 생각했던 외부의 '네트워크'와 '경험'이 결국은 교육부의 기준이었던 것이다.

결국, 교육부의 시계는 그를 정확히 읽어냈다. 학교의 사소한 업무에는 소홀했을지언정, 그는 교육 전체의 큰 그림을 놓지 않았고, 그 노력을 인정받아 마침내 그는 교장으로 승진했다.

그 이야기는 학교라는 조직 안에서 어떤 가치가 승리로 이어지는지를 보여주는 하나의 사례일 것이다. 내부의 헌신도 중요하지만, 때로는 외부로 향하는 과감한 출장이 더 빠른 지름길이 될 수 있다는 것을 그는 증명했다.

3. 현장의 별, C 교감: 현장의 정의를 실현하다

우리가 C 교감을 떠올릴 때 가장 먼저 드는 생각은 '최적'이라는 단어입니다. 그는 마치 이 자리에 있기 위해 태어난 사람처럼, 업무 능력과 교사 관리에 있어 그 누구도 따라올 수 없는 최적의 모습을 보여주었습니다. 현장에서부터 차곡차곡 역량을 쌓아 승진한 그였기에, 그의 승진은 모두에게 '현장의 정의가 실현된 순간'으로 기억됩니다.

C 교감은 학교의 모든 업무를 손바닥 보듯 꿰뚫고 있었습니다. 그의 책상에는 막힘이 없었고, 어떤 복잡한 사안도 그를 거치면 명쾌하게 정리되었습니다. 단순히 일만 잘하는 사람이 아니었습니다. 교사들 사이에서 그는 존경의 대상이었습니다. 특히, 사람을 대하는 태도가 남달랐습니다.

그의 인간관계는 언제나 매끄러웠습니다. 차분함 속에 배려가 묻어났고, 늘 교사의 입장에서 생각하고 업무를 처리하려고 노력했습니다. 사실, 직장 생활에서 이런 상사를 만나는 것은 흔치 않은 행운입니다. 그는 교사들의 목소리를 귀 기울여 듣고, 문제 해결의 실마리를 찾을 때까지 함께 고민했습니다.

덕분에 그를 따르고 믿고 의지하는 교사들이 많았습니다. 학교에 무슨 일이 생기면, 우리는 다른 누구보다도 먼저 C 교감에게 달려갔습니다. 그는 우리에게 현장의 빛과 같은 존재였습니다.

교장 선생님과의 파트너십 역시 최고였습니다. 두 분은 서로를 존중하며 학교를 이끌었고, 그 원만한 관계는 학교 전체에 긍정적인 영향을 미쳤습니다. 수평적인 존중 위에서 업무의 효율성과 조직의 안정감이 동시에 확보되었던 것입니다.

그가 공모 교장으로 승진했을 때, 우리는 모두 진심으로 축하했습니다. '승진할 분이 승진했다'는 말은 단순한 인사치레가 아니었습니다. 그것은 우리가 직접 경험하고 인정했던 그의 탁월함과 인품에 대한 현장의 응답이었습니다. C 교감은 현장의 땀과 노력이 결코 헛되지 않음을 온몸으로 증명해 보인, 진정한 현장의 별이었습니다. 그의 자서전을 대신 쓰는 이 순간에도, 그가 보여준 리더십과 따뜻함이 현장에 오래도록 남아 귀감이 되리라 확신합니다.

4. D 교감 선생님, 그분을 생각하면 아직도 가슴이 답답해져 옵니다.

우리 학교에서 D 교감 선생님은 하나의 미스터리였습니다. 솔직히 말해, 모두가 그의 '업무 능력 제로'를 알고 있었죠. "도대체 어떻게 교감이 되신 걸까?" 이 질문은 교무실의 공기처럼 늘 떠돌았습니다. 그는 스스로가 세상의 중심인 듯 행동했습니다. 타인의 시선이나 의견은 중요치 않았고, 오직 본인만의 방식만이 정답인 양 고집했죠.

교사들은 점차 그를 외면했습니다. 존경은커녕, 무관심과 포기가 그의 주변을 둘러쌌습니다. 그는 우리의 목소리를 대변하려 하지 않았고, 함께 어울리려는 노력조차 보이지 않았습니다.

교사와 교감 사이에 보이지 않는 거대한 벽을 쌓고 계셨다고 할까요.

그의 일과는 시계추처럼 정확했습니다. 교실 복도를 순회하는 모습은 매일 볼 수 있었죠. 하지만 그건 '수업 장학'이 아니었습니다.

그저 '순회'였을 뿐입니다. 교사들의 수업에는 털끝만큼의 관심도 없어 보였습니다. 자기만족인지, 교장 선생님께 보여주기 위한 형식적인 움직임인지, 우리는 알 수 없는 그의 '업무 제로의 순회'였습니다.

특이하게도 그는 교장 선생님의 결정에는 맹목적으로 순종했습니다. 위로는 한없이 유연했지만, 아래로 내려올 때는 차가운 벽 그 자체였습니다. 우리 교사들에게는 어떤 도움도, 어떤 지지도 기대할 수 없는 분이었죠.

모두가 의아해하고 포기했던 그 순간, 정말 놀라운 일이 벌어졌습니다. 우리 모두의 상식을 깨고, 교육부의 시계는 그를 '교장'으로 승진시켰습니다.

그 소식을 들었을 때, 우리는 할 말을 잃었습니다. 어쩌면 그의 방식이, 그 '제로의 순회'가, 그 견고한 '벽'이, 우리 교육 시스템에서는 성공의 지름길이었을지도 모른다는 씁쓸한 깨달음만 남았습니다.

D 교감 선생님의 승진은 우리에게 '노력과 능력만으로는 안 된다'는 슬픈 진실을 가르쳐준 사건으로 남아 있습니다.

5. 어느 교사의 30년 회고, E 교감의 그림자

나의 교직 생활 35년은 수많은 인물과의 만남으로 점철되어 있다. 그 중에서도 특히 'E 교감'은 잊을 수 없는 그림자를 드리운 인물이다. 나는 그를 통해 교감이라는 자리의 무게와, 때로는 승진 시스템의 기묘한 역설을 목격했다.

E 교감은 내가 만난 교감 중 단연코 '권위의식'의 화신이었다. 자기의식이 얼마나 지나쳤는지, 회식 자리에서조차 본인보다 먼저 수저나 젓가락을 드는 행위를 용납하지 않는, 철저하게 자기 우선 중심의 사고방식을 가진 사람이었다. 그의 주변에는 언제나 미묘한 긴장감이 감돌았다.

물론 그는 업무에 있어서는 자신감이 넘쳤다. 자신의 지식이 풍부함을 은근히 강조하며, 심지어는 교장 선생님을 무시하는 듯한 태도도 종종 비쳤다. 그러나 이러한 자신감은 동료 교사들의 마음을 여는 열쇠가 되지는 못했다. 그는 교육의 본질보다는 자신의 입장을 앞세우는 유형이었고, 조직의 조화보다는 자기 위주의 교육을 선호했기 때문이다. 교사들은 그의 곁에 진심을 두지 않았다.

아이러니하게도, 나의 교직 30년 동안 나는 이 다섯 명의 교감을 통해 승진 시스템의 복잡한 민낯을 보았다. 현장을 사랑하고 능력을 갖춘 C 교감은 당연히 승진의 길을 걸었다. 그러나 E 교감처럼 강한 권위를 내세우거나, 혹은 학교 업무를 외면하고 고독을 택했던 A, B, D 교감들마저 결국 '최고 관리자'의 타이틀을 달고 퇴직했다.

내가 정든 교직을 떠나던 8월의 하늘 아래, 나는 깊은 사색에 잠겼다. 과연 교육부의 시계는 무엇을 기준으로 돌아가고 있는가? 현장의 열정과 능력인가, 아니면 그저 시간과 기회라는 알 수 없는 방정식인가?

35년의 세월이 흐르는 동안 나는 그 질문에 대한 답을 찾으려 헤매었지만, 결국 그 답은 모나미 볼펜 한 자루처럼 텅 빈 서랍 속에 머물러 있는 듯했다. 나의 교직 30년은, 그 답을 찾지 못한 채 쓸쓸히 막을 내렸다. E 교감의 강렬했던 자기의식의 그림자처럼, 교육 현장의 풀리지 않는 역설은 여전히 내 마음속에 남아있다.

제시된 다섯 교감 유형의 특징을 분석하고 정리해 봤습니다.

교감 유형별 특징 분석 및 정리

유형	주요 별칭 및 이미지	리더십 스타일 및 업무 능력	조직 내 관계 및 태도	승진 결과 및 시사점
A 교감	모나미 교감, 고독을 씹는 자	업무 회피형. 서랍 속 볼펜 한 자루가 상징. 모든 실무를 부장들에게 위임함.	마찰 최소화형. 교장/교사 모두와 가깝지도 멀지도 않음. 회의 시 발언 일절 없음.	교장 퇴직 (성공). 업무를 회피해도 불필요한 마찰을 만들지 않아 승진하는 시스템의 모순을 보여줌
B 교감	전문직 경험, 출장 전문가	학교 업무 무관심형. 학교 일은 소홀하고 출장에만 열심. 업무 인수인계도 소홀.	외부 활동 중시. 학교 도서관 독서를 자랑하며 현장 교사들의 바쁜 일정과 대비됨.	교장 승진 (성공). 현장 업무 능력보다 '전문직 경험'이라는 배경과 외부 활동이 승진에 기여.
C 교감	현장 승진, 최적의 교감	이상적 관리자. 업무에 정통하고 모든 것을 꿰뚫음. 교사의 입장에서 업무를 처리하려 노력.	존경과 신뢰의 관계. 교장과 원만하고 존중받음. 교사들에게 존경받고, 문제가 생기면 제일 먼저 찾는 인물	승진 (성공). 능력과 인성을 모두 갖춰 현장의 지지 속에서 승진한 가장 긍정적인 사례.
D 교감	업무 Zero, 자기중심적	무능력/자기중심형. 업무 능력 'zero'. 자신의 방식만 고집. 형식적인 교실 순회만 수행.	고립/순종형. 교장 결정에는 순종적. 교사들은 외면하고 포기함. 교사들을 대변하지 않고 어울리지 않음	교장 승진 (성공). 업무 능력이 없어도 교장의 결정에 순종하고 자기중심적으로 처신하여 승진.
E 교감	강한 권위의식, 자기의식 과잉	권위적 자신감형. 업무에는 자신감 넘치나, 교육의 본질보다 자기 위주의 교육을 선호	갈등 유발형. 자기 의식이 강해 교장을 무시하는 경향. 권위적 태도(식사 예절 등)로 교사들이 마음을 열지 않음	정보 없음. 강한 자기중심적 태도와 권위의식으로 조직 내 관계에 어려움을 겪는 유형.

*종합 분석 요약

- **현장의 모범 (C 교감):** C 교감은 업무 능력과 인간관계를 모두 갖춘 가장 이상적인 교감의 모습을 보여주며 현장으로부터 인정받았습니다.
- **아이러니한 승진 (A, B, D 교감):** 학교 업무에 소홀하거나 무능력했던 A, B, D 교감들이 교육부의 시계에 따라 결국 교장으로 승진했다는 사실은, 한국 교육 현장의 인사 시스템이 현장 업무 기여도와 직결되지 않을 수 있다는 모순을 강력하게 시사합니다.
- **관계와 권위 (A, E 교감):** A 교감처럼 관계를 최소화하여 마찰 없이 승진하는 유형이 있는 반면, E 교감처럼 지나친 자기의식과 권위주의로 인해 조직 내 소통에 실패하는 유형도 있습니다.

▷ 빛바랜 35년의 교무수첩에서 책을 쓴다는 소식을 접하고 보내온 어느 교사의 글을 독자들의 이해를 돕기 위하여 그대로 옮깁니다.

아주 특별한 경우지만 이런 일도 있습니다.

열심히 성실하게 근무한 교감인데, 교장이 이유없이 교감 근평을 주지 않아 2년 동안 승진에 밀려서 교감선생님이 명예퇴직을 내리려고 하였으나 선배들이 너무 아까워서 그래도 기다려 보라고 만류하였습니다. 교감선생님은 충격으로 정신과 치료까지 받았습니다. 새로 부임한 교장이 근평을 주어서 정년 퇴임 1년을 앞두고 간신히 교장 승진을 하였습니다. 교장 개인의 독단적인 성격으로 학생과 교사의 피해는 물론 교감까지 피해를 받고 있는 현실이 개탄스럽다.

나의 교직 35년, 그 그림자 속 교장들

존경과 배움의 시간, 학교를 밝힌 등불들 (A, B, C 교장)

나의 교직 35년은 수많은 변화의 물결 속에서 학교라는 작은 세상이 어떻게 운영되고 성장하는지를 지켜본 시간이었습니다. 같이 근무 경험이 있는 경우와 주위의 평을 중심으로 학교를 이끄는 리더, 즉 교장의 역량과 소신이 교육 현장에 얼마나 절대적인 영향을 미치는지 뼈저리게 느꼈습니다. 그중에서도 A, B, C 세 분의 교장 선생님은 학교를 밝히는 등불과 같았습니다.

타인의 시선으로 본 A 교장님의 교육 철학

A 교장님을 처음 뵐 때부터 '전문가'의 아우라를 느낄 수 있었습니다. 단순히 직책이 높은 분이 아니라, 폭넓은 교육적 지식과 강한 소신이 온몸에서 배어 나오는 분이셨죠. 부임하시자마자 학교의 경영 목표를 명확히 제시하신 모습은 흔치 않은 리더의 면모를 보여주었습니다. 학교라는 조직이 나아가야 할 방향을 모두가 명료하게 인식하게 만들었으니까요.

가장 인상 깊었던 점은, 모든 학교 문제를 오직 '학생 교육'이라는 지상 목표 아래 두고 접근하셨다는 것입니다. 개인적인 이해관계나 행정 편의를 따지는 일이 없었습니다.

그 덕분에 교직원들 사이에 사소한 불만이 생길지언정, 감히 그분의 교육적 결정에 대놓고 이의를 제기하기는 어려웠습니다. 그분의 카리스마는 바로 그 본질에 대한 확신에서 나왔으니까요.

특히, 그분이 학교의 고질적인 흡연 문제를 다루신 방식은 두고두고 기억될 것입니다. 많은 교장님들이 회피하거나 소극적으로 대처했던 문제였지만, A 교장님은 학생 교육의 본질을 구현하기 위해 이 문제에 정면으로 맞서셨습니다.

지속적인 지도를 통해 문제를 해결하려는 그분의 헌신적인 노력은 교사들에게 큰 귀감이 되었고, 학교 공동체 전체에 진정한 교육자의 역할이 무엇인지 보여주었습니다.

퇴임하신 후에도 여전히 많은 교사와 학부모들이 A 교장님을 '진짜 교육자'로 인정하는 이유가 바로 여기에 있습니다. 강한 소신이 어떻게 학교를 긍정적으로 변화시키고, 공동체의 신뢰를 얻을 수 있는지 몸소 보여주신 분이었습니다.

저희 모두에게 '바른 교육'이란 무엇인지 깊이 되새기게 해준, 진정 존경받아 마땅한 리더였습니다.

'권위 없는 리더십'의 따뜻한 발자취, B 교장님

B 교장님은 제가 교직 생활 동안 만난 수많은 리더 중 단연코 가장 따

뜻하고 안정적인 리더십을 보여주신 분입니다. 그분의 리더십을 한마디로 요약하자면, '권위 없는 권위'라고 표현하고 싶습니다. 그분은 결코 목소리를 높이거나 교장이라는 직함의 무게를 내세우는 법이 없었지만, 그 소탈함과 조용함 속에는 학교 전체를 아우르는 강력하고 빈틈없는 힘이 있었습니다.

교장님의 경영 철학은 언제나 명확하게 '교사 중심, 학생 중심'에 뿌리를 두고 있었습니다. 이 두 가지 축은 학교 운영의 모든 결정에 있어서 흔들림 없는 기준이 되었죠. 특히 기억에 남는 것은, 문제가 발생했을 때 교장실에서 언성이 높아지는 일이 거의 없었다는 점입니다. 모든 사안은 교감 선생님과 충분히 협의하고, 관련 교사들의 의견을 경청하는 과정을 통해 차분히 해결되었습니다. 교장님의 깊은 경청의 자세는 모든 교직원에게 존중받는다는 느낌을 주었고, 이는 학교를 매우 안정적인 분위기로 이끌었습니다.

무엇보다 B 교장님은 '교사 보호'의 방패였습니다. 교장님이 계신 동안 교사들은 외부의 불합리한 압력이나 민원으로부터 자유로울 수 있었습니다. 교장님은 항상 교사가 교육 활동에 전념할 수 있는 환경을 만들어주기 위해 최전선에서 방패가 되어주셨습니다. 이러한 굳건한 신뢰 덕분에 교사들은 자신의 역량을 최대한 발휘하며 학생들을 지도할 수 있었습니다.

교육에 대한 확고한 소신 역시 교장님을 잊을 수 없는 분으로 만듭니다. 교장님은 "실력 있는 학생보다 학생다운 학생을 길러야 한다"는 확고한 인성 교육 철학을 가지고 계셨습니다. 단순히 성적만을 강조하는 풍토 속에서, 이 말씀은 교육의 본질을 되새기게 하는 큰 울림이었습니다. 교장님의 이러한 소신은 학교 전체의 교육 방향을 올바르게 설정하는 데 결정적인 역할을 했습니다.

겉으로는 권위를 내세우지 않고 늘 소탈한 이웃집 아저씨 같으셨지만, 교장으로서의 업무 처리에 있어서만큼은 누구보다 꼼꼼하고 빈틈이 없었습니다. 학교 행정이나 재정 관리에 있어서는 아주 작은 부분까지 세심히 챙기셨고, 이 덕분에 학교는 항상 시스템적으로도 안정감을 유지했습니다. 이러한 겉과 속의 조화, 즉 소탈함 속의 꼼꼼함이야말로 B 교장님 리더십의 진정한 힘이었습니다.

오랫동안 교육 현장을 지키신 교장님의 퇴임식 날, 전 교직원이 성대하게 퇴임을 기념해야 한다고 입을 모았다는 사실은, 그분이 얼마나 많은 이들의 마음을 움직였는지 보여주는 생생한 증거입니다. 교장님은 단순히 '직장 상사'가 아니라, 교육자로서의 귀감이셨고, 따뜻한 인생의 스승이셨습니다. 재직 기간이 끝난 지금도, 현장에 남은 많은 교사들은 여전히 B 교장님을 기억하고 따르고 있습니다. 그분의 따뜻하고 안정적인 리더십은 우리 학교 역사 속에 영원히 아름다운 발자취로 남아 있을 것입니다

영원한 멘토, C 교장 선생님

　누군가를 만나 그 자체로 삶의 깊은 가르침을 얻는다는 것은 흔치 않은 축복입니다. 저희에게 C 교장 선생님과의 만남이 바로 그랬습니다. 그분은 사립학교, 전문직, 교육부라는 굵직한 경력을 두루 거친 교육계의 거목이셨습니다. 특히 교육법에 대해서는 '걸어 다니는 법전'이라 불릴 만큼 해박하셔서, 학교 운영에서 불필요한 마찰을 용납하지 않으셨습니다. 법과 제도의 정확한 이해는 학교의 질서를 잡는 단단한 기초가 되었습니다.

　선생님께서 처음 부임하셨을 때, 학교는 사실 여러 갈등으로 시끄러운 상황이었습니다. 하지만 선생님은 '존중'이라는 하나의 키워드로 모든 혼란을 정리해 나가셨습니다. 법이라는 잣대로 엄격함을 유지하면서도, 그 바탕에는 늘 사람에 대한 깊은 존중이 깔려 있었기 때문에 가능한 일이었습니다. 그 결과는 놀라웠습니다. 학교는 이내 안정적인 경영 모델로 자리 잡았고, 저희 교직원들은 비로소 교육 본연의 업무에 집중할 수 있었습니다.

　선생님의 가장 큰 미덕은 청렴결백과 교사 존중이었습니다. "교직원들로부터 커피 한 잔도 대접 받아서는 안된다"는 원칙을 고수하셨고, 그 원칙은 저희에게는 경계이자 깊은 존경의 이유가 되었습니다. 오히려 밤늦게까지 초과 근무하는 교사들에게는 당신의 주머니를 털어 격려금을 쥐여주시며 몸 상하지 않게 근무하라고 따뜻하게 당부하셨습니다. 물질적인 지원보다 저희의 노고를 진심으로 인정하고 염려해 주시는 그 마음이 더 큰 힘이 되었습니다.

선생님은 교사의 전문성을 절대적으로 신뢰하셨습니다. 저희가 교육자로서 소신을 가지고 일할 수 있도록 든든한 울타리가 되어주셨습니다. 혹여 외적으로 문제가 될 만한 일이 생기면, "교사의 전문성에 맡기고, 책임은 교장이 진다"는 자세로 자연스럽게 처리하셨습니다. 진정한 리더가 갖춰야 할 솔선수범과 책임감의 본보기를 몸소 보여주신 것입니다.

선생님께서 교장직에서 퇴임하신 지 꽤 시간이 흘렀지만, 여전히 많은 교직원들이 선생님께 연락을 드리고 안부를 여쭙습니다. 당연한 일입니다. 선생님은 저희에게 단순히 학교를 이끌어 가신 교장 선생님이 아니라, 법과 원칙을 지키면서도 인간적인 따뜻함을 잃지 않는 '최고의 전문직 교육자'의 모습을 가르쳐주신 영원한 멘토이시기 때문입니다. 저희는 선생님과의 만남을 평생의 배움으로 간직할 것입니다.

그림자가 드리운 시간: 학교를 병들게 한 리더십 (D, E 교장)

하지만 35년의 교직 생활 동안 늘 빛만 있었던 것은 아닙니다. 학교의 발전과 교육의 본질을 흐리게 만들었던, 교사들에게 그림자 같은 존재였던 교장 선생님들도 있었습니다. D 교장과 E 교장 선생님은 리더십의 부재와 왜곡된 주관이 학교 전체를 얼마나 병들게 할 수 있는지 주위에서 근무했던 교사들로부터 전해 들은 내용을 중심으로 안타까운 사례였습니다.

'색' 없는 리더가 조종했던 배, D 교장님의 그림자

D 교장님에 대한 기억을 더듬을 때면, 저는 한결같이 '무색무취(無色無臭)'라는 단어를 떠올립니다. 그분을 폄하하려는 의도가 아니라, 그분이야말로 리더에게 '목표 의식*'과 '결단력'이라는 나침반이 없을 때 조직이 겪게 되는 침몰의 과정을 고스란히 보여준 산증인이었기 때문입니다. 이 글은 그 시대를 함께 했던 한 구성원의 시선으로, D 교장님이 우리 학교에 남긴 '무능함의 유산'에 대한 기록입니다.

목적 없는 항해: 왜 우리가 이끌어져야 했는가?

D 교장님은 학교의 수장이었지만, 어딘가 '학교의 교장'이라는 역할을 맡은 자신을 납득하지 못한 사람처럼 보였습니다. 그분의 리더십은 마치 동력을 잃고 표류하는 배와 같았습니다. 학교를 어떤 방향으로 이끌어야 할지, 우리 학생들이 어떤 미래를 맞이해야 할지에 대한 본질적인 고민이나 비전이 부재했습니다.

교장이라는 자리는 학교의 교육 철학을 정립하고, 구성원들이 나아가야 할 길을 제시하는 '색'을 입혀야 합니다. 하지만 D 교장님은 그 어떤 '색'도, '향'도 내지 않았습니다. 그저 그 자리에 '존재'할 뿐이었습니다.

덕분에 우리 학교는 교장님의 취임 이후 '목성(木星)'의 인력에 끌리는 것처럼, 관성과 현상 유지의 힘에 지배당하기 시작했습니다.

예산이라는 족쇄: 결단력 부재의 대가

　D 교장님의 무색무취 리더십이 가장 재앙적인 형태로 발현된 곳은 바로 예산 운영이었습니다. 그분은 '예산을 아껴야 한다'는 강박적인 논리에 사로잡혀 있었습니다. 문제는 이 절약이 교육적 효과를 극대화하기 위한 현명한 통제라기보다는, 책임 회피를 위한 '결정 미루기'에 가까웠다는 점입니다.

　부서나 교과에서 학생들의 교육적 성취를 위해 심사숙고하여 계획한 예산 사용 신청서를 올리면, 교장실 서류함은 '판도라의 상자'처럼 오랫동안 닫혀 있었습니다. 법적으로나 교육적으로 타당성이 명백히 입증된 사안인데도 불구하고, 교장님은 최종 결재를 미루고 미루는 습관을 보였습니다.

　종종 저는 교장님이 최종 결정을 내리기 전에 행정실장님에게 의존하며 '이거 해도 법적으로 문제없어요?'라고 묻는 모습을 목격했습니다. 최고 교육 책임자가 교육적 가치 판단이 아닌, 행정적 책임 회피를 최우선으로 두는 순간이었습니다. 그분은 예산 사용으로 인한 '책임'을 지는 것이 두려웠던 것입니다. 미결정의 시간 동안 교육 활동은 늦어졌고, 심지어는 기한을 넘겨 꼭 필요한 교육 사업이 무산되는 일까지 발생했습니다.

정체된 학교: 멈춰버린 변화와 창의성

끊임없이 변화하는 교육 환경 속에서 학교는 **'창의적 혁신'**으로 대응해야 합니다. 하지만 D 교장님의 리더십 아래에서 우리 학교는 '정체'라는 늪에 빠졌습니다. 책임지지 않으려는 리더 밑에서, 누가 새로운 시도를 감행할 수 있었겠습니까?

새로운 교육 프로그램을 도입하려던 열정적인 교사들의 목소리는 예산 결재 지연과 '불필요한 일 만들지 말라'는 묵시적인 압력 속에서 점차 사그라들었습니다. 그 결과, 학교는 이미 잘못된 방향으로 가고 있는 교육 관행을 바로잡을 기회마저 잃어버렸습니다. 우리 모두는 잘못된 교육이 계속되는 것을 수수방관(袖手傍觀)할 수밖에 없었습니다.

현상 유지를 원하는 교사들에게 D 교장님은 가장 '편안한' 리더였습니다. 아무것도 바꾸지 않고, 아무런 책임도 묻지 않았기 때문입니다. 하지만 학교의 미래를 진정으로 걱정하고, 학생들에게 더 나은 교육을 제공하고 싶었던 저희 같은 교사들에게는, 그분은 가장 답답하고 무력감을 주는 존재였습니다. 우리는 교장님이라는 무색무취의 무능함 때문에, 우리가 조종하는 이 배가 목표 없는 항해를 지속하며 서서히 가라앉는 모습을 지켜보아야 했습니다.

D 교장님은 교장직을 수행하는 동안 큰 실수는 저지르지 않았을지 모릅니다. 하지만 그분의 가장 큰 과오는 **'아무것도 하지 않은 것', '결정하지 않은 것'**이었습니다. 그분은 침묵과 무결단으로 학교의 시간을 낭비했고, 결과적으로 우리 학교의 발전 가능성을 가장 잔인한 방식으로 짓밟았습

니다. D 교장님은 학교 리더의 자리에 '목표 의식'과 **'결단력'**이라는 생명력이 얼마나 중요한지를, 역설적으로 온몸으로 증명해 보이신 분입니다.

'그분'이 남긴 교훈, E 교장의 씁쓸한 학교 운영 기록

교직 생활을 하면서 여러 리더를 만났지만, E 교장님과 함께했던 시간만큼 육체적, 정신적으로 피로했던 적은 없었다고 같이 근무했던 교사들은 말합니다. 그 시기를 함께 보낸 주위의 동료 교사들은 아마 모두 같은 감정을 공유할 겁니다. 그것은 단순히 일이 많아서 오는 피로가 아니라, 독단과 갈등이 끊이지 않는 환경에서 오는 깊은 소진이었습니다.

지나치게 강한 주관과 교육적 무지

E 교장님은 본인의 주관이 지나치게 강한 분이셨습니다. 문제는 그 강한 주관을 뒷받침할 교육적 지식이나 통찰력이 미천했다는 점입니다. '잘못된 교육관'이라는 주위의 객관적 평가에도 불구하고, 그분은 자신의 고집을 꺾지 않았습니다. 언제나 "본인만 옳고 타인은 옳지 않다"는 독선적인 생각으로 가득 차 있었고, 이로 인해 교사들과의 마찰은 일상다반사였습니다.

솔직히 말해, 교직원들 사이에서는 '혹시 열등의식이 있는 것은 아닐까?'라는 의문이 공공연하게 돌았습니다. 끊임없이 타인의 의견을 무시하고 자신의 뜻만을 관철하려는 모습은 건강한 리더십과는 거리가 멀었습니다. 리더가 끊임없이 마찰을 조장하는 상황에서 학교가 평화롭기를 기대하는 것은 불가능했습니다.

편애와 편파가 만든 갈등의 골

E 교장님의 리더십 중 가장 심각했던 문제는 노골적인 편애와 편파적인 학교 운영이었습니다. 그분은 특정 교사들과의 친밀도만을 강조하며 학교 내에 인위적으로 편 가르기를 조장했습니다. 마치 학교가 하나의 작은 왕국인 양, '주류'와 '비주류'를 나누는 분위기가 형성되었고, 이로 인해 비주류로 여겨진 많은 교사들은 심각한 소외감을 느꼈습니다.

학교는 교육이라는 공동의 목표를 위해 협력해야 하는 곳입니다. 하지만 E 교장님은 자신의 개인적인 감정과 친분 관계를 기준으로 학교 행정을 운영했습니다. 주위에서는 그분을 두고 **"같이 근무하기에 부적합하다"**는 객관적인 평이 지배적이었지만, 정작 그분만은 자신의 행동이 초래하는 결과를 전혀 인지하지 못하는 듯했습니다. 스스로를 성찰할 기미조차 보이지 않았습니다.

인력 유출과 성찰의 부재

결국, E 교장님의 독선적인 태도와 문제에 대한 무관심("갈 테면 가라"는 식의 방임)은 돌이킬 수 없는 결과를 낳았습니다. 학교의 미래를 위해 꼭 필요했던 유능한 교사들이 근무 기간을 채우지 못하고 학교를 떠나는 일이 잦아졌습니다. 그들의 퇴직은 학교의 교육력을 심각하게 약화시켰습니다.

하지만 충격적이게도, 학교에 문제가 생겨 인력이 유출되는 상황에서도 E 교장님은 그 원인을 성찰하는 고민 의식이 전무했습니다. 모든 문제의 원인을 외부나 남 탓으로 돌리는 무책임한 태도를 보였습니다. 리더의 책임감과 문제 해결 의지가 완전히 결여된 상황에서 학교 교육이 잘될 리는 만무했습니다.

E 교장님은 우리에게 쓰라린 교훈을 남겼습니다. 리더 한 사람의 독단과 편애가 어떻게 교육 현장을 파괴하고 소중한 인력을 유출시키는지를 명확하게 보여준 사례였습니다. 그분과의 근무는 힘들었지만, 동시에 '좋은 리더란 어떤 사람인가'에 대해 깊이 생각하게 만드는 계기가 되었습니다. 학교는 리더의 비전과 포용력으로 성장한다는 평범한 진리를, 우리는 가장 고통스러운 방식으로 깨달아야 했습니다.

헌신의 교단, '교실로 돌아온 리더' F 교장 이야기

우리는 살면서 수많은 리더를 만납니다. 그중에는 권위를 내세우는 행정가도 있고, 변화를 외치는 혁신가도 있죠. 하지만 F 교장님처럼 **'교실로 돌아온 리더'**의 헌신적인 모습을 목격하는 것은 흔치 않은 축복입니다. 그분의 삶은 단순히 학교를 운영하는 행정가의 역할에 머무르지 않았습니다. 오히려 교직의 가장 본질적인 가치, 즉 '수업과 학생' 속으로 깊숙이 들어가 그것을 몸소 실천한 진정한 교육자의 표본이었습니다.

교장실 대신 교단에서

F 교장님을 수식하는 가장 강력한 단어는 단연 "수업하는 교장"이었습니다.

앞선 시대의 리더들이 교장실이라는 울타리 안에서 행정의 효율성을 고민했다면, F 교장님은 그와 완전히 대척점에 서 계셨습니다. 교장실의 행정가가 아닌, **'교실로 돌아온 리더'**로서 그분은 학교의 가장 핵심적인 현장인 교단을 떠나지 않으셨습니다.

선생님들의 부재로 수업 결손이 발생하면, 그분은 잠시도 주저하지 않고 직접 교실로 향하셨습니다. 정장을 입은 교장 선생님이 칠판 앞에 서서 학생들을 가르치는 모습은 학교 구성원 모두에게 큰 귀감이자, 놀라움을 안겨주는 일상이었습니다. 이는 단순한 '대신 수업'을 넘어, 학교의 리더가 교육의 본질을 얼마나 중요하게 생각하는지를 보여주는 헌신의 증표였습니다. 교장이라는 직책이 주는 권위와 책임감 속에서도, 그분은 스스로를 '가장 큰 선생님'의 역할로 낮추어 놓았습니다.

헌신과 혁신의 두 바퀴

F 교장님에게는 **"학교가 바뀌어야 한다"**는 강한 신념과 혁신적인 생각이 있었습니다. 하지만 그분의 혁신은 책상 위에서 나오는 구호가 아니

었습니다. 바로 **'헌신'**을 바탕으로 한, 지극히 실천적인 변화였습니다. 1년 내내 정문 지도에 열심이었던 모습은 그분의 성실함을 대변합니다. 하루에도 여러 차례 학교 구석구석, 특히 교실을 순회하며 학생들과 교사들의 일상을 함께 하셨습니다. 그분은 마치 학교 전체의 심장처럼 뛰시며, 구성원들의 가장 가까운 곳에서 학교의 활력을 불어넣는 역할을 하셨습니다.

특히, F 교장님의 깊은 애정과 열정은 문제 학생 지도에서 빛을 발했습니다. 소외되거나 방치될 수 있는 학생들에게는 그분의 따뜻한 관심이 큰 의지가 되어주었습니다. 단순히 규칙을 적용하는 것을 넘어, 한 명 한 명의 학생을 진심으로 이해하고 그들의 성장을 돕고자 하는 교육자로서의 남다른 열의가 느껴지는 부분이었습니다. 학교가 학생들에게 단순히 지식을 전달하는 곳이 아니라, 따뜻한 울타리가 되어야 한다는 그분의 교육 철학이 고스란히 배어 있었습니다.

영원한 교육자의 길

우리는 흔히 정년퇴임 후의 삶을 '제2의 인생'이라 부릅니다. 하지만 F 교장님에게 이 말은 새로운 의미를 갖습니다. 정년퇴임 이후에도 학교를 떠나지 못하고 고등학교에서 제2의 인생을 살고 계시다는 소식은, 그분이 교육을 천직으로 여기고 있다는 가장 확실한 증거입니다.

그분의 삶은 '리더'의 진정한 정의를 다시 생각하게 합니다. 리더는 군

림하는 자가 아니라, 가장 낮은 곳에서 가장 중요한 가치를 실천하는 자라는 것을 F 교장님은 몸소 보여주셨습니다. 그분은 행정의 효율성보다 교육의 본질을, 권위보다 헌신을 선택하셨습니다. F 교장님이 우리 학교에 불어넣었던 긍정적인 활력과, 학생들 개개인에게 심어준 희망은 시간이 지나도 결코 사라지지 않을 것입니다. 그분은 '교실로 돌아온 리더'로서, 영원히 우리 모두의 기억 속에 진정한 교육자의 모범으로 남아 있을 것입니다.

제시된 여섯 교장 유형의 특징을 분석하고 정리해 봤습니다.

나의 교직 35년, 그 그림자 속 교장들

교장	경영 스타일 (리더십 및 업무 처리)	교직원 관계 (소통 및 문화)	교육적 평가 (소신 및 성과)	퇴임 후/ 현재 (평가 및 삶)
A 교장	확고한 경영 목표 제시 (부임 직후) - 폭넓은 지식과 소신을 바탕으로 강력하게 학교 경영. - 다방면에 아는 지인이 많음.	교원단체에 대한 확고한 신념. - 모든 관점을 '교육적 관점'에 두어 불만을 제기하기 어렵게 만드는 유형.	전문직 경험 바탕의 지식과 강한 소신. - 학교 문제점(흡연 문제)을 직시하고 지속적으로 지도하여 학생 교육에 앞장섬.	많은 교사들과 학부모들로부터 인정받음
B 교장	교사/학생 중심의 안정적 경영. - 교감과 협의하여 문제 해결 (경청 자세). - 권위를 내세우지 않고 소탈하나 업무는 꼼꼼하게 처리.	교사 보호에 앞장서는 교장으로 유명. - 큰소리가 들리지 않는 안정적 분위기 조성.	인성교육에 치중한 교육 방침. - "학생다운 학생"을 길러야 한다는 확고한 소신.	퇴임 후에도 따르는 교사가 많음. - 전 교직원의 성대한 퇴임식 요구할 만큼 훌륭한 교장으로 기억됨.

교장	경영 스타일 (리더십 및 업무 처리)	교직원 관계 (소통 및 문화)	교육적 평가 (소신 및 성과)	퇴임 후/ 현재 (평가 및 삶)
C 교장	교육법에 능통("걸어 다니는 법전"). - 존중을 바탕으로 시끄러웠던 학교를 안정적으로 정리함. - 예산 집행의 목적을 자세히 설명하여 투명하게 운영.	본인을 낮추고 교사 존중하는 최고의 교장. - 청렴결백 (커피 한 잔도 대접 받지 않음). - 초과근무 시 본인 주머니 돈으로 격려	사립학교 출신, 전문직, 교육부 경력의 최고의 전문성. - 교사의 전문성을 인정하고 학교 운영에 반영. - 외적 문제는 교장 책임 하에 자연스럽게 처리	퇴임 후에도 연락하는 교사들이 많음.
D 교장	무색무취, 목표 및 방향성 전무. - 본인이 교장인 이유를 인식하지 못함. - 예산 결정을 미루고 행정실장에게만 의존하는 무책임한 결단력 부재.	현실에 안주하는 교사들에게는 마찰이 없어 편안함	법적/교육적 타당성이 있어도 책임 회피 (결정 못함). - 새로운 교육계획에 민감하지 않아 학교 발전 저해. - 잘못된 판단으로 교육을 망치는 사례 발생	언급 없음 (학교 발전에 기여하지 못했음을 시사).
E 교장	교육적 지식 없이 주관이 강함 (독단). - 본인만 옳고 타인은 옳지 않다는 고집이 강한 유형.	교사들과의 마찰이 심각함. - 특정 교사들만 편애하는 편파적 운영. - 문제 발생 시 모두 남 탓으로 돌림. - 피곤하고 열등의식이 의심되는 스타일	잘못된 교육관으로 학교 운영하여 교육 성과 기대 불가. - 학교 문제에 대한 고민 의식이 전무함.	주위 평가는 같이 근무하기 부적합. - 근무기간을 채우지 않고 떠나는 교사가 많음.

교장	경영 스타일 (리더십 및 업무 처리)	교직원 관계 (소통 및 문화)	교육적 평가 (소신 및 성과)	퇴임 후/ 현재 (평가 및 삶)
F 교장	혁신적이며 학교가 바뀌어야 한다는 강한 의지. - 부지런하게 교실을 하루에도 여러 차례 순회. - 1년 내내 정문 지도 에 열심	권위적 자신감형. 업무에는 자신감 넘치나, 교육의 본질보다 자기 위주의 교육을 선호	'수업하는 교장'으로 유명 (수업 전문성). - 문제 학생 지도에 남 다른 열의를 가짐	정년퇴임 후에도 쉬지 않고 고등학교에서 제2의 인생을 살고 있음 (현재 진행형).

맺음말

35년의 교직 생활은 이 여섯 분의 교장 선생님들과의 만남으로 완성되었습니다. A, B, C, F 교장님을 통해 리더의 소신, 존중, 전문성, 그리고 헌신이 학교를 성장시키는 동력임을 배웠습니다. 반면, D 교장과 E 교장님을 통해 무능, 독단, 책임 회피가 교육 현장을 얼마나 쉽게 망가뜨릴 수 있는지 뼈저리게 경험했습니다.

이 그림자 속의 교장들은 나의 교직 인생에서 가장 값진 교훈이자, 내가 언젠가 누군가를 이끌어야 할 때 반드시 피해야 할 실수의 목록이 되었습니다. 교육 현장은 결국 리더의 거울이며, 좋은 리더는 학교를 빛나게 하고, 그렇지 못한 리더는 그림자를 드리운다는 단순한 진리를 깨달으며 나의 교직 35년을 마무리합니다.

교단에서 마주한 현실, 능력, 관계, 그리고 시스템의 덫 (35년 5개월 교직 생활의 회고)

35년 5개월이라는 긴 시간 동안 교단에 서며, 필자는 교육에 대한 헌신과 열정으로 가득 찬 수많은 동료들의 빛과 그림자를 목격했습니다. 이 기간 동안 제가 깨달은 가장 뼈아픈 진실은, 우리 교육 시스템이 유능한 교사에게는 좌절을 안겨주고, 무능한 교사에게는 무책임의 방패를 제공하며, 궁극적으로는 아이들의 학습권을 위협하는 거대한 덫을 품고 있다는 사실을 기록으로 남겨 봅니다.

능력과 헌신의 배신: 승진을 좌우하는 비합리적 인사 시스템

학교 현장의 가장 큰 모순은 객관적인 능력과 노력이 정당하게 보상받지 못하는 인사 구조입니다. B교사나 C교사처럼 수업, 행정, 대인 관계 모든 면에서 완벽하여 학교 전체에 기여한 '관리자 기대주'들이 승진 문턱에서 좌절하는 모습은 충격적이었습니다.

이들이 좌절하는 이유는 바로 '관계'와 '주관적 판단'의 횡포 때문입니다. 수십 년간 쌓아 올린 경력, 연수, 가산점 등의 객관적인 성과가 무색하게, 승진은 최종적으로 교장의 사적인 '근무 성적 평정(근평)'이라는 주관적인 잣대에 의해 결정됩니다. "열심히 하는 교사는 많지만, 나에게 잘하는 교사가 필요하다"는 교장의 한마디는, 능력주의가 무너지고 상사에 대한 충성도가 공적인 노력을 압도하는 왜곡된 관료주의적 폐해를 명확히 보여줍니다. 결국 C교사의 사례처럼, 우직하게 교육에만 몰두한 인재들이 시스템의 냉혹함에 절망하여 명예퇴직을 선택하는 것은, 우리 아이들의 교육 기회를 스스로 박탈하는 행위와 다를 바 없습니다.

무책임의 방패: 학생 학습권을 침해하는 경직된 고용 구조

반면, 가장 무능하고 문제가 있는 교사가 가장 안전하게 정년을 보장받는다는 역설적인 현실은 교육의 근간을 흔듭니다. A교사의 사례는 시스템의 맹점을 여실히 드러냅니다. 그는 기본적인 학교 업무를 미루고, 수업 시간에는 그저 시간을 때우며 교실을 '난장판'으로 만들었습니다. 이로 인해 학생들은 제대로 된 교육을 받을 권리를 박탈당했고, 옆반 동료 교사의 수업마저 방해받는 지경에 이르렀습니다.

더 심각한 것은 학교가 이를 통제하지 못한다는 사실입니다. 교감 선생님조차 포기하게 만드는 무력함 속에서, 학교는 '교권 보호'라는 명분 아래 A교사를 철저히 감쌌습니다. 교권은 존중되어야 마땅하지만, 그것이 무능력한 교사의 직무유기에 대한 면죄부로 작용하여 학생의 학습권을 침해하고 정년까지 교단에 머물도록 허용하는 경직된 고용 구조는 반드시 개선되어야 할 교육계의 아픈 단면입니다.

교육전문직 제도의 정체성 혼란: 전문성이 아닌 승진의 '패스트 트랙'

교육의 전문성을 강화해야 할 교육전문직(장학사) 제도가 학교 관리직(교감/교장)으로의 진입을 위한 엘리트 코스로 변질된 현상 역시 문제입니다. D교사나 E교사의 사례에서 보듯, 교육전문직은 학교 관리직 정원의 희소성이라는 구조적 문제 속에서 '승진을 보장하는 안전한 통로'로 인식되고 있습니다.

이들은 수련원 파견 등 전문성과 직접적인 관련이 적은 경로를 통해 특혜를 누리거나, 시험 합격을 위해 '아이들'이 아닌 '시험'과 '승진'에 최적화된 쇼맨십을 발휘합니다. 저는 35년 넘는 교직 생활 동안 교육전문직이 학생들 앞에서 깊이 있는 통찰이 담긴 수업을 시연하는 것을 단 한 번도 본 적이 없습니다. 이는 그들의 '전문성'이 교육의 본질인 '가르침'과는 거리가 멀고, 오직 '행정가로서의 능력'과 '승진 가속화'에 초점을 맞추고 있음을 시사합니다. 전문성 검증이 미흡한 이들이 학교 관리자가 될 경우, 학교 운영은 행정 편의주의에 치우치고 현장 지원과는 괴리될 위험이 높습니다.

결론: 시스템의 덫과 남겨진 질문

한국의 학교 현장은 유능함이 좌절되는 인사 시스템, 무책임이 보호받는 고용 구조, 그리고 승진을 위한 전문직 제도의 왜곡이라는 세 가지 덫에 갇혀 있습니다. 헌신적인 교사가 좌절하고 무능한 교사가 시스템의 보호를 받는 이 구조적 모순 속에서, 우리는 과연 누구를 위한 교육을 하고 있는 것일까요? 쓸쓸하지만, 이 문제의 근본적인 재설계 없이는 공교육의 질적 향상을 기대하기 어렵다는 것이 35년 5개월간 교단을 지킨 한 교육자로서의 냉철한 회고입니다. 다만, 모든 전문직이 전문성이 결여되거나 능력이 부족하다는 것이 아니라 제도의 개선이 필요하지 않을까하는 의견입니다. 전문직은 전문성 향상을 위하여 교육청에서 근무하는 제도의 운영을 고민해볼 필요가 있다고 봅니다.

A교사

'속수무책의 교실'을 지켜본 한 교사의 회고

그를 둘러싼 무거운 침묵

우리 학교에 'A교사'가 부임했을 때, 사실 처음에는 모두가 그저 새로운 동료를 맞이하는 분위기였습니다. 하지만 시간이 흐를수록, 그의 주변에는 묘한 기류가 감돌기 시작했습니다. 특히 학기가 시작되고 얼마 지나지 않아, 우리는 A교사의 교실 옆에서 수업을 진행하는 일이 얼마나 고역인지를 뼈저리게 깨달았습니다.

솔직히 말해, 그는 교사로서의 기본적인 역할을 수행하지 못했습니다. NEIS(교육행정정보시스템) 같은 필수적인 학교 업무는 늘 미루어졌고, 수업 시간표에 맞춰 교실에 '간신히' 들어가는 것 외에는 어떠한 업무도 수행하지 못한다. 그의 수업은 그저 시간을 때우는 행위, 그 이상도 이하도 아니었습니다. 중요한 것은, 그로 인해 발생하는 피해는 고스란히 아이들의 몫이었다는 사실입니다.

난장판이 된 교육의 공간

A교사의 교실은 말 그대로 '난장판'이었습니다. 학생 통제가 전혀 되지 않아, 수업 시간 내내 고성이 오가고 소란이 끊이지 않았습니다. 옆 반에서 수업을 하던 저는 종종 문을 닫아도 넘어오는 소음에 인상을 찌푸려야 했습니다. 다른 아이들의 학습권은 심각하게 침해받았고, 교사

로서의 기본적인 권위와 존중마저 상실된 공간이었습니다.

아이들은 혼란스러워했습니다. "왜 저런 선생님이 계속 우리를 가르쳐야 하느냐"는 질문에, 저는 속 시원한 답을 해줄 수 없었습니다. 그들의 눈빛에는 분노보다는 '속수무책'의 현실을 마주한 무력감이 담겨 있었습니다. 아이들의 순수한 학습 열망은 그 교실에서 무참히 짓밟히고 있었습니다.

'교권'이라는 이름의 역설

학교 본부의 대응은 더욱 답답했습니다. A교사의 명백한 직무 태만과 수업 난맥상에도 불구하고, 학교는 '교권 보호'라는 명분 아래 그를 철저히 감쌌습니다. 시스템은 이런 유형의 교사를 걸러내지 못했고, 오히려 그들의 정년을 보장하는 데 초점을 맞추고 있는 듯했습니다.

교감 선생님은 초반에는 어떻게든 관리하고 개선해보려 애쓰셨습니다. 수없이 면담을 시도하고 업무를 지도하려 노력하는 모습을 보았습니다. 하지만 어느 순간, 그마저도 지쳐 포기하는 듯한 모습을 보이셨습니다. 교감마저 포기한 순간, 학교는 거대한 무력감에 휩싸였습니다.

피해는 결국 남은 동료 교사들과, 가장 중요한 학생들에게 전가되었지만, 학교라는 조직은 거대한 벽처럼 속수무책이었습니다.

정년을 보장하는 나라의 슬픈 풍경

A교사를 보면서, 저는 대한민국이라는 사회가 교사에게 부여하는 정년 보장의 의미를 다시 생각하게 됩니다. 헌신적이고 사명감 넘치는 교사에게는 당연히 존중받아야 할 권리이지만, A교사처럼 직무를 유기하는 이들에게는 이 제도가 교육의 질을 저해하는 '방패'로 작용하고 있었습니다.

아이들의 교육은 멈출 수 없습니다. 저와 다른 동료 교사들은 A교사가 만들어낸 '교육 공백'을 메우기 위해 더 많은 시간을 투자하고, 더 많은 에너지를 쏟아내야 했습니다. 하지만 우리는 압니다. 교사 한 명의 몫을 다른 이들이 온전히 채울 수는 없다는 것을.

이 모든 상황을 지켜보며 저는 깊은 회의감에 빠집니다. 왜 이 나라의 교육 시스템은 아이들의 학습권보다 무책임한 한 교사의 정년을 더 중요하게 보호하는 것일까요? 씁쓸하지만, A교사는 아마도 이대로 교단에 서서 정년을 채울 것입니다. 그리고 그 피해는 오랫동안 아이들의 마음에 씻을 수 없는 상처로 남을 것입니다. 교육 현장의 한 사람으로서, 이 현실이 너무나 아프고 슬픕니다.

B교사

교직의 큰 별, B 선생님의 흔들림 없는 본분

능력과 열정으로 쌓아 올린 시간

　교직 생활을 통틀어 B 선생님만큼 '능력'과 '열정'이라는 단어가 잘 어울리는 분은 찾기 힘들 겁니다. 그분의 교육 활동은 늘 완벽에 가까웠습니다. 수업 준비에 있어서는 타의 추종을 불허했고, 까다로운 학교 행정 업무도 군더더기 없이 깔끔하게 처리하셨죠. 특히 동료 교사들과의 관계에서도 늘 원만함을 유지하며 학교 전체의 분위기를 이끄는 핵심 인물이었습니다.

　발군의 실력은 빠르게 빛을 발했습니다. 이른 나이에 학교의 핵심 보직인 교무부장을 맡으셨을 때도, 그 거대한 업무량을 훌륭하게 소화해내는 것을 보며 모두가 감탄했죠. 주위에서는 "B 선생님은 분명 관리자(교감, 교장)로 승진할 것"이라고 확신했습니다. 승진에 필요한 객관적인 점수(경력, 연수, 가산점 등) 역시 차곡차곡 빈틈없이 채워나가고 계셨으니까요.

　전 학교에서 성공적인 임기를 마치고, B 선생님이 새로운 학교로 인사 이동을 하실 때도, 모두가 "다음은 교감이다"라고 입을 모았습니다. 새로운 학교에서도 B 선생님은 변함없이 최선을 다하셨습니다. 그분의 성실함과 능력은 마치 늘 같은 궤도를 도는 별처럼 믿음직스러웠습니다.

예기치 않은 '좌절', 11월의 차가운 진실

교직 사회에서 11월은 승진을 앞둔 분들에게는 가장 신경이 쓰이는 계절입니다. 바로 '근무성적평정(근평)' 기간이기 때문이죠. 그 해, 모두가 예상했던 대로 B 선생님이 승진의 기회를 잡을 것이라 생각했습니다.

하지만, 결과는 우리의 예상을 완전히 빗나갔습니다.

교장 선생님과의 면담 후 전해진 이야기는 충격적이었습니다. 교장 선생님은 B 선생님에게 이렇게 말했다고 합니다. "학교에 B선생님처럼 능력 있고 열심히 하는 교사는 많다. 다만 나에게 잘하는 교사가 필요하다" 이 한마디는 B 선생님의 모든 노력을 무색하게 만드는, 차갑고 현실적인 벽이었습니다.

결국 B 선생님은 교장의 '낙점'을 받지 못했고, 승진 후보자 명부에서 밀려나고 말았습니다. 실력과 공적인 노력이 아닌, '교장 개인에게 얼마나 잘 보이느냐' 하는 주관적인 잣대가 승진의 결정적인 요인이 될 수 있다는 쓸쓸한 현실을 모두가 목격하게 된 순간이었습니다.

B 선생님의 좌절감은 이루 말할 수 없었을 것입니다.

본분을 지킨 교육자, 영원한 귀감으로

보통 이런 일을 겪으면, 많은 사람이 의욕을 잃거나 교육 활동에 소극적으로 변하기 마련입니다. 그러나 B 선생님은 달랐습니다.

승진이라는 개인적인 목표는 계획대로 이루어지지 않았지만, 그분은 끝까지 흔들리지 않았습니다. 오히려 그 좌절을 딛고 더욱 깊은 교육철학을 보여주셨습니다. 수업, 학생 지도, 동료와의 협력, 어느 것 하나 소홀함이 없었으며, 처음 교단에 섰던 그 마음 그대로 마지막까지 최선을 다했습니다.

B 선생님은 승진이라는 '직위'를 얻지는 못했지만, 교육자로서의 '본분'과 '존경'이라는 더 큰 가치를 얻으셨습니다. 자신의 실력과 진심이 당장 인정받지 못하더라도, 타협하지 않고 묵묵히 제 길을 걸어가는 그분의 모습은 후배 교사들에게 가장 훌륭한 교과서가 되었습니다.

우리는 B 선생님을 통해 진정한 교육자의 모습을 배웁니다. 승진은 늦춰지거나 영원히 오지 않을 수도 있지만, '열심히 가르치는 교사'로서 남긴 귀한 발자취는 우리 학교의 역사에 영원히 남아있을 것입니다.

C교사

필자는 성실했던 한 교사의 쓸쓸한 퇴장을 기록한다.

어느 완벽한 교육자의 그림자, 모두가 알았던 단 하나의 예외

나는 오랫동안 교육 현장을 지켜봐 온 동료 교사이다.

수많은 이들의 승진과 좌절을 목격했지만, C교사만큼은 예외일 것이라 믿어 의심치 않았다. 그는 모두가 인정하는 '완벽한 교사'의 표본이었다.

학생들에게는 그의 이름 석 자만큼이나 정성스러운 교육을 제공했다. 그의 수업은 살아 숨 쉬었고, 방과 후에도 아이들의 고민을 듣기 위해 기꺼이 시간을 내주었다. 동료 교사들 사이에서는 '업무 관리의 신(神)'으로 통했다. 복잡하게 얽힌 학교 행정을 군더더기 없이 처리하면서도, 사람들과의 관계에서는 늘 원만하고 유연했다. 그는 절대로 자신의 공을 내세우지 않았고, 항상 '우리'의 성과로 돌렸다.

교감, 교장 선생님들과의 관계도 흠잡을 데가 없었다. 보고는 명료했고, 건의는 합리적이었다. 학교의 안정과 교육 활동의 질적 향상, 그 모든 것에 C교사의 성실한 땀방울이 배어 있었다. 만일 그가 관리자로 승진한다면, 이 학교는 물론 교육 전체가 한 단계 도약할 것이라는 기대가 모두의 마음속에 자리 잡고 있었다.

성실의 무게가 닿지 않는 곳

그러나 모두의 예상은 보기 좋게 빗나갔다. C교사의 이름은 승진자 명단에서 찾아볼 수 없었다. 모두가 술렁였다. '도대체 이유가 무엇인가?' '설마, 운이 없었던 걸까?'

시간이 흘러 C교사는 학군을 달리하여 학교를 옮기게 되었다. 새로운 학교에서 그는 다시금 자신의 진가를 입증하기 위해 묵묵히 교육 활동에 매진했다. 그러나 그곳에서 그는 더 냉혹하고 구조적인 현실과 마주했다.

그 학교는 이미 수십 년간 뿌리내린 '기득권' 교사들로 굳건히 짜인 카르텔이 존재했다. 이들은 보이지 않는 규율로 승진의 흐름을 통제하고 있었다. C교사가 쌓아 올린 교육 경력, 연수 점수, 가산점 등 객관적인 '성실의 증표'들은 그들 앞에 놓인 거대한 장벽 앞에서 힘을 잃었다.

"성실하게 교육만 잘하면 된다"는 말은 그저 순진한 구호에 불과했다. 승진의 피날레는 결국 교장의 '근무 성적 평정(근평)'이라는 마지막 관문에 달려 있었다. 교장의 주관적인 판단과 관계가 결정적인 역할을 하는 구조였다. 이 단계에서 미끄러지면, 지난 20년간 공들여 쌓아온 모든 점수탑은 모래성처럼 무너져 내렸다.

C교사는 깨달았다. 이 시스템은 '교육적 역량'을 측정하는 것이 아니라, '관리자에 대한 충성도'와 '주어진 운'을 시험하는 경쟁이었다는 것을. 그는 누구보다 뛰어난 능력과 인품을 가졌지만, 교장과의 '특별한 관계'라는 비가시적인 티켓은 획득하지 못했다.

쓸쓸한 퇴장, 그리고 남겨진 질문

그를 지켜보는 나의 마음은 착잡함을 넘어 분노에 가까웠다. C교사 같은 인물이 관리자가 되어야 학교가 안정되고, 왜곡된 승진 문화가 바로잡힐 수 있는데, 정작 그와 같은 우직한 인재들은 시스템의 가장자리로 밀려나고 있었다.

"어쩌면 C교사는 승진을 위해 비위를 맞추거나 줄을 서는 행동을 할 수 없었던, 마지막 자존심을 지켰던 교사였는지 모른다."

이따금 우리는 퇴근 후 맥주 한 잔을 기울이며, 교육의 이상과 현실에 대해 긴 대화를 나누곤 했다. 그는 늘 조용했지만, 그 한 마디 한 마디에는 깊은 회의감이 서려 있었다.

"나도 이제 포기해야겠지. 이토록 중요한 교육이, 결국 운과 관계에 의해 좌우되는 이 구조에서, 나는 그저 성실했던 죄밖에 없으니까."

결국 C교사는 관리자로서 학교를 이끌어보겠다는 꿈을 접었다. 그는 성실하게 자신의 남은 정년을 채우지 않고 명예퇴직을 했다. 그의 명예퇴직은 그토록 많은 이들에게 귀감이 되었던 한 교사의 쓸쓸하고 조용한 퇴장이었다.

나는 지금도 궁금하다. 모두가 인정하는 최고의 교사가 승진하지 못하는 이 구조에서, 우리는 과연 누구를 위한 교육을 하고 있는 것일까? 그리고 C교사처럼 묵묵히 교육에 보탬이 되는 길을 걸어가는 수많은 교사들의 노력이 이처럼 허무하게 끝나도 되는 것일까? 그의 빈자리는, 우리 교육계에 던져진 무겁고도 외로운 질문으로 남아있다.

D교사

교육전문직 제도: '전문성'과 '승진 경로' 사이의 딜레마

학교 관리직 승진의 '바늘구멍'과 교육전문직 제도의 역할

구조적 문제: 협소한 승진 기회

학교 현장에서 교감, 교장으로 승진하는 길은 극히 험난합니다. 학교당 1명(대규모 학교는 2명)이라는 관리직 정원의 한계는 대부분의 교사에게 좌절감을 안겨줍니다. 이는 개개인의 능력과 무관하게 승진 자체가 '희소 자원'이 되는 구조적 문제입니다. 이러한 배경에서 교사들은 승진에 대한 강한 욕구를 가지게 되며, 자연스럽게 다른 통로를 모색하게 됩니다.

교육전문직의 '대안적 승진 경로'화

교육전문직은 본래 교육정책의 기획, 연구, 장학(컨설팅 및 지도) 등을 통해 교육의 전문성을 향상하고 현장을 지원하기 위해 만들어진 직군입니다. 그러나 현실적으로 이 제도는 교감/교장으로 가는 가장 확실하고 빠른 대안적 승진 통로로 기능하고 있습니다.

승진 보장: 교육전문직(장학사/연구사)으로 전직 후 일정 기간(의무 근속연수)을 채우면 교감 자격증을, 취득후 추가 경력을 통해 교장 자격증을 비교적 수월하게 취득할 수 있는 제도적 특혜가 존재합니다. 이는

수십 년간 학교 현장에서 근무 평정, 가산점 등을 치열하게 쌓아야 하는 일반 교사의 승진 경로와는 대비됩니다.

'허들만 넘으면'의 보상: 교육전문직 선발 시험(경쟁률이 매우 높지만)이라는 '허들'을 한 번 넘으면, 사실상 관리직으로의 장기 근무가 보장되는 환경이 조성됩니다. "출세를 보장"하는 경로로 인식되는 이유입니다.

제도의 본래 목적과 현실의 괴리,. '전문성 향상'의 의문

제도의 명칭은 '교육전문직'이며, 목적은 교육정책 및 행정 분야의 전문성 향상에 있습니다. 그러나 현실적으로 승진 욕구가 강한 교사들이 관리직으로 가기 위한 징검다리로 활용하려는 동기가 강하게 작용합니다.

• 동기의 문제: 전문성 향상 자체가 1차적 목표가 아닌, '승진 가속'이 1차적 목표가 될 때, 교육전문직원의 직무 수행 동기 및 초점은 교육 본연의 전문성 발휘보다는 승진 요건 충족에 맞춰질 위험이 있습니다.

• 순환보직의 한계: 교육전문직원들은 교육청이나 연구기관에서 일하다가 다시 학교 관리직(교감/교장)으로 돌아갑니다. 이는 전문 행정가로서의 지속적인 역량 축적보다는, 학교 현장과 행정 기관을 순환하며 승진하는 구조를 만듭니다. 이 순환 과정이 교육 행정 및 정책 전문성을 충분히 심화시키는가에 대한 의문이 제기됩니다. 특히, "수련원에 파견되어 몇 년을 고생하다가 수련교사로 교육전문직의 행운을 갖

게 된다"는 사례는, 전문성과 직접적인 관련이 적은 기관 파견이 승진의 특혜로 연결되는 '비이성적' 구조의 단면을 보여줍니다.

현장 교사의 '의아함'의 근원

학교 현장 교사들이 이 제도를 의아하게 바라보는 것은 다음과 같은 불공정성에 대한 인식 때문입니다. 기회의 불평등: 같은 교직 사회에 있으면서도, 특정 시험/파견을 통해 '로또'처럼 승진 기회를 선점하는 경로가 존재한다는 사실에 박탈감을 느낍니다.

열심히 현장에서 학생을 지도하며 승진 점수를 쌓아 온 교사들의 노력과 형평성 문제가 발생합니다.

• 정책 전문성의 의문: 승진을 목적으로 교육청에 진입한 이들이 과연 학교 현장을 실질적으로 지원할 수 있는 전문적인 정책을 수립하고 집행할 수 있을지에 대한 근본적인 회의감이 생길 수 있습니다.

냉철한 제도의 기능적 분석

교육전문직 제도는 비판받는 측면에도 불구하고, 다음과 같은 기능적 측면을 수행하고 있습니다.

긍정적 기능: 현장 전문가의 행정 유입

현장 경험이 풍부한 교사를 교육 행정가로 유입시켜, 탁상공론이 아닌 현장 감수성이 있는 정책을 수립하도록 하는 순기능이 있습니다. 교육부/교육청 직원이 교육 행정 전공자로만 구성될 경우 발생할 수 있는 현장 괴리를 막는 완충 역할입니다.

제도적 폐해: '선택과 집중'의 유인

이 제도는 교사들에게 승진이라는 강력한 보상을 걸어 교육정책 및 행정 역량 강화에 '선택과 집중'하도록 유인하는 측면이 있습니다. 승진 가속화를 대가로 치열한 경쟁을 통해 일정 수준 이상의 인력을 선발하고, 이들에게 정책 추진 동력을 부여하는 것입니다.

개선의 필요성

제도 자체가 출세를 보장하는 경로로 인식되는 한, '전문성 향상'이라는 본래의 가치는 퇴색할 수밖에 없습니다. 현장의 비판적 시각을 해소하고 제도의 정당성을 확보하기 위해서는 다음과 같은 개선이 필요합니다.

- 승진과의 연계 약화: 교육전문직이 필수적으로 관리직으로 전직되는 경로를 약화하고, 전문직원으로서 교육 행정가로 계속 근무할 수 있는 별도의 전문직 트랙을 강화하여 전문성의 연속성을 확보해야 합니다.

- 선발의 투명성 및 전문성 강화: 시험의 내용과 평가 방식이 단순한 지식 측정이나 운(수련원 파견 등)이 아닌, 교육정책 기획 및 현장 컨설

팅 역량을 실질적으로 측정하도록 개선해야 합니다.

• 학교 관리직 승진 제도 개선: 학교 관리직 정원을 소폭 늘리거나(예: 부교장제 도입 등), 승진 점수제가 아닌 역량 중심의 관리직 선발 제도 (공모제 등)를 확대하여, 교육전문직으로 우회하지 않고도 현장에서 충분히 인정받아 관리직이 될 수 있는 경로를 확보해야 합니다.

결론적으로, 대한민국의 교육전문직 제도는 학교 관리직 정원의 희소성이라는 구조적 문제와 교육 행정의 전문성 확보라는 정책적 목표가 교차하며 '승진 보장 경로'로 변질된 독특한 현상입니다.

이는 전문직의 역량 강화라는 긍정적 측면과 현장 교사의 불만 및 기회 불평등이라는 부정적 측면을 동시에 안고 있는 딜레마로, 제도의 본래 취지를 살리기 위한 근본적인 재설계가 요구됩니다.

E교사
누가 그들에게 '전문'이라는 이름을 부여했는가

나는 교육전문직, 소위 '장학사'를 꿈꾸는 한 동료 교사의 그림자를 지켜보는 사람입니다.

우리 모두는 교육전문직이라면 응당 교단에서 탁월한 전문성을 꽃피우고, 학생들의 성장을 이끌어내는 데 능수능란할 것이라 믿었습니다. 하지만 아이러니하게도, 그들의 '전문성'은 수업의 탁월함과는 거리가 멀어 보입니다.

나는 교직생활 35년 5개월 동안 단 한 번도 교육전문직이 학생들 앞에서 깊이 있는 통찰이 담긴 수업을 시연하는 것을 본 적이 없습니다.

도대체 무엇이 그들을 교육 '전문직'으로 만드는 것일까요?

그들의 주요 업무는 학교 현장을 지원하는 행정 업무와 장학 활동이라지만, 정작 현장 교사들의 피부에 와닿는 실질적인 도움보다는 규정과 지침을 전달하는 행정가에 가깝다는 인상을 지울 수 없습니다. 행정 전문가가 아닌 교사 출신이 굳이 밤샘을 하며 해야 하는 일인가 하는 회의감마저 듭니다. 그들에게 '전문직'의 이름이 붙는 순간, 그들의 역할은 교육의 본질인 '가르침'에서 멀어지는 듯합니다.

승진의 '패스트 트랙', 학교 현장의 씁쓸한 현실

가장 의문스러운 부분은 그들의 승진 경로입니다. 교육전문직들은 왜 교감, 교장으로의 승진에 거의 제약이 없는 것처럼 보이는 걸까요? 일반 교사가 20~30년에 걸쳐 힘들게 승진 자격을 얻는 동안, 그들은 비교적 짧은 기간의 전문직 경력만으로도 '승진의 고속도로'를 달리는 듯합니다.

물론 제도의 변화로 특례 승진이 제한되거나 재전직 의무 근속 기간이 생겼다고는 하지만, 여전히 그들의 경력이 관리직 승진에 유리하게 작용하는 것은 공공연한 사실입니다.

더 나아가, 중등에서 고등학교 경험이 있음에도 중학교 교감으로 승진하는 경우가 많은 일반 교사들과 달리, 교육전문직은 유독 고등학교 발령을 선호하는 경향이 있습니다. 그들이 학교 현장, 특히 고등학교에서 '발군의 실력'을 발휘해 학교를 크게 변화시켰다는 이야기는 현장에서 들어본 적이 없습니다.

그들이 현장에 돌아왔을 때, 학생들의 수업과 평가 현장과는 동떨어진 관리직, 즉 교감·교장으로 바로 투입되는 현실은 그들의 '교육전문성'이 행정가로서의 능력을 의미하는 것은 아닌가 하는 의구심을 키웁니다.

전문직 시험, '쇼맨십'으로 변질된 열정

곁에서 지켜본 E 교사는 장학사 시험에 합격한 후, 현장 실사를 나올 때 평소에는 볼 수 없었던 탁월한 능력을 보여주었습니다. 서류 하나, 말 한마디, 태도 하나까지 완벽하게 준비하는 그 치열함은 실로 놀라웠습니다.

저는 씁쓸함을 느낍니다. E 교사가 장학사가 되기 위해 쏟아부은 그 열정과 노력의 50%만 평소 학교 현장에서 아이들을 가르치는 데 쏟았더라면, 우리의 교육은 분명 지금보다 훨씬 달라졌을 것이라고 믿어 의심치 않습니다.

그들의 능력이 '아이들'이 아닌 '시험'과 '승진'에 최적화되는 과정은, 교육전문직 제도가 본래의 취지인 '학교 교육의 전문적 지원'보다는 '승진을 위한 징검다리' 역할에 더 충실한 것은 아닌지 되묻게 만듭니다.

교육전문직을 향한 우리의 꿈과 기대는 크지만, 그들이 밟는 경로와 현장에서의 모습 사이의 괴리는 때때로 동료 교사로서 큰 상실감을 안겨줍니다. 진정한 교육전문직이라면, 교육 행정의 틀 안에서 현장을 지원하는 것을 넘어, 자신의 뛰어난 '수업 전문성'을 통해 현장의 교사들에게 영감을 주고, 궁극적으로 학생들의 배움을 한 단계 끌어올리는 리더가 되어야 하지 않을까요?

지금의 교육전문직 제도는 그들이 짊어진 '전문직'이라는 이름의 무게와 역할에 대해 근본적인 질문을 던지게 합니다.

교단에서 마주한 현실, 능력, 관계, 그리고 시스템의 덫(2)

학교 현장의 교사는 누구보다 교육에 대한 열정과 전문성을 갖춰야 하는 전문가 집단입니다. 하지만 현실은 개인의 헌신만으로는 해결할 수 없는 깊은 구조적 모순을 품고 있습니다. 다섯 명의 교사 사례를 통해 한국 교육 현장의 민낯을 들여다봅니다.

1. 헌신과 능력의 배신: '열심'이 아닌 '관계'가 결정하는 승진 (B, C 교사)

학교에서 가장 열심히 일하고, 가장 유능하며, 모두에게 인정받는 교사들이 오히려 좌절을 겪는다는 사실은 충격적입니다.

교사 유형	특징	시스템의 냉혹함	문제의 본질
B교사	수업, 행정, 대인 관계 완벽. 관리자 기대주	교장의 사적 판단: "열심히 하는 교사는 많다. 나에게 잘하는 교사가 필요하다."	비합리적 인사: 객관적인 성과와 노력보다 상사와의 개인적 관계가 승진을 결정하는 왜곡된 평가 문화.
C교사	최고의 업무 능력과 평판. 학교 안정에 기여할 인재	구조적 장벽: 운, 교장의 최종 근평 권한, 기존 기득권 교사 그룹에 막혀 승진 실패.	불공정한 구조: 능력주의가 무너지고, 외부 요인이 헌신을 압도하는 관료주의적 폐해.

※ 독자를 위한 핵심 시사점: 학교 현장의 노력은 정당한 보상으로 이어지지 못하고 있습니다. 헌신적인 교사가 좌절하고 교단을 떠나게 만드는 이 시스템은 곧 우리 아이들의 교육 기회를 박탈하는 행위와 같습니다.

2. 무책임의 방패: 교권이라는 이름의 역설 (A교사)

가장 무능력하고 문제가 있는 교사가 가장 안전하게 정년을 보장받는 현실은 교육의 근간을 흔듭니다.

- A교사: 학교의 기본 업무를 처리하지 못하고 수업 시간에만 형식적으로 출석하며 시간을 때웁니다. 교실은 난장판이고, 학생 통제는 불가능해 다른 교사의 수업까지 방해합니다.
- 문제의 심각성:
- 학생 학습권의 침해: 학생들은 제대로 된 교육을 받을 권리를 박탈당합니다.
- 학교 관리의 마비: 교감 등 관리자조차 A교사를 통제하지 못하고 결국 포기하게 되며, 시스템 전체가 무력해집니다.
- 제도의 맹점: 교권 보호 제도가 무능력한 교사의 직무유기 방패로 변질되어, 정년까지 교단에 머물도록 허용하는 경직된 고용 구조가 문제입니다.

※ 독자를 위한 핵심 시사점: 교권은 보호되어야 마땅하지만, 그 보호가 학생의 학습권을 침해하는 무책임에 대한 면죄부가 되어서는 안 됩니다.

3. 전문직의 껍데기: 전문성이 아닌 승진을 위한 경로 (D, E 교사)

교육 전문성을 높여야 할 전문직(장학사) 제도가 관리직(교감/교장)으로의 진입을 위한 엘리트 코스로 변질되었습니다.

교사 유형	특징	문제점 및 구조적 왜곡
D교사	특이한 수련교사 경로를 통해 전문직으로 전직	전문성의 부재: 전문성 강화가 아닌 관리직으로의 출세를 보장받기 위한 경로로 제도를 활용.
E교사	전문직이 수업 전문성과 거리가 멀지만, 전환을 꿈꾼다.	정체성 혼란: 전문직이 수업 시연을 할 필요가 없을 정도로 현장과 멀어짐. 오직 빠른 승진을 위한 관리직 양성 코스로 기능함.

※ 독자를 위한 핵심 시사점: 교육전문직이 현장의 변화를 이끌기보다는, 승진을 보장받는 안전한 통로로 인식되고 있습니다. 전문성 검증이 미흡한 이들이 관리자가 될 경우, 학교 운영은 비전문성과 행정 편의주의에 치우칠 위험이 높습니다.

♣ 총정리

한국의 학교 현장은 능력과 헌신이 좌절되는 비합리적인 인사 시스템, 무책임이 보호받는 경직된 고용 구조, 그리고 관리직 출세를 위한 전문직 제도의 왜곡이라는 세 가지 덫에 갇혀 있습니다. 이 문제의 해결 없이는 공교육의 질적 향상을 기대하기 어렵습니다.

제4장

35년 5개월,
헌신과 사랑으로 빛난
교육 롤모델들의 기록

나의 교무수첩에 새겨진
참교육자의 이름

제4장

35년 5개월, 헌신과 사랑으로 빛난
교육 롤모델들의 기록
~나의 교무수첩에 새겨진 참교육자의 이름~

제4장에서는 필자의 35년 5개월 교직 생활 동안 깊은 감명을 주고 교육관에 영향을 미친 롤모델 교육자들의 헌신적인 활동을 인물별로 정리했습니다. 이들은 교사,교감, 교장, 행정실장, 지원 전문가 등 다양한 위치에서 학교 교육의 발전에 기여했습니다.

1. 동료애와 전문성으로 학교를 이끈 교사 및 부장교사

• B 부장교사: 교원단체 활동에 적극 참여하면서도 언제나 논리적이고 타당한 대안을 제시하여 학교 발전에 기여했습니다. 성실함과 친절함을 바탕으로 동료 교사의 어려움을 세심하게 해결해 주었으며, 특히 깊은 교과 전문성과 학생 사랑으로 가득 찬 수업을 실천했습니다.

• S 부장교사: 성실함 그 자체였던 국어 교사로, 흔들림 없는 전문성을 바탕으로 열악한 환경의 학생들을 지도했습니다. 직책에 얽매이지 않고 솔선수범을 실천했으며, 소외된 학생들에게 인간애를 발휘하고 학부모들에게 두터운 신뢰를 얻은 참교사였습니다.

• K 선생님 (체육): '아나공'이라는 비판을 지운 엘리트 체육교사로, 체

육을 바른 인성을 기르는 도구로 활용했습니다. 학생들과 함께 땀 흘리며 지도하고, 관찰일지를 통해 편견 없는 지도를 실천했습니다. 승진보다는 운동장에서 학생들의 성장을 돕는 것을 소명으로 여겼습니다.

- L 부장교사 (연구): 교육 혁신에 대한 뜨거운 열의와 실행력을 가진 인물로, 침체된 학교 분위기를 혁신적으로 변화시키는 데 기여했습니다. '버려지는 학교 소식지'를 '소통의 매개체'로 바꾸고, '보여주기식' 연구 수업을 실질적인 역량 강화 방식으로 개선하는 등 현장 중심의 개혁을 이끌었습니다.

- 정소영 선생님 (초등): 중등 교사인 필자와 '백두산통일교육연구회' 활동을 함께하며 통일 교육에 대한 뜨거운 열정을 보여주었습니다. 교육자로서의 소명의식, 학생 사랑, 뛰어난 품성 및 전문성을 겸비했으며, 필자의 추천으로 교육전문직(장학사)의 길을 선택하여 서울 교육 발전에 기여하게 되었습니다.

2. 학교 행정과 교육 지원의 숨은 실력자

- K 실무사 (교무): 학교 행정 업무의 맥락과 흐름을 완전히 꿰뚫는 노련함과 완벽한 업무 처리 능력을 보여주었습니다. 교사들이 꺼리는 궂은일을 도맡아 처리하여 교사들이 학생 교육에 전념할 수 있도록 헌신적으로 지원했습니다. 필자가 근무했던 두 학교에서 변함없는 존재감으로 학교 운영의 핵심 역할을 수행했습니다.

- J 실무사 (교무): 항상 밝고 당당한 모습으로 자신의 업무 영역을 명확히 구분하고 완벽하게 처리했습니다. 세 자녀를 양육하는 워킹맘으로서 고단함 속에서도 성실함을 잃지 않았으며, 교무실의 전반적인 살림을 깔끔하게 처리하여 학교 업무의 원활한 진행을 도왔습니다.

- Y 영양사: 급식을 단순한 식사 제공이 아닌 '교육의 연장'이자 '학생들의 행복할 권리'를 채우는 행위로 여겼습니다. 21개 교실을 순회하며 학생들의 식사 반응을 직접 살피고 다음 식단에 반영하는 등 헌신적인 태도로 학교 급식의 질을 높였으며, 학교 전체 분위기 전환에 긍정적인 파동을 일으켰습니다.

- L 행정실장: 새벽 일찍 출근하여 학교 내외를 청소하는 솔선수범과 성실함의 표본이었습니다. 행정실장이 교무실로 직접 찾아와 협의하는 등 존중의 태도를 보였으며, 교육 활동 보좌를 최우선으로 여기고 신속하고 완벽하게 업무를 처리하여 학교에 불만이나 마찰이 발생할 여지를 없앴습니다.

3. 따뜻한 리더십과 헌신적 사랑을 실천한 리더 및 전문가

- J 교감 선생님: '학생의 눈높이에서 교육이 시작되어야 한다'는 투철한 신념과 '교사 존중'의 리더십으로 혼란했던 학교를 학부모 선호도가 높은 명품 학교로 변화시켰습니다. 교무부장의 의견을 경청하고 존중하며 온화한 '큰누나'처럼 교직원들을 감싸 안았습니다. 퇴임 시 진심이 담긴 봉투와 편지로 동료의 새로운 시작을 응원하며 진정한 교육

자로서의 가르침을 남겼습니다.

- K 선생님 (전문상담): 아이들의 안전과 어려움 해소를 위해 퇴근 후에도 파출소나 가정을 방문하며 헌신했습니다. 여러 학교에서 적응에 실패했던 학생을 포기하지 않고 인내와 사랑으로 지도하여 학교의 일원으로 만들었습니다. 그 헌신적인 노력으로 학교를 안정시키고 '문제 학교'에서 '명품 학교'로 발전시키는 데 일등 공신이었습니다.

- K 교장선생님: 겸손과 존중을 바탕으로 E중학교의 교육 풍토를 근본적으로 변화시킨 최고의 리더입니다. 화려한 경력 대신 교육의 본질을 묵묵히 실천하며 권위를 세웠습니다. 교사의 교육적 판단을 무한히 지원하고, 법규정은 방패가 되게 했습니다. 청렴결백하고 투명했으며, 따뜻한 인간적 배려로 구성원들의 신뢰를 얻었습니다. 흔들림 없는 교육 목표 제시와 교사 보호를 통해 학교를 안정시키고 참된 교육을 실현하게 했습니다.

교육자의 길에서 만난 최고의 롤모델, B 부장교사

새로운 시작, 중학교 교감 발령지에서의 만남

나의 교직 생활에서 잊을 수 없는 한 분을 꼽으라면 단연 B 부장교사다. 내가 처음 중학교 교감으로 발령받아 부임한 학교에서 3학년 부장교사로 그를 만났다. 교직 생활 내내 수많은 동료 교사들과 함께 했지만, B 부장교사는 나의 교육관과 학교 운영에 깊은 영향을 준, 진정한 의미의 '최고의 선생님'이었다.

당시 B 부장교사는 3학년 업무를 총괄하며, 교원단체 활동에도 적극적으로 참여하는 열정적인 교사였다. 솔직히 말해, 교원단체 활동에 열심히 하는 교사를 관리자들이 어려워한다는 편견을 나 역시 들은 적이 있었다.

하지만 이는 실상을 모르고 하는 말이라는 것을 B 부장교사를 통해 깨닫게 되었다. 그가 제기하는 주장이나 대안은 언제나 논리적이고 타당했으며, 그 안에는 학교와 교육의 발전을 위한 진지한 고민과 노력이 고스란히 담겨 있었다. 교육 현장의 문제점을 조용히, 그러면서도 명확한 대안과 함께 나에게 설명할 때면 나는 그의 설명에 언제나 깊이 수긍할 수밖에 없었다. 그의 말 속에는 교육활동에 대한 뜨거운 열정과 깊은 전문성이 느껴졌다.

성실함과 친절함, 그리고 동료애의 실천

B 부장교사의 무기는 다름 아닌 '성실성과 친절함'이었다. 그는 교육 활동에 최선을 다하며, 동료 교사들의 어려움까지도 세심하게 해결해 주었다. 특히 같은 학년의 J 교사가 불편한 자녀를 키우며 학교생활을 할 때, B 부장교사는 보이지 않는 곳에서 헌신적으로 도움을 주며 학년 부를 운영했다. 그 모습을 보면서 나는 교사가 마땅히 지녀야 할 진정한 '롤모델'을 발견했다고 생각했다. 타인을 위한 배려가 넘치고, 항상 밝은 미소와 겸손함을 잃지 않는 그의 태도는 모든 이에게 귀감이 되었다.

학생들을 대하는 그의 모습은 더욱 인상적이었다. 교과에 대한 깊은 전문성과 지식은 물론, 충분한 자료 준비와 학생 사랑이 넘치는 수업으로 학생들은 감동했다. 그의 교육철학과 실천은 '교사는 어떻게 가르치고 동료와 협력해야 하는가'에 대한 살아있는 교과서였다.

교무수첩에 새겨진 기록의 정확성

훗날 그와 이야기를 나누던 중, B 부장교사로부터 교감이 승진만을 바라보며 근무한다고 생각했었는데, 내가 그렇지 않다는 것을 확인하고는 생각이 바뀌었다는 말을 들었다. 그 소리를 들었을 때, 나의 교직 생활에 적어도 '오점'은 남기지 않았다는 생각에 안도하며 다행이라는 생각이 들었다.

나는 해외 학교 근무를 위해 그 학교를 떠나며 아쉬운 이별을 했지만, 귀국 후 들려오는 그의 소식은 변함이 없었다. 옮긴 학교에서도 여전히 '학생 사랑이 넘치는 교사'로 칭송받고 있다는 이야기였다.

역시 B 부장교사다. 어떤 환경에서든 최선을 다하고 열심히 노력하는 그의 모습을 확인하며, 나의 교무수첩에 '최고의 롤모델'로 기록했던 그의 이름이 조금도 과장되지 않은 정확한 기록이었음을 확신했다. 그는 나의 교직 생활을 빛나게 해 준, 참된 교육자의 표상으로 영원히 기억될 것이다.

나의 교무수첩에 새겨진 참교육자의 이름, S부장

35년 5개월, 참으로 긴 세월이었습니다. 교직이라는 이름으로 수많은 아이들의 성장과 무수한 선생님들의 열정을 지켜본 그 여정의 끝, 마지막 학교에서 짐을 정리하며 펼쳐 든 나의 교무수첩은 마치 빛바랜 사진첩처럼 빼곡한 기록들을 품고 있었습니다.

이 수첩은 단순한 업무의 기록이 아니라, 제가 만난 수많은 교육자의 헌신과 그들의 삶의 궤적을 담은 소중한 역사서입니다. 훗날 '교육, 이게 뭡니까?'라는 질문에 답할 자료로 남기기 위해 정리한 이 기록들 속에서, 세월의 더께에도 변함없이 빛나는 '최선을 다한 교사'들의 모습이 선연하게 떠오릅니다.

그중에서도 유독 깊이 새겨진 이름 하나, 마지막 학교에서 2년간 가까이 지켜보았던 S 부장교사입니다. 그는 제게 '성실함' 그 자체였습니다. 국어 교과를 담당하며 자신의 교과에 대한 깊은 애착과 흔들림 없는 전문성을 바탕으로, 때로는 열악한 환경에 놓인 학생들에게 단 하나의 문장이라도 더 새겨주기 위해 노력하는 그의 모습은 '참교사'의 진면목이 무엇인지 묵직하게 보여주었습니다. 가르침에 대한 그의 열정은 결코 식을 줄 몰랐고, 그 불꽃은 학생들의 가슴에 작은 희망의 씨앗을 뿌렸습니다.

필자를 제외하고는 고경력 교사였던 S 부장교사. 그는 직책에 얽매이기보다는 '솔선수범'이라는 오래된 미덕을 몸소 실천했습니다. 학교에 어려운 일이 생기면 그것이 누구의 일이든 개의치 않고 본인의 일인 것처럼 묵묵히 처리해 나갔습니다.

그의 원만한 인품은 학교 전체를 아우르는 넉넉한 그늘이 되어주었습니다. 학생들에게는 진정한 '스승'으로 존경받았고, 후배 교사들에게는 기꺼이 손을 내밀어주는 든든한 멘토였습니다. 그의 주변에는 언제나 따르는 이들이 많았습니다. 그것은 그가 억지로 얻으려 한 명예가 아니라, 그의 진정성에서 자연스레 피어난 존경이었습니다.

S 부장교사의 헌신은 교정 안에서만 머무르지 않았습니다. 학부모들과의 관계는 매우 밀접하고 신뢰가 두터웠습니다. 그가 명예퇴직을 한다는 소식을 듣고, 일부 학부모들은 퇴임한 저에게까지 연락을 해와 "저런 참된 교사는 교육에 더 헌신할 기회를 줘야 한다"며 그의 퇴직을 만류해야 한다고 절박하게 알려왔을 정도입니다. 그들이 느꼈던 신뢰의 깊이를 짐작할 수 있는 일화였습니다.

특히 저의 기억에 강하게 남아있는 것은, 그가 늘 어렵고 소외된 학생들에게 먼저 내밀던 따뜻한 손길입니다. 잠시도 시선을 거두지 않고 우리 사회의 약자들을 향해 깊은 관심을 두던 그의 모습은, 교육이 단순한 지식 전달을 넘어선 '인간에 대한 사랑'임을 증명했습니다. 그는 승진이라는 눈부신 명예보다는, 평교사로서 묵묵히 이어가는 아름다운 선행에 더 큰 가치를 두었습니다.

화려한 수식어보다는 묵직한 진심으로 교단에 섰던 S 부장교사. 그의 삶은 '참교육자'의 표상 그 자체였습니다. 그의 이야기는 저의 교무수첩에 가장 빛나는 페이지로 기록되어 있습니다. 그가 뿌린 성실과 사랑의 씨앗들이 오늘날 우리 교육의 숲을 이루는 든든한 나무가 되었음을 저는 믿어 의심치 않습니다. 나의 교직 35년 5개월의 여정 속에서 만난, 교육 현장에서 최선을 다해 자신의 소명을 다했던 모든 교사들에게 감사하며, 특히 S 부장교사의 이름을 가슴에 새깁니다. 그의 헌신은 오래도록 교육의 역사에 맑고 깊은 울림으로 남을 것입니다.

운동장의 소명, 이 시대 최고의 교사 K 선생님

'아나공'의 그림자를 지운 참 스승

학교 현장에서의 시간은 다양한 사람들과의 만남이 주는 값진 경험의 연속입니다. 그중에서도 K 선생님과의 만남은 저에게 '진정한 교사의 모습'이 무엇인지를 깊이 새기게 한 특별한 인연이었습니다.

체육 선생님이라는 수식어 뒤에는 때때로 '아나공'이라는 씁쓸한 비판이 따라붙기도 합니다. '아나(여기) 공(축구공, 농구공 등) 있다'는 의미의 이 비판은, 공만 던져주고 학생들의 자율에 맡기는 부실한 체육 수업을 비꼬는 말입니다. 솔직히 말해, 학교를 거쳐 가며 그런 '아나공' 선생님을 보지 못한 것은 아닙니다. 그러나 K 선생님은 그 '아나공'의 그림자를 완벽하게 지운, 빛나는 존재였습니다.

K 선생님은 단순한 체육 교사가 아니었습니다. 학생 사랑과 교육의 기본 원리를 깊이 이해하고 실천하는 '엘리트 체육교사'였습니다. 그분에게 체육은 단순히 몸을 움직이는 과목이 아니라, 바른 인성을 기르는 확실한 도구였습니다. "체육이 바로 서야 학교가 바로 설 수 있다"는 강한 신념을 가진 그분은, 운동장에서 펼쳐지는 모든 활동이 학생들의 삶과 성장에 직결된다고 믿었습니다.

다른 선생님들이 주저하는 잘못된 상황 앞에서도 K 선생님은 망설임이 없었습니다. 관리자에게도 정중하지만 분명하게 바른 교육에 대한 건의를 올릴 줄 알았고, 교직원 사이에서도 잘못된 행동에는 용기 있게 바로잡는 '옳은 소리'를 냈습니다.

그 모습에서 저는 편견 없는 교육자로서의 확고한 소신을 느낄 수 있었습니다.

저는 K 선생님이 수업 시간에 단 한 번도 '아나공' 행동을 하는 것을 본 적이 없습니다. 그분은 학생들과 함께 땀 흘리며 뛰었고, 함께 움직였습니다. 수업이 끝난 늦은 시간까지 운동장을 서성이며 학생들의 작은 행동 하나하나를 놓치지 않고 관찰했습니다.

그 모습을 관찰일지에 철저하게 기록하고, 그 기록을 바탕으로 편견 없이 학생들을 지도했습니다. 일부 학부모들이 가지고 있던 교사에 대한 불신은 K 선생님의 진정성 있는 교육 활동을 통해 해소되었고, 신뢰로 바뀌는 놀라운 경험을 할 수 있었습니다.

운동장에서 꽃피운 이 시대 최고의 소명

서울교육에서 체육교사 출신 관리자가 다른 영역보다 많은 것은 사실입니다. K 선생님이 가진 능력과 확고한 교육철학이라면 관리자의 길은 당연해 보였습니다. 언젠가 제가 넌지시 승진에 대해 여쭈어본 적이 있습니다.

그때 K 선생님이 답했던 그 모습은 아직도 제 가슴속에 깊이 남아있습니다.

"저는 운동장에서 학생들의 바른 인성과 바른 체육 교육을 펼치는 것이 저의 소명이라고 생각합니다."

관리자라는 위치가 아니라, 학생들의 가장 가까운 곳, 바로 운동장에서 그들의 성장을 돕는 것이 자신의 천직이라는 그 말에 저는 고개가 숙여졌습니다. 그분은 승진이라는 외적인 목표보다, 교육의 본질을 추구하는 내적인 소명에 충실한 이 시대 최고의 교사였습니다.

K 선생님은 제게 '선생님'이라는 호칭이 지녀야 할 존경과 무게를 다시 일깨워 준 분입니다. 저희 학교는 K 선생님의 근무 기간이 만료되었을 때, 교육에 대한 깊은 감동과 학생들의 간절함으로 '유임'을 요청했습니다. 하지만 K 선생님은 정해진 규칙을 존중하며 새로운 학교에서 또 다른 학생들에게 자신의 교육을 펼치겠다고 결정했습니다.

이러한 K 선생님의 모습이야말로 서울 교육의 흔들리지 않는 주춧돌이라고 저는 교무수첩에 메모해 두었습니다. 그분의 땀과 열정이 스며든 운동장은 단순한 체육 공간이 아니라, 바른 인성이 자라나는 삶의 교실이었습니다. 학생 사랑으로 가득 찬 K 선생님의 교육은 새로운 학교에서도 변함없이 이어질 것입니다. 그의 소명 의식이 우리 교육의 미래를 밝히는 등대가 되리라 확신합니다.

짧은 만남, 긴 여운, 혁신의 아이콘, L 부장교사를 추억하며

뜻밖의 만남, 혁신의 시작을 알리다

교감 발령장을 손에 쥐고 교육지원청 문을 나섰던 그 순간, 나는 낯선 설렘과 약간의 긴장감을 느끼고 있었다. 본청에서 교감 발령을 받고, 다시 지역 교육지원청에서 임지 발령장을 받는 구조. 그날, 내가 발령받을 학교로 향하려던 찰나, 뜻밖의 만남이 이루어졌다. 바로 당시 연구부장교사였던 L 선생님과의 첫 만남이었다. 교육지원청에서 나를 기다리고 있었다는 사실 자체가 흔치 않은 일이었기에, 나는 그 만남에서부터 묘한 기대감을 느꼈던 것 같다.

L 부장교사와 함께 발령 학교에 도착하여 교장 선생님을 비롯한 부장교사들과 인사를 나누었다. 내가 발령받은 그 학교는 전년도에 학부모 민원이 많아 학교 구성원들 모두가 다소 위축되어 있는 분위기였다. 하지만 그 위축된 공간 속에서, 나는 L 부장교사라는 한줄기 빛을 발견했다.

국어 교과를 담당하고 있으면서 연구부장을 맡은 L 선생님은 '교육 혁신'에 대한 뜨거운 열의를 가진 분이었다. 대부분의 교사들이 '현상 유지'에 무게 중심을 두고 안정을 추구할 때, L 선생님은 달랐다. 무엇이든 새롭게 도전하는 것에 대한 두려움이 없었고, 오히려 그 변화를 주도하는 것에 큰 기쁨을 느끼는 듯했다. 침체되었던 학교 분위기를 혁신하고, 새로운 수업 개선을 통해 학생과 학부모의 만족도를 높이는 데 크게 기여하신 분이었다.

현장 중심의 통찰, '버려지는 소식지'에서 '살아있는 교육'으로

L 부장교사는 학교 교육 개혁과 개선을 위해 끊임없이 노력했다. 학교장에게도 직언을 서슴지 않았고, 부장교사 회의 시간에는 학교 개혁을 위한 구체적인 개선점을 제시하는 열혈 교사였다. 그의 혁신은 '멀리 있는 거대 담론'이 아니라, '우리 주위의 가까운 문제 해결'에서부터 시작되었다.

가장 인상 깊었던 변화 중 하나는 '학교 소식지' 문제였다. 그동안 학교 소식지를 발행하여 학생들에게 배부하면, 아이들은 그것을 읽지 않고 그냥 버리고 가기 일쑤였다. 이는 자원 낭비이자 쓰레기 공해였다. L 부장교사는 학생들이 소식지를 버리는 이유를 정확히 파악했다. 소식지가 '아이들 중심'이 아니라 '학교 중심'의 일방적인 전달물이었기 때문에, 학생들은 읽을 필요성을 느끼지 못하고 있었던 것이다.

L 부장교사는 예산을 확인하고 아이들의 눈높이에 맞는 소식지를 만들기 위해 즉시 편집팀을 구성했다. 아이들의 소식과 학교 소식을 적절히 배분하여 소식지의 내용을 재구성했다. 결과는 놀라웠다. 아이들이 스스로 찾아 읽기 시작하면서 학교에 버려지는 소식지가 단 하나도 발

생하지 않았다. 학교 소식지는 더 이상 쓰레기가 아니라, 학교 공동체를 연결하는 소통의 매개체가 되었다.

또 다른 변화는 '연구 수업' 방식의 혁신이었다. 이전의 연구 수업이 '보여주기식'의 형식적인 절차였다면, L 부장교사는 이를 실질적으로 교사들에게 필요한 수업 방법에 초점을 맞추어 개선했다. 형식적인 업무에서 과감히 탈피하여 교사들이 실질적인 수업 역량을 키울 수 있도록 지원했다. 선생님들의 반응은 몰라보게 달라졌고, 이는 자연스레 학생들의 수업 참여도와 반응 변화로 이어졌다.

부장교사의 변신은 무죄, 명품 학교를 만들다

L 부장교사는 학교 업무 혁신에도 박차를 가했다. 필요 없는 업무는 줄이고 간소화했으며, 형식적인 업무를 과감히 없애 학교 본연의 업무, 즉 '학생 교육'에 집중할 수 있는 환경을 조성했다. 특히 아이들의 창의적 활동과 관련된 업무는 오히려 확대했다.

침체되었던 학교는 L 부장교사의 열정과 혁신적인 실행력 덕분에 빠르게 변화하기 시작했다. 교사들이 수업에 집중하고, 학생들은 학교 활동에 적극적으로 참여하는 활기찬 분위기가 만들어졌다. 이러한 변화는 곧 지역사회에서 '명품 학교'라는 소리를 듣는 결실로 이어졌다.

나는 1년 동안 그 학교에 근무하면서 L 부장교사의 혁신적인 모습을 가장 가까이에서 지켜볼 수 있었다. 그와의 짧은 만남이었지만, 그의 교육 철학과 실천력은 나에게 큰 울림을 주었다. 1년의 임기를 마치고 내가 자카르타한국국제학교로 자리를 옮긴 후에도, 나의 교무수첩에는 이렇게 메모가 남아있다.

'혁신의 아이콘, 끝없는 학생 사랑을 펼친 L 부장교사를 응원합니다.'

L 부장교사는 학교 조직 내에서 혁신의 리더가 무엇을 해야 하는지, 그리고 그 변화가 얼마나 큰 기적을 만들어낼 수 있는지를 몸소 보여주었다. 그의 열정과 학생 중심의 교육 철학은 앞으로도 오랫동안 나의 교육 여정에 긍정적인 영향을 미칠 것이다. 짧은 만남, 긴 여운을 남긴 그와의 교직 생활을 영원히 기억하며, 대한민국 교육 현장에서 빛나고 있을 L 부장교사의 앞날을 진심으로 응원한다. L 부장교사는 지금도 학교 현장에서 교육혁신을 실천하고 있다.

나의 교육 여정, 그 빛나는 인연
– 최고의 교사 정소영 선생님

35년의 궤적, 그리고 백두산에서 시작된 축복 같은 만남

　35년 5개월이라는 긴 세월 동안, 나는 수많은 학생들과 동료 교사들, 그리고 학부모님들과 귀한 인연을 맺어왔습니다. 교육자로서의 나의 여정은 그 만남들로 인해 더욱 풍요롭고 의미 깊었습니다. 하지만 그 모든 만남 중에서도 유독 내 기억과 마음속에 깊이 새겨진 인물이 있습니다. 바로 '최고의 교사'라 칭할 수 있는 정소영 선생님입니다.

　우리의 첫 만남은 잊을 수 없는 날, 2005년 8월 15일, 백두산 정상에서 이루어졌습니다. 민족의 염원을 품고 오른 그곳에서, 우리는 '백두산 통일교육연구회'를 결성했고, 그 활동은 벌써 10년째를 이어오고 있습니다. 그때 만난 정소영선생님은 30대의 앳된 초등학교 교사였습니다. 중등 교사인 나와는 다른 교육 현장에 있었지만, 통일교육에 대한 뜨거운 열정 하나로 우리는 지속적인 만남과 연구를 이어왔습니다. 세월이 흘러 이제는 40대의 중견 교사가 되었지만, 그 열정과 초심은 변함이 없습니다.

　정소영선생님을 만난 것은 교육자로서 나의 삶에 또 하나의 축복이라고 생각합니다. 교육자로서의 소명의식, 아이들을 향한 진정한 사랑, 끊임없는 전문성 계발의 노력, 그리고 타의 모범이 되는 품성과 인성까지, 어느 한 구석 부족함이 없는 완벽한 교사였습니다. 다자녀를 키우는 바쁜 일상 속에서도 학교 교육에 임하는 그의 열정은 늘 나에게 큰 감동과 울림을 주었습니다.

나는 정소영 선생님과 같은 훌륭한 선생님들이 우리나라 교육의 든든한 버팀목이 되어주고 있음을 확신합니다. 그들이 묵묵히 교단에서 학생 사랑을 실천하고, 남다른 교육으로 아이들을 지도하기에 우리 교육이 흔들림 없이 유지될 수 있는 것입니다. 학교 연구부장으로서 맡은 바임무에 소홀함이 없으면서도, 특히 통일교육에 대한 남다른 관심과 열정으로 매진하는 그의 모습은 나에게 깊은 인상을 남겼습니다.

더 넓은 세상으로의 도약, 정소영 선생님의 새로운 시작을 응원하며

정소영선생님의 뛰어난 역량과 깊은 소명의식을 곁에서 지켜보면서, 나는 그가 단순히 학교라는 울타리에만 머물기에는 너무나 아까운 인재라고 생각했습니다. 그의 탁월한 교육철학과 실천력이 서울 교육, 나아가 대한민국 교육 전반에 긍정적인 영향을 미치기를 바라는 마음이 간절했습니다.

나는 여러 차례 정소영선생님을 설득했습니다. 학교에서의 교육을 넘어, 더 넓은 세계로 나아가 정책과 행정을 통해 교육 발전에 기여할 수 있는 '교육전문직(장학사)'의 길을 추천했습니다. 처음에는 망설이던 그였지만, 그의 교육에 대한 깊은 사명감은 결국 새로운 도전을 받아들이게 했습니다.

그리고 마침내, 교육전문직 시험에 합격하여 2026년 3월에 전직하게 된다는 기쁜 소식을 들었을 때, 나는 진정으로 감사하고 벅찬 감정을 느꼈습니다. '꼭 필요한 인재가 필요한 곳에 쓰이게 된다'는 확신이었습니다. 그의 뛰어난 역량과 따뜻한 마음이 이제는 더 큰 무대에서 빛을 발할 수 있게 된 것입니다.

부디 정소영 선생님이 서울 교육의 질적 향상과 희망찬 미래를 만드는 데 크게 이바지하기를 진심으로 기원해 봅니다. 나의 교육 여정에서 만난 최고의 보석 같은 인연, 정소영 선생님.
그의 발전을 묵묵히 지원하며 응원하는 것은 나의 남은 교육자 삶의 또 하나의 기쁨이 될 것입니다.

나의 빛바랜 교무수첩, 그 한 켠에 정성스레 기록된 '최고의 교사 정소영 선생님'의 이름. 그의 앞날에 무궁한 영광과 발전이 함께하기를 바라며, 나의 교육 여정의 가장 빛나는 순간을 함께 만들어준 그에게 진심을 담아 감사를 전합니다.

두 번의 기적 같은 인연,
학교를 움직이는 숨은 실력자 K 선생님께

인연의 깊이와 첫 만남의 기억

사람의 인연이란 참으로 깊고도 묘한 것 같습니다. 35년 5개월의 교직 생활 동안 수많은 동료와 제자들을 만났지만, 같은 직장, 그것도 두 개의 다른 학교에서 같은 분과 함께 근무한다는 것은 결코 흔치 않은 귀한 경험이었습니다. 저는 그 특별한 인연의 주인공을 실력 있는 교무실무사 K 선생님이라고 부릅니다.

제가 교감 발령을 받기 직전, 서울에서도 손꼽힐 정도로 교육 환경이 열악하다는 학교에서 3년을 근무했습니다. 이른바 '교육 격차'의 가장 깊은 그림자가 드리워진 곳이었죠. 그곳에서 K 선생님을 처음 만났습니다. 학교는 교장, 교감, 부장교사, 교사만으로 운영되는 곳이 아닙니다. 행정실을 중심으로 행정실장, 행정직원들뿐만 아니라 영양사, 교무실무사, 행정지원사, 상담사, 도서관 사서 선생님 등 실로 다양한 직종의 전문가들이 함께 일하는 공동체입니다.

과거에는 교무실무사를 포함한 여러 직종의 학교 비정규직 근무자들이 학교장 채용에 의해 오랜 기간, 심지어 퇴직할 때까지 한 학교에 머무는 경우가 많았습니다. 이는 학교장의 인사권 아래에서 눈치를 볼 수밖에 없는 구조였으나, 몇 년 전부터 일정 기간이 지나면 학교 간 이동을 하는 방식으로 바뀌면서 근무 여건이 크게 개선되었다는 사실은 모두가 인정할 수밖에 없을 것입니다. 하지만 K 선생님이 빛났던 것은 제도의 변화 때문이 아니었습니다. 그분 자체가 학교 운영의 핵심이었기 때문입니다.

말이 아닌 실력으로 증명된 헌신

제가 만난 K 선생님은 정말 보기 드문 인재였습니다. 노련함은 기본이고, 학교 행정 업무의 맥락과 흐름을 완전히 꿰뚫고 계셨습니다. 평소에 말이 없고 조용하셨지만, 일단 업무를 맡으면 완벽하게 처리해내는 분이셨습니다. 특히 선생님들의 주된 교육 활동을 지원하는 일에 있어서는 더할 나위 없이 깔끔하고 빈틈이 없었습니다.

교사들이 K 선생님 없는 학교가 멈출 것이라고 걱정할 정도였다니, 그 업무 처리의 완벽함과 신뢰도를 미루어 짐작할 수 있을 것입니다. 저 역시 그 학교에서 3년 동안 근무하면서 K 선생님께 이루 말할 수 없는 많은 도움을 받았습니다.

K 선생님의 진정한 가치는 이렇듯 어려운 환경의 학교에서 더욱 빛을 발했습니다. 규모가 작고 교육 여건이 열악한 학교일수록 선생님들의 업무 부담이 가중되기 마련입니다. 이분은 선생님들의 분장 업무 중

에서도 모두가 꺼려 하는, 소위 '궂은일'을 본인이 기꺼이 도맡아 처리하셨습니다. 그 덕분에 선생님들은 행정 업무에 대한 부담을 덜고 학생교육에 더 집중할 수 있었고, 학교 전체의 교육활동이 정상적으로 돌아갈 수 있었습니다. 학교에서 K 선생님의 신뢰도가 하늘을 찌를 듯 높았던 것은 당연한 결과였습니다.

기적 같은 재회와 변함없는 K의 존재감

3년의 근무를 마치고 제가 교감으로 발령받아 학교를 옮길 때, 저는 K 선생님께 받은 도움을 평생 잊지 않겠다고 다짐했습니다. 세월이 흘러 제가 국제학교 근무를 마치고 마지막 학교에 교감으로 부임하여 근무하고 있을 때, 꿈결 같은 일이 벌어졌습니다. 바로 K 교무실무사께서 인사이동으로 우리 학교에 발령을 받고 오신 것입니다.

이 소식을 들었을 때의 반가움과 놀라움은 말로 표현할 수 없었습니다. 서울에서 가장 열악한 환경에서 함께 동고동락했던 귀한 인연을, 제가 마지막으로 봉직하는 학교에서 교감과 실무사로 다시 만나게 되다니, 이 또한 교육자로서 누릴 수 있는 큰 행운이자 축복이라고 생각했습니다.

K 선생님은 발령받아 오신 첫날부터 달랐습니다. 보통 새로운 학교에 오면 업무를 익히고 시스템에 적응하는 데 시간이 걸리기 마련인데, K

선생님은 마치 몇 년 동안 근무했던 학교처럼 모든 업무를 즉시 처리하셨습니다. 새로 오신 선생님들도, 기존에 계시던 선생님들도 그분의 노련함과 능숙한 업무 처리 방식에 놀라움을 금치 못했습니다. 학교의 모든 행정 업무가 마치 잘 맞물린 톱니바퀴처럼 부드럽게 돌아가기 시작했습니다.

숨은 조력자의 헌신과 우리 교육이 나아가야 할 길

흔히 학교 교육이라고 하면 교사들만의 몫으로 생각하는 경향이 있습니다. 하지만 K 선생님을 비롯하여 교육활동의 최전선에서 교사들을 지원하는 수많은 지원 인력 선생님들의 존재가 없다면, 학교는 단 하루도 정상적으로 운영될 수 없습니다. 이분들이야말로 학교라는 조직을 든든히 지탱하는 숨은 주춧돌입니다.

제가 이 책에서 K 교무실무사 선생님을 꼭 소개하고 싶은 이유가 바로 여기에 있습니다. 학교 교육에 헌신하고 최선을 다해 근무하는 교직 이외의 근무자들에게는 아쉽게도 승진이나 그에 상응하는 인센티브적 성격의 지원책이 제대로 마련되어 있지 않습니다. 탁월한 능력과 헌신적인 태도로 학교 전체의 교육력을 높이는 데 기여했음에도, 그 노력에 대한 합당한 보상과 인정이 부족하다는 현실은 참으로 안타까운 대목입니다.

우리 사회가 진정으로 공정한 교육 환경을 만들고자 한다면, 교사뿐만 아니라 학교 구성원 전체의 노고를 인정하고 보상할 수 있는 시스템을 반드시 구축해야 합니다. K 선생님과 같은 실력자들이 그 능력만큼 대우받고 보람을 느낄 수 있을 때, 우리 학교는 더욱 발전할 수 있을 것입니다.

저의 35년 5개월 교무수첩 마지막 페이지에는 여전히 그날의 다짐이 메모로 남아 있습니다.

"최선을 다한 K 선생님, 당신 때문에 학교에서 교육이 정상적으로 돌아갑니다. 감사합니다."

저는 지금도 그 메모를 잊지 못하고 있습니다. 묵묵히, 그러나 완벽하게 학교를 지탱해 주셨던 K 선생님께 이 글을 통해 다시 한번 깊은 존경과 감사를 표합니다.

당당함과 성실함으로 빛난,
J 교무실무사와의 소중한 인연

마지막으로 근무했던 학교를 떠올릴 때, 제 마음속에 가장 밝게 빛나는 이름은 바로 J 교무실무사입니다. 그녀와의 인연은 저의 교직 생활 말년에 찾아온 소중한 선물과 같았으며, 학교 행정 지원의 진정한 의미를 깨닫게 해준 만남이었습니다.

학교라는 공간은 교사 외에도 교육을 지원하는 다양한 직종의 전문가들이 함께 호흡하며 돌아갑니다. 행정실 소속의 교무실무사, 행정지원사, 상담사, 영양사 등 각자의 자리에서 묵묵히 교육의 기반을 다져주는 이들의 역할은 실로 중요합니다. 특히 교무실무사는 교무실의 전반적인 살림을 맡아 선생님들이 수업에 전념할 수 있도록 돕는 핵심적인 존재입니다. 공문서 접수, 학적 관리, 각종 행사 기안 및 준비 등 그들의 손길이 닿지 않는 곳이 없으며, 교감의 입장에서는 교무실무사를 비롯한 행정지원사들의 적절한 도움과 지원이 있어야 학교 업무가 순풍에 돛을 단 듯 원활하게 진행될 수 있습니다.

종전에는 학교장 임용으로 인해 학교 내에서 눈치를 보는 일이 많았다는 이야기를 들었지만, 교육청 단위의 인사로 전보가 가능해지면서 그들의 역할과 위상도 점차 정립되어 가는 과도기에 J 실무사를 만났습니다. 그녀는 항상 밝고 당당한 모습이었습니다. 특히 세 자녀를 키우는 워킹맘으로서의 고단함에도 불구하고, 일터에서는 조금도 위축되는 법이 없었습니다.

발령받아 첫 출근하던 날, 환한 미소로 저를 반겨주던 J 실무사의 모습이 아직도 선명합니다. 물론 상사와의 관계가 순탄해야 본인의 업무도 편할 수 있겠지만, 제가 근무하면서 지켜본 그녀는 단순히 상사의 눈치를 보는 직원이 아니었습니다. 때로는 교무실 회의 석상에서 자신의 업무 영역과 관련하여 당당히 의견을 피력하며 교사들과 소통하는 모습은 깊은 인상을 남겼습니다.

저와 그녀의 첫 공식 미팅에서, J 실무사는 명확한 '업무 구분'을 요청했습니다. 그동안 모든 일을 도맡아 처리하며 힘든 학교 생활을 이어왔던 그녀의 상황을 단번에 이해할 수 있었습니다. 당연하고 정당한 요청이라고 생각하여, 즉시 교무부장을 불러 업무 지침을 명확히 정리하도록 지시했습니다. 모든 것을 이해했다고 감히 말할 수는 없지만, 저는 그녀의 고충을 깊이 이해하고 존중하려고 노력했습니다. "언제든지 고민이나 걱정이 있으면 편하게 이야기해 달라"는 말은 진심이었습니다.

부임 후 약 한 달 만에 저는 교무실과 분리된 3층에 교감실을 새롭게 꾸며 옮겼습니다. 처음에는 교감실을 따로 두는 것에 대해 시원찮은 반응도 있었지만, 교감실에서 모든 민원을 직접 처리하며 신속하게 업무를 진행하는 저의 새로운 업무 스타일에 교직원들은 점차 익숙해져 갔습니다.

J 실무사는 자신의 맡은 임무를 완벽하게 처리하는 '퍼펙트'한 일 처리 능력을 보여주었습니다. 퇴근 시간이 어린 세 자녀의 양육 때문에 기다려질 수밖에 없었겠지만, 그녀는 단 한 순간도 업무에 소홀함이 없었습니다. 그동안 학교생활에 여러 어려움이 있었음에도 불구하고, 제가 지켜본 J 실무사는 '성실함' 그 자체였습니다.

저는 지금도 가끔 저의 교무수첩을 꺼내봅니다. 그 속에는 밝게 교육을 지원하며 학교 교육 활동이 차질 없이 진행되도록 큰 도움을 준 J 교무실무사의 이름이 또렷이 남아있습니다. 어린 세 자녀를 양육하면서도 자신의 소임을 다했던 그녀의 당당함과 성실함은 저에게 잊을 수 없는 가르침이자, 최고의 교육행정지원사로 기억될 것입니다. 주위에 확인해 보니 옮긴 학교에서도 여전히 '자기업무에 충실한 교무실무사'로 칭송받고 있다는 이야기였다. 그녀와의 만남은 저의 교직 마지막 페이지를 아름답게 장식해 준 소중한 인연이었습니다.

학교의 숨겨진 빛,
헌신으로 빚어낸 명품교육의 초상

보이는 세계 너머의 교육자

  학교라는 울타리 안에서 대부분의 학부모님들은 교과 선생님들의 수업만이 교육의 전부라 생각합니다. 눈앞에 펼쳐지는 지식 전달의 현장만이 학교를 구성하는 핵심이라 믿어 의심치 않죠. 하지만 저는 교감으로서 학교의 심장 박동을 가까이에서 관찰해왔고, 그 안에는 교과를 넘어선, 보이지 않는 헌신으로 학교를 지탱하는 숨은 건축가들이 있음을 알고 있습니다. 학교가 정상적으로 기능하고, 아이들이 건강하게 성장하기 위해서는 이분들의 효과적인 지원이 필수적입니다.

  제가 곁에서 만나본 전문상담 K 선생님이 바로 그 숨은 공로자 중 단연 으뜸이었습니다.

  아이들이 아침 햇살보다 먼저 학교에 도착하기도 전에, 선생님은 이미 출근해 계셨습니다. 학교 적응에 어려움을 겪는 학생들에게 상담실 문턱을 낮추고, 그들의 친근한 벗이 되어주기 위함이었습니다. 하루 일과를 마친 퇴근 후라도 학생에게 연락오면 집으로 파출소로 달려가 부모님 설득과 중재를 통하여 학생의 어려움을 해소하고 아이의 안전을 최우선으로 살폈습니다. 학생들의 깊은 어려움이 해소될 때까지, 그들의 마음속 어둠이 걷힐 때까지, 선생님에게 '정시 퇴근'은 마치 꿈결 같은, 이룰 수 없는 약속이었습니다.

하지만 선생님은 단 한 번도 힘든 내색을 하지 않으셨습니다. 묵묵히, 조용히, 학교라는 공간에 발을 붙이지 못하고 방황하는 아이들을 넓은 품으로 안아주셨습니다. 그 헌신은 너무나 깊고 은밀해서, 다른 교사들조차 그 무게를 가늠하기 어려울 정도였습니다. 저는 교감이라는 위치에서 학교의 전반적인 분위기를 살펴볼 때마다, 그 굳건한 존재감과 헌신의 깊이에 고개를 숙일 수밖에 없었습니다. 이분의 그림자 같은 노력이 바로 우리 학교의 가장 단단한 기반이었습니다.

포기하지 않는 인내, 명품학교를 만들다

K 선생님의 헌신이 얼마나 지대한 영향을 미쳤는지 보여주는 상징적인 사례가 있습니다. 여러 학교에서 적응에 실패해 전학 온 학생 'OO'이의 이야기입니다. OO이는 우리 학교에 전입하기 직전 불미스러운 사건에 휘말려 안양의 심사분류원에 입소하게 되었습니다. 모두가 포기했을 법한 상황에서, 가장 먼저 달려간 사람이 바로 K 선생님이었습니다.

선생님은 그곳까지 찾아가 OO이의 손을 잡고, 비난 대신 이해와 지도의 손길을 내밀었습니다. 그 각별하고 끈기 있는 지도가 없었다면, OO이는 분명 학교 적응에 실패한 또 하나의 기록으로 남았을 것입니다. 하지만 선생님의 각별한 헌신 덕분에, 그 아이는 결국 학교의 일원이 될 수 있었습니다. 이 일화는 학교 교직원들 사이에서 '포기하지 않는 사랑'의 상징처럼 전해지며 유명해졌습니다.

학교 생활을 하다 보면 크고 작은 사연으로 마음의 상처를 입고 적응에 어려움을 겪는 학생들이 부지기수입니다. 이런 학생들을 제대로 관리하지 못하면 학교 전체는 혼란에 빠지고 '문제 학교'라는 오명을 쓰게됩니다. K 선생님은 바로 이런 학생들을 도맡아 상담하고, 필요하다면직접 가정을 방문하며 학생과 가정을 함께 일으켜 세웠습니다. 그 결과, 학교는 문제 학생의 발생 자체가 드문 안정된 환경을 갖추게 되었습니다.

선생님의 헌신은 워낙 조용하고 묵묵했기에, 다른 선생님들은 그 엄청난 업무의 무게를 알지 못했을 겁니다. 하지만 저는 알았습니다. 학교가 소위 '문제 학교'에서 벗어나 '명품 학교'로 자리매김하게 된 데에는, K 선생님의 헌신적인 노력이 일등 공신이었다는 것을요.

저의 교무수첩 한 페이지에는 이렇게 메모되어 있습니다.

"어려운 학생들에게 끝까지 포기하지 않고 인내를 가지고 학생 지도에 헌신한 상담선생님."

진정한 참교육자는 보이지 않는 곳에서 가장 깊은 사랑을 실천합니다. K 선생님이야말로 제가 만난 가장 위대한 참교육자였습니다.

그분의 빛나는 헌신 덕분에, 우리 학교는 진정으로 빛나는 교육기관이 될 수 있었습니다.

책 출간 소식을 접하고 보내온 K상담 선생님의 글

교감선생님!

참교육자의 열정이 있으셨고 지나가는 풋말 풀 한포기도 그냥 지나치지 않으셨고 교감선생님의 에너지 주파수는 매사 학교 구성원은 물론 특히. 학생들에게 초집중 맞혀졌었지요.

*퇴임하신지도 오래되셨지만 교육을 향한 열정은 여전하시고 오히려 더 확장되어 삶의 곳곳의 어렵고 도움이 필요한 사람. 더 나은 사회공동체를 위해 활동하시는 교감선생님 존경합니다. 늘 건승하시길 바랍니다.~^^*

아이들의 식탁에서 피어난 학교의 행복, 잊지 못할 Y 영양사

교직에서 보낸 35년 5개월의 세월 동안, 나는 수많은 헌신적인 동료들을 만났다. 그들은 교단에서, 행정실에서, 혹은 보이지 않는 곳에서 묵묵히 학교 교육이라는 거대한 수레를 끌었다. 그러나 유독 내 교무수첩의 한 귀퉁이에 별처럼 빛나는 이름이 있다. 바로 내가 Y중학교 교무부장으로 재직했던 3년 동안 만났던, 잊지 못할 Y 영양사이다.

학교의 만족도를 논할 때, 학생들의 점심 식사가 차지하는 비중은 상상 이상이다. 대다수 학생이 분주한 아침 탓에 제대로 된 아침 식사를 하지 못하고 등교하는 현실에서, 학교에서의 점심은 단순한 한 끼 이상의 의미를 지닌다. 그것은 곧 그날 오후의 학업 집중력과 정서적 안정감, 나아가 학교생활 전반에 대한 태도를 결정짓는 핵심 요소였다. 당시우리 Y중학교는 여러 어려움을 겪고 있었고, 학교 구성원 모두가 이 침체된 분위기를 전환하기 위해 애쓰던 시기였다. 물론 여러 교사들의 열정적인 노력이 있었지만, 이 변화의 물꼬를 튼 숨은 주역 중 한 명으로나는 주저 없이 Y 영양사님을 꼽는다.

지금이야 영양교사 제도가 정착되어 학교 급식의 위상이 달라졌지만, 그 시절만 해도 영양사님들은 행정실 소속으로 행정 업무의 협조를 받으며 근무해야 하는 환경이었다. 물리적인 제약도 컸다. 학교식당이 따로 없어 21개 교실을 순회하며 배식을 해야 하는, 인력과 시간이 배로 드는 '교실 배식'이 주를 이루던 때였다.

대부분의 영양사들이 행정 업무와 식단 준비에 치여 조리실을 벗어나기 어려웠던 것이 현실이었다.

그러나 Y 영양사님의 급식을 대하는 관점은 근본적으로 달랐다. 그녀에게 급식은 단순한 '식사 제공'이 아니라 '교육의 연장'이었고, 학생들의 '행복할 권리'를 채워주는 정성 어린 봉헌이었다.

배식이 시작되면, 다른 이들은 급식의 행정적 마무리에 몰두할 때, Y 영양사님은 앞치마를 두른 채 21개의 교실을 전부 순회하기 시작했다. 학생들의 식판을 바라보는 눈빛, 수저를 드는 속도, 특정 반찬에 대한 작은 탄성 하나까지 놓치지 않으려는 집요함이 그 걸음걸이에 깃들어 있었다. "이 반찬은 오늘 좀 짰나 보네", "오늘은 밥보다 국을 많이 먹는구나", "아이들이 예상보다 김치찌개를 좋아하네" 등등, 그녀의 머릿속에는 실시간으로 피드백이 쌓여갔다.

배식이 끝난 후에는 지친 조리 종사자들과 마주 앉아 그날의 배식 상태, 조리 과정에서의 미세한 온도나 간의 상태를 점검하고 기록했다. 그리고 곧바로 교무실로 올라와 선생님들의 의견을 경청했다.

'선생님들이 말씀해 주시는 선호도나 기피 메뉴는 곧 학생들의 전반적인 식습관과 연결되기에 중요한 교육 자료'라는 것이 그녀의 지론이었다. 그렇게 수렴된 선생님들의 의견과 교실을 돌며 모은 학생들의 생생한 반응이 다음 급식을 준비하는 설계도가 되었다. 그녀는 식재료의 단가표 대신 학생들의 만족도 그래프를 보며 메뉴를 결정하는 듯했다.

Y 영양사님의 헌신은 단순히 식단의 질을 넘어 학교 공동체 전체에 긍정적인 파동을 일으켰다. 학생들은 점심시간을 기다렸고, 식사 만족도가 높아지면서 자연스럽게 학교에 대한 애정과 긍정적인 감정이 커졌다. 내가 퇴임 후 35년의 교직 생활을 되돌아보며 깨달은 사실은, 대부분의 교직원이 맡은 바 임무를 성실히 수행하지만, Y중에서 만난 Y 영양사님의 헌신과 성실함은 학교 교육의 질 자체를 견인하는 거대한 힘이었다는 것이다.

그녀의 헌신에 대한 감사를 잊지 않기 위해 나는 교무수첩 가장 잘 보이는 곳에 이렇게 적어 두었다.

'진정으로 학생들을 위하여 급식을 준비하는 Y 영양사가 있기에 Y 중학교에서의 학교생활을 즐거웠습니다.'

내가 이처럼 Y 영양사님의 이야기를 글로 옮기는 이유는, 학교생활을 거쳐온 수많은 독자들이 급식에 대한 크고 작은 추억을 갖고 있을 것이기 때문이다. 안타깝게도 좋은 추억보다는 좋지 않은 기억을 가진 독자들도 많으리라.

나는 이 글을 통해 급식이라는 것이 얼마나 따뜻한 교육이 될 수 있는지를 보여주고 싶었다.

나중에 그녀의 근황을 확인했을 때, Y중학교가 그녀의 첫 직장이었으며, 내가 학교를 떠난 뒤에도 그녀에 대한 훌륭한 평가와 존경이 이어져 왔음을 알 수 있었다. 이 확인은 나의 기록, 즉 '학생들의 행복을 위한 정성이 학교를 변화시킨다'는 나의 믿음이 결코 틀리지 않았음을 증명해 주었다.

Y 영양사님이야말로 아이들의 식단을 정성껏 준비하여 모두에게 잊지 못할 추억을 선물한 진정한 교육자였다.

L 행정실장의 명예로운 헌신

　학교라는 공간은 늘 교무와 행정이라는 두 개의 수레바퀴로 굴러간다. 학교장 아래 교사와 부장교사가 교육 활동의 목표를 설정하고 전진한다면, 행정실은 그 모든 움직임을 가능하게 하는 든든한 기반이자, 때로는 회계와 법규라는 튼튼한 뼈대를 세우는 역할을 한다. 직렬이 다르기에 교사와 행정실 사이에는 보이지 않는 선이 존재하기 마련이고, 그 선 위에서 발생하는 크고 작은 마찰은 학교 생활의 숙명과 같았다.

　중학교의 행정실장은 6급 교육행정직이 맡고, 고등학교는 5급 사무관이 보임 되는 그 엄격한 체계 속에서, 나는 나의 교직 생활을 관통하는 하나의 빛나는 이름을 만났다.

　Y중학교 교무부장으로 일하며 마주했던 L 행정실장님. 대학 졸업 후 일찍이 교육행정직에 입직하여 평생을 학교 현장에 바친 분이었다. 그와의 동행을 지켜보며 나는 '성실함'이라는 단어의 가장 완벽한 표본을 경험했다.

　그의 하루는 해가 완전히 뜨기도 전에 시작되었다. 그는 누구에게 지시하는 법이 없었다. 새벽의 어둠이 채 가시지 않은 시간, 학교 내외를 혼자 조용히 순찰하며 깨끗하게 청소하는 일부터 스스로 시작했다. 그것은 단순한 청소가 아니라, 학교의 모든 공간에 대한 애정과 책임감을 담아내는 의식처럼 보였다.

　보통 행정실은 그 위치와 업무의 특성상 다소 엄숙한 공간으로 여겨지기 마련이고, 교사들은 행정실로 찾아가 협의하는 것이 일반적이었다. 그러나 L 실장님은 달랐다. 행정실과의 협의가 필요할 때면 언제나 본인의 자리를 비우고 교무실로, 교사의 자리로 직접 찾아오셨다. 그의 발걸음은 권위가 아닌 존중을 담고 있었고, 그 태도에서 우리는 '교육활동을 보좌하는 것이 곧 나의 책무'라는 그의 굳건한 신념을 읽을 수 있었다. 그의 업무 처리에는 지체되는 법이 없었고, 규정에 어긋나지 않는 사안이라면 그 어떤 복잡한 요청도 즉시 해결되었다. 이토록 헌신적인 행정 지원 속에서, 학교에 불만이나 마찰이 있을 여지는 존재하지 않았다.

　그는 충분히 승진할 능력을 갖춘 분이었음에도, 주위의 권유에도 아랑곳하지 않고 오직 교육 지원이라는 행정실의 고유 업무에만 충실했다. 다른 사람들은 더 높은 자리에 대한 욕심으로 승진 체계 속에서 끊임없이 자신을 증명하려 했지만, L 실장님은 그저 묵묵히 학교를 섬겼다.

교육 인생의 영원한 등불, J 교감 선생님

만남, 존중, 그리고 교육의 기적

나의 교육자로서의 삶에서, 가슴 한 켠에 영원히 꺼지지 않는 불빛처럼 남아 있는 이름이 있습니다. 바로 J 교감 선생님.

그분을 만난 것은 내가 Y중학교 교무부장으로 일하던 시절이었습니다. 학교의 '심장'이라 불리는 교감과 교무부장의 만남이 얼마나 중요한지, 학교를 경험해 본 사람이라면 누구나 알고 있습니다. 이 두 중심축이 어긋나면, 학교는 혼란에 빠지고 그 피해는 고스란히 천진난만한 아이들에게 돌아간다는 냉혹한 현실을 우리는 너무나도 잘 알고 있습니다.

하지만 J 선생님은 달랐습니다. 그분은 교육에 대한 투철한 신념, 마치 단단한 바위 같은 교육철학을 가지고 계셨습니다.

늘 "모든 교육은 학생의 눈높이에서 시작되어야 한다"는 확고한 믿음. 그리고 "교육의 주체는 교사이며, 이들이 학생, 학부모와 혼연일체가 될 때 진정한 교육이 완성된다"는 명확한 교육관을 실천하셨습니다.

선생님이 부임하시기 전, 작은 혼란 속에 놓여 있던 Y중학교는 기적처럼 제자리를 찾아갔습니다. 선생님이 재직하시는 동안, 우리 학교는 남부교육청 관내에서 학부모들의 선호도가 가장 높은 학교 중 하나로 우뚝 섰습니다. 그 모든 변화의 중심에는, 선생님의 권위보다는 존중을 택하신 아름다운 리더십이 있었습니다.

교유 선배이시자 교감이라는 높은 위치에 계셨음에도 불구하고, 선생님은 늘 한결같이 겸손하셨습니다. 교무부장인 나의 의견을 먼저 경청하시고, 그 의사를 깊이 존중해 주시는 모습에서, 나는 진정한 리더의 덕목을 배웠습니다.

선생님께서는 단 한 번도 권위를 내세운 적이 없었지만, 오히려 그 깊은 존중과 배려가 선생님의 권위를 더욱 빛나게 했습니다. 교무실에서나 학교 전체에서 단 한 번도 시끄러운 언쟁이나 불화의 소리를 들어본 적이 없습니다. 선생님은 마치 온화한 '큰누나'처럼 모든 교직원을 따뜻하게 감싸 안았고, 각자의 어려움과 고민을 해결해 주는 '만능 해결사'의 역할을 자처하셨습니다. 그분과의 짧지 않은 동행은 나에게는 잊을 수 없는 배움과 성장의 시간이었습니다. 최고의 천사 J 교감 선생님, 그분과의 교육 활동은 나의 영혼 속에 영원히 기억될 것입니다.

진심이 담긴 봉투, 영원한 가르침

나에게 찾아온 새로운 도전, 신설 학교의 교무부장으로 자리를 옮기게 되었습니다. J 교감 선생님과의 따뜻했던 동행을 마치는 날, 선생님께서는 봉투 하나를 조용히 건네주셨습니다. "새로운 학교에 가서 읽어

보라"는 짧은 한마디와 함께. 당시에는 차마 열어보지 못하고 새로운 학교에 도착해서야 봉투를 조심스럽게 열어보았습니다.

　봉투 속에는 당시로서는 적지 않은 금액이었던 300,000원과 함께, 선생님의 진심이 담긴 편지가 들어 있었습니다. 그 편지에는 나의 지난 노고에 대한 깊은 감사와 함께, "새로 옮긴 신설 학교의 직원들과 맛있는 식사를 하여 서울 교육에 보탬이 되었으면 좋겠다"는 따뜻한 마음이 적혀 있었습니다. 단순히 돈의 액수를 떠나, 나를 향한 그분의 지지와 응원, 그리고 새로운 시작을 축복하는 순수한 마음이 고스란히 전해져 가슴이 먹먹해졌습니다. 이것이 바로 선생님이 보여주신 진정한 '교육'이었습니다. 물질이 아닌, 마음을 나누는 교육, 동료의 성장을 진심으로 기원하는 교육.

　시간이 흘러도, 나는 그분의 가르침을 잊지 않습니다. 나의 오래된 교무수첩 속에는 아직도 J 교감 선생님이 직접 써 주신 진솔한 메모가 고스란히 남아 있습니다. 그 글씨를 볼 때마다, 나는 초심으로 돌아갑니다. 학생을 향한 사랑, 동료를 향한 존중, 그리고 교육에 대한 헌신. 이 세 가지 가르침은 J 선생님이 나에게 남겨주신 가장 값진 유산입니다.

　J 교감 선생님은 나의 교육 인생의 가장 빛나는 별이며, 영원한 등불입니다. 그분과 함께했던 시간, 그분이 보여주신 인간적인 모습과 숭고

한 교육철학은, 내가 교육자로서 걸어가야 할 길을 끊임없이 비춰주고 있습니다. 그 이름을 떠올릴 때마다, 나는 다시 한번 가슴을 펴고 교육에 대한 열정을 불태웁니다.

고맙습니다.

나의 최고의 스승, J 교감 선생님. 영원히 기억하겠습니다.

나의 교육 여정에 새겨진 큰 거울, K교장선생님

교직 생활을 시작한 후, 내 교육 여정의 길을 밝혀준 수많은 인연이 있었지만, 그중에서도 E중학교 연구부장 시절 만났던 K교장님은 단연코 '최고의 리더'로 내 가슴에 남아있다.

학교장 한 분이 교육의 풍경을 얼마나 근본적으로 바꿀 수 있는지, 그리고 한 인간의 품격이 리더십에 어떤 무게를 더하는지를 온몸으로 깨닫게 해준 분이기 때문이다.

K교장님을 이야기할 때 가장 먼저 떠오르는 단어는 '겸손'과 '존중'이다.

교육전문직 출신이라는 화려한 경력이 있었음에도, 그분은 단 한 번도 그 권위를 내세우지 않으셨다. 오히려 묵묵히 교육의 본질만을 바라보며 학교를 이끄셨고, 그 모습 자체가 존경을 불러일으키는 가장 강력한 권위가 되었다.

부임 당시 혼란스러웠던 E중학교가 불과 한 달도 안 되어 평온을 되찾고 교육열이 되살아난 것은 기적이 아니었다. 그것은 교사 개개인의 교육적 관점과 활동을 진심으로 존중하고 인정하는 K교장님의 리더십이 만들어낸 변화였다. 당시 교원단체 태동으로 혼란스러웠던 학교 현장 분위기조차도, 그분의 존중과 인정 앞에서 자연스럽게 해소되었다. 교장실 문턱이 높지 않았고, 교사들은 마음껏 교육적 이상을 펼칠 수 있다는 확신을 가질 수 있었다.

K교장님은 교육의 법과 규정에 정통하셨지만, 그것은 교사를 옭아매는 잣대가 아니었다. 오히려 교육법의 테두리 속에서 교사의 교육 활동이 빛을 발할 수 있도록 든든한 방패가 되어주셨다.

'교육에 보탬이 된다면'이라는 전제하에, 교사의 교육적 판단을 무한히 지원해 주시는 모습은, 학교장이란 이상만을 쫓는 관리자가 아니라 현실 교육을 실현하게 하는 조력자임을 보여주셨다. 특히 그 당시 학교장 발령에 전문직 출신을 꺼리는 분위기가 있었던 것은, 그들이 현장보다는 이상을 우선한다는 편견 때문이었는데, K교장님은 학교 현장에 존재하는 다양하고 복잡한 학생들의 현실에 맞는 교육을 구성원들이 한마음으로 실천할 수 있도록 이끄셨다.

무엇보다 그분의 청렴결백함은 감동을 넘어선 울림이었다.

자녀의 결혼식조차 학교 구성원 누구에게도 알리지 않고 치르실 만큼 철저하셨고, 업무추진비 집행 하나까지도 모든 교사에게 투명하게 공개하며 예산 사용의 투명성을 사명으로 여기셨다. 늦게까지 남아 초과근무를 하는 교사들에게는 "몸 상하지 않게 하라"는 따뜻한 말씀과 함께 슬며시 야식비를 놓고 가시는 인간적인 배려를 잊지 않으셨다.

K교장님은 명확한 학교 교육 목표와 중점 교육 방향을 제시함으로써

교사들이 흔들림 없이 교육에 전념하게 하셨다.

또한, 편견 없이 학생과 교사를 대하고, 학부모의 지나친 민원에도 직접 나서서 교사를 보호하는 강한 리더십을 보여주셨다. 당시 촌지 문제가 사회 문제로 대두되던 강남이라는 특수 지역에서, 그분의 청렴하고 올곧은 교육 철학은 후배 교사들에게 강렬한 메시지를 전했다.

나의 교무수첩 가장 잘 보이는 곳에는 아직도 "최고의 리더의 역할을 배웁니다"라는 메모가 남아있다. K교장님은 나에게 한 명의 학교장을 넘어, 참된 스승이자 교육자로서의 자세, 그리고 겸손과 존중을 기반으로 한 리더십의 정수를 가르쳐주셨다. 그분과의 만남은 나의 교직 여정에서 가장 소중하고 강렬한 좌표가 되었다.

2020년 봄, 절망 속에서 빛난
한 교육전문직의 헌신을 보다

절망 속에서 빛난 헌신: 이수진 교육전문직을 기억하며

2020년 4월 13일

2020년 봄을 떠올릴 때마다, 나는 한 교육전문직의 헌신적인 노력이 우리 교육계에 얼마나 큰 빛이 되었는지 되새기곤 합니다. 그해 4월 9일, 중3과 고3부터 시작된 '온라인 개학'은 우리 모두에게 유례없는 도전이었습니다.

사상 초유의 사태 앞에서 학교 현장이 숨 가쁘게 움직이던 그때, 나는 비로소 '진정한 교육전문가'의 가치가 무엇인지를 깨달았습니다.

온라인 개학 방침이 내려졌을 때, 학교보다 더 당혹스러워했던 곳은 바로 교육지원청이었습니다. 교육부의 거대한 지침을 각 학교의 특성에 맞게 세밀하게 다듬고, 복잡한 원격 학습의 성공을 위한 구체적인 지침을 현장에 내려보내야 했기 때문입니다. 결국, 일선 교육지원청의 교육과정 담당 장학사가 이 난국을 헤쳐나갈 핵심 인물이었던 것입니다.

특히 서울시 교육청 관내에서도 비교적 규모가 큰 강서교육지원청의 대응은 단연 돋보였습니다. 그리고 그 중심에는 이수진[현 동부교육지원청 중등교육지원과장] 교육과정 담당 장학사가 있었습니다. 솔직히 말해, 나 역시 장학사 하면 권위적이고 지시만 하는 사람이라는 고정관념을 가지고 있었으나, 이 장학사는 그 인식을 근본적으로 깨뜨렸습니다.

강서교육지원청이 내놓은 교육과정 안내는 그야말로 꼼꼼함의 극치였습니다. 학교 현장의 교사들이 무엇 때문에 고민하고 있는지, 기술적혹은 학사 운영 측면에서 어떤 지원이 필요한지를 정확히 꿰뚫어 보고있었습니다. 그의 손을 거친 지침은 단순한 행정 명령이 아니었습니다. 교육과정에 대한 폭넓은 전문성을 바탕으로, 복잡하고 방대한 내용을현장의 교사들이 쉽고 명쾌하게 실천할 수 있도록 정리된, 완벽한 '현장맞춤형 솔루션'이었습니다.

학교 현장에서는 이 장학사의 노력을 통해 혼란 없이 온라인 개학에따른 학사 운영계획을 수립할 수 있었고, 현장에서 부족함이 생기면 즉시 지원 체제를 통해 도움을 받을 수 있었습니다.

그야말로 교육지원청이 학교를 진정으로 '지원하는' 역할을 수행하게된 것입니다.

이 과정에서 학교가 교육지원청을 바라보는 시각은 눈에 띄게 긍정적으로 개선되었습니다.

이 모든 순조로운 교육과정 추진의 밑바탕에는 이수진 장학사의 묵묵한 헌신이 있었습니다. 현장의 교사들은 그의 노력이 지금 결실을 보고 있다는 사실에 깊이 공감하고 있습니다. 그는 장학사로서의 전문성은 기본이고, 학교 현장을 깊이 이해하는 통찰력을 바탕으로 탁월한 컨설팅 능력을 보여주었습니다.

강서양천교육의 교육과정을 책임지는 글자 그대로의 '교육전문직'으로서, 그는 교육과정 정책 분야의 전문성을 갖추고도 결코 책상에만 머무르지 않았습니다. 학교 현장을 직접 방문하여 꼼꼼히 챙기는 그의 모습은, 그가 얼마나 학교와 학생들을 진심으로 사랑하는지를 웅변으로 보여주었습니다.

나는 확신합니다.

학교 현장을 사랑하고, 발로 뛰며 참교육을 실천하는 이수진 장학사와 같은 교육전문직이 많아질수록, 서울 교육은 분명히 놀랍도록 긍정적으로 변화할 것입니다. 위기의 순간, 탁월한 전문성과 헌신으로 현장을 굳건히 이끈 그의 노고에 깊은 존경과 감사를 표하며, 2020년 봄의 그 빛나는 헌신을 오래도록 기억할 것입니다.[2020년 4월 13일자 에듀프레스 필자의 칼럼에서]

제5장

퇴직후의 삶

제**5**장
퇴직후의 삶

나는 퇴직후에도 교육과 관련되어 일을 할 수 있는 기회가 되었다.

법무부의 특별보호 관찰위원으로 보호청소년의 보호관찰활동 3년, 학교폭력전담조사관으로 1년 등 꾸준하게 청소년 교육에 활동하면서 그들의 삶을 추적하는 일을 하였다.

특별보호관찰위원으로 제2의 인생을 살다.

35년 노교사의 간절한 외침과 소년의 기적 같은 성장 일지

기적을 피워낸 '기다림'의 씨앗

"선생님! 저 검정고시에 합격했어요."

2022년 8월 30일, 전화기 너머로 들려온 그 흥분된 목소리는 35년 5개월간의 교직 생활을 마친 나에게 가장 감격스러운 정년 후의 선물이었다. 작년 3월, 법무부 특별보호관찰위원으로 위촉되어 처음 만났던 승호(가명). 공부라는 소리만 들어도 진저리를 치던 그 아이가, 이제 어엿한 청년이 되어 대학 진학의 꿈을 이야기하고 있다니, 이 작은 기적 앞에서 나는 잠시 말을 잇지 못했다.

2020년 8월 31일, 교직을 마무리하고 받은 전직지원컨설팅은 내 삶의 다음 페이지를 열어주었다. 퇴직 후의 공허함을 느낄 새도 없이 수원대학교에서 1년 동안 교육학 강의를 하며 나는 현역 시절과의 연결고리를 놓지 않았다. 그리고 2021년 2월, 컨설턴트의 추천으로 인사혁신처의 퇴직공무원 사회공헌 사업인 'Know-how+'에 응모했고, 법무부 서울보호관찰소의 특별보호관찰위원으로 새로운 봉사의 삶을 시작하게 되었다.

처음 만난 5명의 청소년들은 내게 '황당함' 그 자체였다. 마음의 문은 굳게 닫혀 있었고, 특히 승호는 약속 장소에 2시간을 기다려도 나타나지 않는 '어긋난' 만남의 시작이었다. 늦게 걸려온 전화에 잠이 덜 깬 목소리로 "선생님 이제 일어났는데요"라고 말하는 그에게, 나는 화를 내는 대신 "그럴 수도 있다"며 다음에는 늦지 않기를 당부했을 뿐이다. '인내'가 절대적으로 필요한 시간이었다.

두 번째, 세 번째 만남에서도 약속은 지켜지지 않았다. 나는 묵묵히 기다렸다. 그리고 그 기다림 끝에 늦음의 이유를 알게 되었다. 밤늦게까지 게임을 하느라 제시간에 일어날 수 없다는 것. 단순한 만남으로는 변화를 이끌어낼 수 없다고 판단한 나는, 나름의 관찰 리스트를 만들어 적용하기 시작했다. 대상자의 참여도, 목표 의식, 반성 정도, 시간 준수 여부, 그리고 가장 중요한 재범 가능성 등을 체크리스트로 만들어 본인과

보호자에게 매달 공유했다.

체크리스트를 통한 객관적인 관찰과 꾸준한 공유는 닫힌 마음의 문을 서서히 열게 만들었다. 2021년 5월, 승호와 그의 여자친구와 함께 교보문고 도서 체험을 한 것은 결정적인 계기가 되었다. 세상의 변화에 대해 대화를 나누고, 편하게 읽을 수 있는 책 한 권을 선물했다. 서울 중심부의 대형 서점 체험이 처음이라는 그들의 신기한 표정은, 이 작은 경험이 그들에게 얼마나 큰 의미인지 깨닫게 해주었다. 나는 나머지 대상자들과도 교보문고 체험을 진행하고 필요한 책을 한 권씩 선물했다.

그리고 '기적'이 일어났다.

학교와 공부에는 관심이 없던 아이들의 입에서 "검정고시를 통해 대학에 가겠다"는 말이 터져 나왔다. 특히 인문계 고등학교 1학년 때 자퇴했던 또 다른 대상자 '○○이'는 끈질긴 상담과 노력 끝에 2021년 8월 검정고시에 합격하는 쾌거를 이루었다. 이 소식은 승호에게도 큰 동기부여가 되었고, 마침내 승호 역시 올해 검정고시에 최종 합격한 것이다.

작년에 보호관찰 활동을 마치며 승호가 보내온 "무의미하게 인생을 살았는데 이제는 목표가 생겼다"는 다짐의 문자는, 내 노후의 삶이 얼마나 값진지 일깨워주었다. 한때 학교 밖 청소년으로 걱정을 안겨주었던 아이들이 한때의 잘못을 뉘우치고 건강한 청년으로 성장하겠다는 믿음직스러운 모습을 보며, 나는 이 봉사활동을 그만둘 수 없었다.

2022년에도 5명의 청소년들과 함께 인내와 기다림의 멘토링을 이어가고 있다. 내년도 부사관 입대를 목표로 문신을 제거하고 열심히 아르바이트를 하는 아이, 자립을 위해 땀 흘리는 아이들을 보며, 나는 멘토링 날짜를 기다리고 멘토링 전날 연락이 오는 친구가 있다는 사실에 큰 보람을 느낀다.

주위에는 등산이나 운동으로 노후를 보내는 이들이 많다. 하지만 나는 교직에서 쌓은 경험과 전문성을 활용하여 사회에 공헌하는 이 '특별보호관찰'이라는 사회공헌 봉사 프로그램에 강력하게 도전해보기를 권한다. 퇴직 후의 삶이 타인을 변화시키고, 그 변화가 나에게 다시 감격과 보람으로 돌아오는 이 값진 경험이야말로, 인생 2막의 가장 아름다운 완성이라는 것을 승호의 합격 소식으로 다시 한번 확인하게 되었기 때문이다. 나의 작은 기다림이 그들의 삶에 기적이라는 꽃을 피워낸 것이다.

법정에서의 간절한 외침 (2022년 9월 2일)

2022년 9월 2일, 서울가정법원 소년2단독 제102호 법정. ○○이의 운명이 걸린 소년재판이 진행되는 날이었습니다. 특별보호관찰위원인 나는 ○○이와 함께 법정에 섰습니다. 재판장은 나의 참석이 매우 드문 일이라며 귀 기울여주었습니다. 35년 교직 생활의 경험을 빌려, 나는 간절한 마음으로 외쳤습니다.

"판사님! ○○이를 소년원에 보내지 말아 주십시오. 법이 허용하는 범위 내에서 소년원에서의 교육보다는 현행 보호관찰을 통해 사회 적응을 도와주시기 바랍니다. ○○이의 잘못도 크지만, 모든 잘못을 ○○에게만 돌릴 수는 없습니다. 노교사의 입장에서 보면, 학교현장에서 살뜰하게 챙기지 못한 교직자들에게도 일부 책임이 있습니다."

나의 이 외침은 단순히 한 소년을 위한 변론을 넘어, 우리 사회가 그 아이에게 얼마나 무관심했는지에 대한 탄식이기도 했습니다. 그리고 이 간절함의 시작은 그보다 6개월 전, ○○이와의 첫 만남으로 거슬러 올라갑니다.

의욕도 꿈도 없던 청소년과의 첫 만남 (2022년 3월 16일)

2020년 8월, 35년 5개월의 교직 생활을 마친 나는 2022년부터 퇴직 공무원 사회공헌(Know-how+) 사업의 일환으로 특별보호관찰위원에 참여하고 있었습니다. 그리고 2022년 3월 16일, 나는 ○○과 첫 만남을 가졌습니다.

16세의 ○○이는 무직 상태였고, 특별한 계획 없이 주로 게임으로 시간을 죽이고 있었습니다. 중학교 생활과 학업에 흥미를 잃어 고등학교 진학도 포기했다고 했습니다. 하루 한 갑 정도의 담배를 피웠지만 줄일 생각이라 했고, 사교성은 좋아 친구가 많다고 했습니다. 자신의 단점으로는 게으름을 꼽았는데, 다소 비만한 체구는 그의 나태한 삶의 방식을 보여주는 듯했습니다.

첫인상은 의욕도, 꿈도 없는 청년이었습니다. 나태함 속에 갇힌 그에게서 자기 자신을 이끌어갈 내적 힘을 찾아주는 것이 나의 숙제였습니다. 처음 ○○이는 보호관찰에 대해 매우 부정적인 태도를 보였고, 3월의 멘토링 활동에도 적극적이지 않았습니다. 하지만 나는 청소년 교육의 전문성을 지닌 교사였고, 그런 기다림에는 익숙했습니다. 다그치지 않고 ○○이를 기다렸습니다. 학교 현장에서의 지도 경험을 사회에서 활용할 수 있음에 감사하며, ○○이가 변화할 기회를 자연스럽게 만들어주고자 체계적인 상담을 준비했습니다.

'선생님, 잘못했습니다!' (2022년 4월 ~ 7월)

2022년 4월 14일, 두 번째 만남. ○○이는 조금씩 마음의 문을 열기 시작했습니다. 멘토링이 끝날 무렵, 그는 마침내 게임 사기를 친 사실을 고백했습니다. 자신의 마음을 열고 처음으로 잘못을 인정하며 "선생님, 잘못했습니다!"라고 말했을 때, 나는 그 안에서 한 줄기 희망을 보았습니다.

그동안 확인한 ○○의 삶은 굴곡진 그 자체였습니다. 어려운 가정 형편에 돈을 쉽게 벌기 위해 게임 사기를 반복했고, 그때마다 아버지는 합의를 위해 동분서주했습니다. 합의가 안 되었을 때는 소년원에 가기도 했습니다. 반복된 처벌은 잘못과 반성에 대한 생각을 무디게 만들었고,

그는 환경 탓으로 사건을 정리해 온 듯했습니다. 나는 애써 자신의 어두운 모습을 외면하려는 ○○에게 힘이 되어주고 싶었습니다.

2022년 7월 1일, 아홉 번째 만남. ○○이는 검찰로부터 3건의 게임 사기 피의사건 결과 통지서를 받고 심각한 심적 부담을 느끼고 있었습니다. 다시 소년원에 갈 수 있다는 사실에 불안해하며 '심리불개시 결정'이 내려지기를 간절히 바랐습니다. 지난날의 잘못을 깊이 반성하며 재발하지 않겠다고 나와 굳게 약속했고, 도움을 간절하게 요청했습니다. 나는 ○○이에게서 미래와 희망을 보고 싶었습니다. 청소년지도 경험을 되짚어 그에게 필요한 실질적인 도움을 모색했습니다. 한국가이던스의 종합심리검사(자아·성격, 정신건강·중독, 학업·진로 등)를 실시하여 문제점을 파악하고, 맞춤형 멘토링을 체계적으로 진행했습니다.

새 생명을 얻은 기쁨과 지속적인 후원 (2022년 9월 ~ 2023년 2월)

마침내 2022년 9월 2일, 소년2단독 제102호 법정. 판사님은 ○○의 잘못과 처벌의 필요성을 이야기하면서도, 보호관찰위원의 변론과 지도를 기대하며 4주 교육 프로그램 이수와 2년 보호관찰을 판결했습니다. ○○이와 그의 아버지, 그리고 나는 말없이 얼싸안았습니다. 새 생명을 얻은 기쁨과 결의에 찬 눈으로 그들은 나에게 감사함을 표시했습니다.

이후 ○○이의 굴곡진 가정사를 들었습니다. 11살 차이와 성격차를 해소하지 못한 부모님은 ○○이가 중1이던 2019년 9월쯤 이혼했고, 공공근로를 하는 아버지가 ○○이와 여동생을 맡아 키웠습니다. 부모의 갈등으로 짙어진 심적 박탈감과 상처. 부모의 사랑과 학교 선생님들의 사랑은 ○○에게는 먼 나라 이야기였습니다. 마음이 답답했습니다.

2022년 12월 12일, 20번째 마지막 만남. ○○이는 재개발로 인한 이사 계획과 함께 멘토링 소감문을 보내왔습니다. 철자법은 틀렸지만 진심이 느껴지는 글이었습니다.

"김창학 선생님께서 좋은 말씀을 많이 해주시고 포기하시지 않을려는 모습을 보고 나도 열심히 해야겠다라는 생각이 들었지만 4월 달쯤 사고를 쳐서 재판을 봐야되는 위기에 놓였지만 김창학 선생님께서는 나를 포기하지 않으시고 탄원서를 써주시고 나를 위해 재판장 까지 오셔서 무사히 나올수 있게 되어서 정말 아직도 감사하게 생각한다. 김창학 선생님이 항상 인생조언 과 성공의 길 을 알려주시기에 재범을 안 하고 바른길로 인도할 수 있던거 같다... 내년에도 꼭 상담을 이어나가고 싶다."

퇴직공무원 사회공헌 활동은 1년 단위로 끝나기에 ○○이와의 공식적인 만남은 끝이었습니다. 그러나 그의 간절한 소망과 성장의 씨앗을 외면할 수 없었습니다. 며칠을 고민한 끝에, 이사 간 주소지의 보호관찰소에 사정을 설명하고 ○○이를 지속적으로 지도할 수 있도록 부탁했습니다. 결국, 나는 2년간 보호관찰위원으로 지정받아 멘토링을 이어갈 수 있게 되었습니다. 한때의 잘못으로 큰 대가를 치른 ○○이, 지속적인 관찰과 격려를 통해 바르게 살겠다는 의지를 지니게 된 ○○이를 보며, 나는 든든한 후원자가 되어 그의 마음의 힘을 키워주기로 결심했습니다.

2023년 2월 21일, ○○이에게서 반가운 연락이 왔습니다.

"감사합니다. 선생님 항상 걱정해주시고 챙겨주셔서 진심으로 감사합니다. 선생님 덕분에 저 역시 지금까지 살아오면서 바뀔 수 있엇던거 같습니다. 재판장부터 시작하여 저에게 많은 관심 가져주셔서 정말 감사하고 존경합니다. 선생님 저에게 유일하게 신경써주시는건 선생님밖에 없습니다. 감사하고 사랑합니다. 선생님"

철자는 틀렸지만, 세상에 홀로 남겨진 아이의 진심 어린 고백이었습니다.

당당한 시민으로의 성장 (2023년 8월)

지금도 멘토링이 있는 전날에는 ○○이에게 연락이 옵니다. 나는 올해도 5명의 보호관찰대상자와 ○○이의 멘토링을 이어가고 있습니다.

2023년 8월 24일, 녹번역에서 반가운 만남을 이어갔습니다. ○○이는 평소 생활의 리듬이 정상적인 궤도를 찾았고, 삶에 대한 의지가 강해 보였습니다. 뚜렷한 목표를 세우고 달성하기 위해 노력하겠다고 다짐했습니다. 시사, 정치에도 많은 관심을 갖고 전자신문을 통해 접한다고 합니다. 현재의 생활에 만족하며, 아르바이트를 잠시 접고 검정고시를 통해 고등학교 졸업자격을 먼저 취득하겠다고 합니다.

중학교에서는 책과는 거리가 멀었던 ○○이가 공부를 시작하겠다고 합니다. 명백한 변화가 일어난 것입니다. 2023년 8월 하반기 검정고시 합격을 기원하고 있습니다. 학교 밖 청소년이 제자리로 돌아오기 어려운 것이 현실이지만, ○○이가 당당한 시민으로 성장하기를 기대해 봅니다.

　범죄와 거리가 먼 청소년으로 오늘도 반갑게 만났습니다. 사랑과 기다림으로 지켜본 3년 동안의 기록, 보호관찰 멘토링 일지를 볼 때마다 나는 이 사업에 참여하길 참 잘했다는 생각이 듭니다. ○○이의 성장을 통해 나 또한 삶이 더욱 잘 영글어가는 느낌입니다.

학교폭력전담조사관으로의 보람

상처와 희망의 교차로에서 피어난 보람,
한 학교폭력전담조사관의 기록

3월의 낯선 시작, 소명을 안고 걷다

  2024년 3월, 봄의 설렘이 채 가시기도 전에 필자는 김포교육지원청의 문을 열고 학교폭력전담조사관이라는 낯선 이름표를 달았습니다. 교단과는 또 다른, 무겁고도 절실한 소명의 길이었습니다. 학교 폭력이라는 이름 아래 감춰진 아이들의 상처와 고통, 그리고 그 주변의 복잡하게 얽힌 마음들을 마주해야 하는 여정. 그 시작은 두려움 반, 기대 반이었습니다.

  초등학교 6건, 중학교 55건, 고등학교 8건. 숫자로만 보면 총 69건의 사건이지만, 제게는 69개의 작은 우주였습니다. 저마다의 아픔과 억울함, 성장의 고통이 뒤섞인 아이들의 이야기. 특히 중학교 사건이 압도적으로 많았던 것은, 사춘기의 격랑 속에서 아이들이 겪는 혼란과 갈등의 크기를 짐작하게 했습니다. 그들의 눈빛을 마주할 때마다, 제 마음속에는 '공정함'과 '따뜻함'이라는 두 가지 잣대가 동시에 벼려졌습니다. 단 한 명의 아이도 억울함 없이, 단 한 명의 아이도 더 큰 상처를 안고 돌아가지 않도록. 그것이 제 첫 번째 다짐이었습니다.

사건 뒤에 숨겨진 아이들의 목소리를 찾아서

  조사관의 업무는 때로는 외롭고, 때로는 감정적으로 소모되는 힘든 과정이었습니다. 수많은 진술과 증거 속에서 진실의 조각을 맞추는 일은 마치 안개 속을 헤매는 듯했습니다. 가해자와 피해자, 목격자, 학부모, 교사의 진술이 엇갈릴 때면, 저는 밤늦도록 자료를 들여다보며 실타래를 풀어야 했습니다.

특히, 마음을 울렸던 순간들은 아이들의 진솔한 고백을 들을 때였습니다. 겉으로는 무심하거나 혹은 억센 모습을 보이던 아이들이, 결국 자신의 속내를 털어놓으며 눈물을 보일 때. 그때 저는 단순히 '사건'을 처리하는 사람이 아니라, 한 아이의 상처받은 마음을 어루만져 주는 '어른'의 역할을 하고 있음을 깨달았습니다.

어느 중학교 사건에서는, 복잡하게 얽힌 관계 속에서 피해를 호소하는 아이가 있었습니다. 조사 과정에서 저는 섣불리 판단하기보다, 그 아이가 왜 그런 감정을 느끼게 되었는지 깊이 이해하려고 노력했습니다. 시간이 걸리고 많은 대화가 필요했지만, 결국 그 아이가 "조사관님 덕분에 제 이야기를 처음으로 제대로 들어주는 어른을 만난 것 같아요"라고 했을 때, 제 가슴은 벅차올랐습니다. 어렵고 힘든 과정이었지만, 제가 공정함과 신뢰를 바탕으로 학교폭력을 해결하는 데 일조했다는 사실이 그 모든 고통을 잊게 하는 뿌듯함이었습니다.

씨앗을 심고, 싹을 틔우다: 제도의 정착을 위한 노력

조사관으로서의 활동은 단순히 개별 사건 해결에만 머무르지 않았습니다. 2024년 5월 30일, 경기도교육청의 역량강화 연수 강사로 서게 되었을 때, 저는 '나'의 경험을 '우리'의 자산으로 나누고 싶었습니다. *'나는 이렇게 조사관 업무를 처리했다'*라는 주제로 강단에 섰던 그날, 제 진심이 담긴 조사 노하우와 철학을 동료 조사관들과 공유하며 저는 이 새로운 제도의 단단한 뿌리가 되는 것 같은 기분을 느꼈습니다.

그리고 7월부터 12월까지, 경기도교육청『2024 학교폭력전담조사관 제도』현장자문단 활동을 하면서 제 역할은 더욱 확대되었습니다. 3분기 역량강화 연수에서 3개 권역을 돌며 3일간 지원단 활동을 했던 시간들은, 학폭조사관 제도의 정착을 위해 제가 가진 모든 에너지를 쏟아부었던 열정의 시간이었습니다. 현장에서 겪는 생생한 어려움과 고민들을 듣고, 실질적인 해결책을 함께 모색하며 이 제도가 학교 현장에 안정적으로 뿌리내릴 수 있도록 돕는 일은 저에게 큰 보람이었습니다. 제 활동은 제도의 불확실성을 걷어내고, 조사관들이 자긍심을 가지고 일할 수 있는 환경을 만드는 데 기여했다는 확신을 주었습니다.

감사의 울림, 그리고 뜻밖의 선물

한 해의 마무리가 다가오던 12월 16일, 저는 이화여대 학교폭력예방연구소에서 주관한『2024 학교폭력 전담조사관 활동후기 우수사례 공모전』에서 '우수상'을 수상하는 영광을 안았습니다. 이 상은 단순히 저의 글이나 활동이 우수했음을 의미하기보다, 제가 만났던 아이들과 학교 현장의 모든 구성원들이 저에게 주었던 신뢰와 격려의 결실이라고 생각합니다.

가장 큰 보상은 따로 있었습니다. 바로 교사, 그리고 학부모님들로부터 온 감사와 격려의 문자 메시지였습니다.

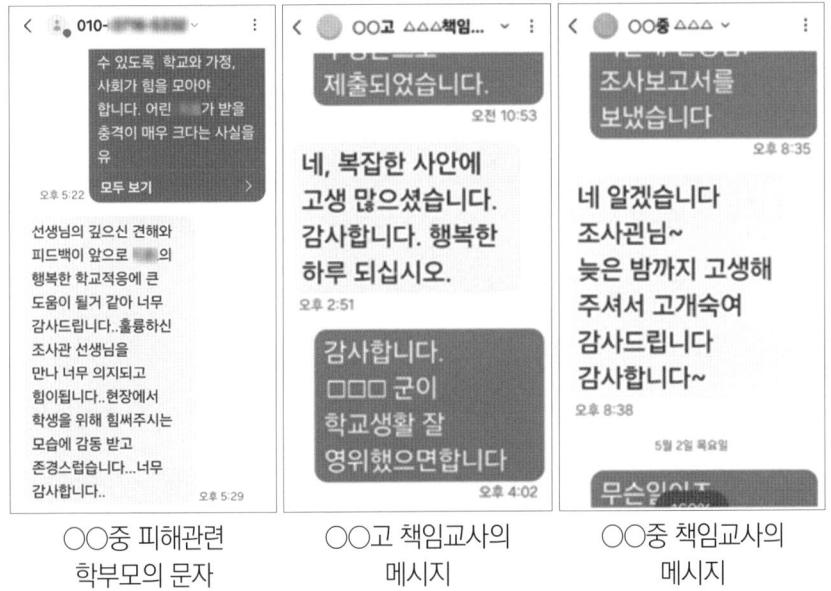

| ○○중 피해관련
학부모의 문자 | ○○고 책임교사의
메시지 | ○○중 책임교사의
메시지 |

- ○○중 피해 관련 학부모님의 문자: "조사관님, 복잡했던 일들이 조사관님의 공정하고 세심한 조사 덕분에 잘 정리되었습니다. 아이가 이제야 마음의 짐을 덜고 학교생활에 적응하고 있습니다. 진심으로 감사드립니다."

- ○○고 책임교사의 메시지: "바쁘신 와중에도 신속하고 정확하게 사안을 처리해 주셔서 저희 학교 교사들의 부담이 정말 많이 줄었습니다. 특히 아이들의 마음을 헤아려 주신 부분이 큰 도움이 되었습니다. 조사관님의 노고에 깊이 감사드립니다."

• ○○중 책임교사의 메시지: "새로운 제도 도입 초기에 어려움이 많았는데, 조사관님의 적극적인 협조와 전문성 덕분에 학교폭력 사안 처리가 이전보다 훨씬 안정적이고 공정하게 진행될 수 있었습니다. 조사관님은 저희 학교의 든든한 지원군이셨습니다."

이 메시지들은 제가 걸어온 길이 헛되지 않았음을 증명해 주는 따뜻한 훈장이었습니다. 한 해 동안 겪었던 어려움과 피로가 눈 녹듯 사라지는 순간이었습니다.

다시, 아이들의 곁으로

학교폭력전담조사관으로서의 2024년은 제 인생에서 가장 치열하고 의미 있는 시간이었습니다. 저는 상처받은 아이들의 눈물을 닦아주고, 갈등 속에 놓인 학교에 평화를 가져오는 작은 다리가 되고자 노력했습니다.

어렵고 힘든 과정이었지만, 학교 폭력이라는 어둠 속에서 빛을 찾는 데 일조했다는 사실, 그리고 제도의 정착을 위해 작은 힘이나마 보탰다는 사실은 저에게 무엇과도 바꿀 수 없는 보람으로 남았습니다.

이제 저는 다시 아이들의 상처와 희망이 교차하는 그 길로 돌아갑니다. 이 길이 결코 쉽지 않음을 알지만, 저를 믿고 마음을 열어준 아이들과, 제 노고에 감사를 표해준 교사와 학부모님들의 격려를 동력 삼아, 저는 오늘도 공정함과 따뜻함이라는 무기를 들고 학교폭력 없는 건강한 성장의 공간을 지키기 위해 최선을 다할 것입니다. 저의 작은 노력이 아이들의 내일에 크고 단단한 희망의 씨앗이 되기를 간절히 소망하며, 저의 소중한 기록을 마무리합니다.

퇴직 후에도 통일 교육하는 필자

스승으로 살아온, 그리고 살아가고 있는 보람

2020년 8월 31일, 35년 5개월간의 교직생활을 마감하고 중학교 교감으로 정든 교단을 떠났습니다. 하지만 저의 '스승'으로서의 여정은 멈추지 않았습니다. 퇴직 후에도 그간의 경험을 살려 인사혁신처의 사회 공헌 사업에 참여, 법무부 서울보호관찰소에서 특별보호관찰위원으로 3년째 봉사하고 있습니다. 보호관찰 청소년 5명을 대상으로 멘토링을 이어가며, 그들이 다시금 건강한 사회 구성원으로 설 수 있도록 돕는 일은 여전히 저에게 큰 보람을 안겨주고 있습니다.

그러던 2023년 5월 15일, 아침을 여는 한 통의 전화가 걸려왔습니다.

"선생님! ○○이예요. 저 아시죠?"

"그럼, 잘 있었니."

"선생님! 그동안 연락 못 드려서 죄송해요."

"아니다. 반갑구나."

"선생님! ○○이와 ○○랑 셋이서 선생님 모시고 식사 한번 할게요."

가슴이 벅차올랐습니다. 35년 전, 초임 교사 시절 산업체 특별학급에서 만났던 제자들의 목소리였습니다. 낮에는 산업체에서 일하고 저녁에는 고등학교에서 공부하던, 그 시절의 '근로 청소년'들. 문학소녀 ○○이, 선생님들의 사랑을 독차지했던 0, 그리고 자기 관리가 철저했던 ○○이. 이 셋이 고등학교 1학년 때 만나 35년 동안 우정을 이어가고 있다는 사실만으로도 이미 감동이었습니다.

며칠 후, 6월 13일 정오에 영등포역에서 만나자는 ○○이의 카톡을 받았습니다. 35년 만의 만남. 얼마나 변했을까, 한눈에 알아볼 수 있을까 설렘과 걱정이 교차했습니다. 아내는 제자들의 연락에 부러움을 내비치더군요.

제자들을 위한 선물을 고르는 일은 또 다른 행복한 고민이었습니다. 주위의 추천을 받아 스카프, 양산, 책 등을 생각하다가, 문득 중년 여성들이 책보다 실용적인 선물을 더 좋아할 수도 있다는 조언을 듣고 계획을 수정했습니다. 이번에는 세 제자에게 어울릴 만한 스카프를 선물하고, 만약 여전히 책을 좋아한다면 나중에 따로 보내주기로 마음먹었습니다.

약속 당일, 저는 설레는 마음으로 일찍 출발해 인근 백화점에서 미영, 순례, 경남이를 생각하며 각각 다른 스카프를 정성껏 포장했습니다.

11시 54분, ○○이에게서 전화가 왔습니다. ○○이는 천안, ○○이와 ○○는 김포에 살고 있어 영등포역이 중간 지점이었던 것이죠.

마침내, 영등포역에서 35년 만에 ○○이를 만났습니다. "선생님," "○○이니." 세월의 흔적에 조금은 변했지만, 곧 ○○와 ○○이가 도착했고, 우리는 포옹하며 17살 소녀 시절로 잠시 돌아갔습니다. 너무나도 반가운 순간이었습니다.

우리는 여의도의 고급 음식점으로 향했습니다. 여의도에서 직장생활을 하는 순례의 딸이 엄마의 은사를 위해 예약해 준 곳이었습니다. 시간 가는 줄 모르고 그때 그 시절의 이야기를 나눴습니다.

가장 궁금했던 제자들의 삶. 책을 좋아했던 ○○이는 초등학교 교사를 만나 행복한 가정을 이루고, 지금은 교장선생님으로 재직 중이라고 했습니다. 항상 밝았던 ○○는 아들딸을 두고 여유로운 삶을 살고 있고, 깔끔했던 ○○이는 미스코리아보다 예쁜 두 딸을 낳아 열렬한 사랑 끝에 결혼한 남편과 행복하게 지내고 있다고 했습니다. 그 어려운 시절을 겪었던 아이들이 모두 행복한 삶을 살고 있다는 사실에, 저는 신의 축복처럼 느껴지는 안도와 기쁨을 느꼈습니다.

즐거운 식사를 마치고 헤어지며 다음 만남에는 제가 고른 책들을 선물하겠다고 약속했습니다. 헤어지고 돌아오니 ○○에게서 장문의 카톡이 도착했습니다.

선생님 저 장○○여요~~^^

전화번호 010 0000 0000

오늘 선생님 얼굴 뵙고 와서 지금도 가슴이 뛰네요~~

너무 늦게 찾아뵈서 정말 정말 죄송합니다~

쌤께 받은 사랑과 관심 은혜 갚고 살았어야 하는데 사는 게 바빠서 미루다 보니 오늘에서야 인사드렸네요~ㅠ

선물 받은 이쁜 스카프 메고 앞으로 더 자주 얼굴 뵈러 갈게요~^^ 완전 감동이어요~

선생님 기도 덕에 이렇게 행복하게 잘 사는 것 같아요~

지금처럼 건강하고 행복하게 저희들 곁에 오래도록 함께 해주시길~~~선생님 정말 정말 고맙습니다~^^

이렇게 마음 따뜻하고 열정 넘치는 선생님이 제 담임쌤이었다는 것만으로도 감사하고 난 참 복이 많구나~ 싶은 게 정말 정말 감사하고 행복합니다~^^

다음엔 쌤 좋아하시는 음식으로 편한 곳에서 좀 더 자주 찾아뵐게요.

선생님 가정에 늘 건강과 행복이 가득하시길 기원합니다~~^^

이 따뜻한 메시지를 읽으며 다시 한번 가슴이 뭉클했습니다. 스승으로서 받은 최고의 선물이었죠.

이는 비단 초임 시절 제자들의 마음뿐만이 아니었습니다. 퇴임 직전, 함께 일했던 두 분 선생님이 보내주신 카톡에서도 비슷한 감동을 느꼈습니다.

"저에게도 교감선생님께서는 특별한 분이세요. ... 누구나보다도 열정을 가지고 학교 구성원 한 명 한 명을 위해 애쓰셨던 아름다우신 모습 가슴 깊이 간직하겠습니다."

"제 기억 속에 가장 따뜻하고 멋있었던 교감선생님으로 남을 것 같습니다. 항상 유쾌하지만 현명하고, 항상 포용적이지만 권위 있고, 항상 날카롭지만 두루 감싸 안아 주셨던 교감 선생님으로 기억하겠습니다."

초임 시절의 제자들이나 퇴임 직전의 동료 선생님들이 공통적으로 '열정 있는 최고의 선생님'이었다고 평가해 주었을 때, 35년 5개월의 교직생활에 대한 모든 보람을 느낄 수 있었습니다.

스승으로 살아온 세월, 그리고 지금도 스승의 역할을 이어가고 있는 이 삶에 다시 한번 깊은 보람을 만끽해 봅니다. 감사합니다.[본 내용은 mbc라디오 여성시대 2023년 6월 22일에 소개된바 있음]

내가 선물해준 스카프를 한 제자들

식사 후 찰칵!

제6장

미래를 향한
교육의 길 위에서

한 교육인의 성찰과 다짐

제6장
미래를 향한 교육의 길 위에서

한 교육인의 성찰과 다짐

1. 멈춰버린 교실 속에서

나는 평생을 학교 안에서 살아왔다.

분필 냄새가 배어 있는 교실, 종소리에 맞춰 움직이던 아이들, 칠판 가득 적힌 글자들.

그 풍경 속에서 나는 교사로서의 하루를 시작하고 마무리했다.

아이들의 웃음은 내 하루의 기쁨이었고, 그들의 고민은 곧 나의 과제였다.

그러나 세월이 흐르며 내 마음속에는 지울 수 없는 의문이 자라났다.

"우리는 정말 아이들을 위해 가르치고 있는가?"

세상은 눈부시게 변하고 있었다.

AI가 문제를 풀고, 로봇이 글을 쓰며, 아이들은 손끝 하나로 세상과 연결되는 시대.

그런데 교실 안의 시간은 멈춰 있었다.

아이들의 배움은 여전히 대학 입시를 향하고 있었고, 학교는 점수를 쌓기 위한 훈련장이 되어 있었다.

나는 그 안에서 점점 숨이 막혀왔다.

가르친다는 것이 아이들을 위한 일인지, 제도에 순응하는 일인지 스스로에게 묻게 되었다.

교사의 열정이 시험 일정과 평가 규정에 갇혀버린 현실 속에서, 나는 진짜 교육이 무엇인지 다시 찾아야 했다.

2. 배움의 본질을 다시 묻다

나는 교과서를 덮고, 아이들과 마주 앉았다.

정해진 답 대신 질문을 던지고, 교실 밖 세상을 수업의 재료로 삼았다.

지역의 문제를 함께 고민하고, 직접 실험하며 배우는 프로젝트를 시작했다.

그때 아이들의 눈빛이 달라졌다.

정답을 외우던 눈빛이 아닌, 스스로 깨닫는 눈빛이었다.

배움은 경쟁이 아니라 성장의 여정이었다.

교육은 지식을 주입하는 일이 아니라 가능성을 여는 일이었다.

나는 그때 비로소 알았다.

교사가 진정으로 해야 할 일은 가르치는 것이 아니라, 아이 안의 잠든 호기심을 깨우는 일이라는 것을.

작은 변화였지만, 교실의 공기는 달라졌다.

공부를 힘겨워하던 학생이 탐구의 재미를 느끼기 시작했고, 말수가 적던 아이가 친구들 앞에서 발표를 자청했다.

나는 그 모습을 보며 확신했다.

교육은 바뀔 수 있다. 아이들은 충분히 달라질 수 있다.

3. 입시의 벽 앞에서

그러나 현실의 벽은 높았다.

입시 제도는 여전히 아이들의 생각을 점수로 환산했고, 학부모들의 불안은 학교를 압박했다.

나는 그 불안을 탓할 수 없었다.

제도가 바뀌지 않으면, 학교의 변화는 한계에 부딪힌다.

그래서 나는 깨달았다.

입시 제도의 근본적 변화 없이 교육의 미래는 없다.

입시의 공정성과 안정성은 물론 중요하다.

그러나 그것이 창의력과 자기주도성을 가로막는 벽이 되어서는 안 된다.

지식을 암기하는 능력보다, 문제를 스스로 발견하고 해결하는 능력을 평가해야 한다.

미래 사회가 요구하는 인재는 '많이 아는 사람'이 아니라, '스스로 배우는 사람'이기 때문이다.

학교는 더 이상 정답을 외우는 곳이 아니라, 세상을 배우는 공간이 되어야 한다.

실패조차 배움의 일부로 인정받는 학교, 아이가 스스로의 속도로 성장할 수 있는 학교, 그것이 내가 꿈꾸는 학교의 모습이다.

4. 교사의 자리에서

그래서 나는 교사의 역할부터 다시 세워보기로 했다.

'지식을 전달하는 사람'에서 '배움을 안내하는 사람'으로,

'가르치는 자'에서 '함께 배우는 자'로.

교사는 학생의 정답을 찾아주는 존재가 아니라, 생각의 문을 열어주는 길잡이여야 한다.

가르침이 아니라 함께 배우는 관계, 그것이 내가 바라는 교실의 모습이다.

이 길은 결코 쉽지 않았다.

제도의 틀과 현실의 무게가 나를 수없이 흔들었다.

때로는 변화에 대한 냉소와 회의가 마음을 잠식하기도 했다.

그러나 매번 나를 다시 일으킨 것은 아이들의 눈빛이었다.

스스로의 힘으로 깨닫고 성장하는 그 눈빛이야말로, 교사로 살아가는 이유였다.

5. 교육의 미래를 믿는다

나는 믿는다.

학교가 변하면 아이들이 변하고,

아이들이 변하면 사회가 변한다는 것을.

교육의 변화는 먼 미래의 이야기가 아니다.

오늘, 내 앞의 한 아이에게 '다르게 배우는 경험'을 선물하는 순간부터

이미 시작된다.

이제 나는 다시 교단에 선다.

분필 대신 아이들의 질문을 들고,

성적표 대신 성장의 흔적을 품으며.

그리고 오늘도 아이들에게 묻는다.

"너는 어떤 세상을 만들고 싶니?"

그 물음 앞에서 아이들은 잠시 생각에 잠긴다.

그리고 천천히, 그러나 단단한 목소리로 말한다.

"선생님, 저는 세상을 조금이라도 더 좋게 만들고 싶어요."

그 대답 속에서 나는 교육의 희망을 본다.

그것이 나의 신념이며, 교직 인생의 이유다.

"교육은 세상을 바꾸는 가장 강력한 힘이다."

— 넬슨 만델라

나는 그 말을 믿는다.

그리고 오늘도 그 믿음을 품고,

아이들의 미래를 향한 길 위에 서 있다.

서른여섯 해, 교단에서 외치는 절규: 교육부 폐지가 아이들을 살리는 길

저는 지난 35년 5개월 동안 학교 현장을 지켜오다 퇴직한 교육자입니다.

분필 가루를 마셔가며 아이들의 올바른 성장을 위해 헌신해 왔다고 자부합니다. 그리고 이 긴 시간 동안, 제 가슴속에 맺힌 하나의 확신이 있습니다. 대한민국 교육을 살리는 근본적인 해답은 바로 '교육부 폐지'에 있다는 것입니다.

교육에 조금이라도 진심을 가진 교사라면 누구나 이 대안을 거론합니다. 학교 교육에 있어서 교육부라는 거대한 중앙 관료 조직이 과연 필요한가? 현장의 교육자들은 대부분 '필요 없다'고 입을 모읍니다. 이는 단순한 불만이 아니라, 탁상공론식 정책이 초래하는 현장의 혼란에 대한 절규이자 경험에서 우러나온 통찰입니다.

현장과 괴리된 '그들만의 리그'

교육부에서 내려오는 수많은 정책들은 학교 현장의 실태와 너무나 멀리 떨어져 있습니다. 정책 입안자들은 '책상'에서 보고서를 만들지만, 그 정책이 실제로 적용되는 '교실'과 '운동장'의 현실은 고려되지 않기 때문입니다. 그 결과는 늘 혼란뿐이었습니다.

아이들의 교육 환경은 시시각각 변하고, 지역과 학교의 특성은 천차만별입니다. 하지만 교육부는 전국을 하나의 잣대로 재단하려 하고, 획일적인 평등주의와 관료주의적 통제를 강요합니다. 교육 현장의 자율성과 전문성은 이러한 중앙집권적 시스템 아래에서 질식당해 왔습니다. 현장 교사들의 목소리는 언제나 정책 결정 과정의 변두리에서 맴돌았을 뿐, 실질적인 반영으로 이어지지 못했습니다.

우리의 교육 역사를 되돌아볼 때, 교육부의 기능이 정말로 우리 아이들의 삶과 교육에 긍정적인 도움이 되었는지 묻고 싶습니다. 저는 교육부가 '그들만의 리그'를 위해 존재해왔다고 감히 말합니다. 예산을 쥐고, 인사권을 휘두르며 현장을 쥐락펴락하는 못된 관습이 교육부 관료들의 머릿속에 가득한 것이 우리의 교육 현실입니다. 그들의 목표는 아이들의 성장이 아니라, 조직의 확장과 권한 유지에 맞춰져 있는 듯 보입니다.

선진국 도약의 진정한 공신은 누구인가?

우리나라가 이 짧은 기간에 선진국으로 진입할 수 있었던 일등공신은 과연 누구일까요? 저는 단언컨대 아이들을 위해 헌신한 학교 현장의 교사들이라고 생각합니다. 교육부 관료들이 아닙니다.

36년간 학교 현장을 지켜본 저의 눈에는, 분필 가루를 먹어가며 제자들의 더 나은 삶을 위해 밤낮없이 애쓴 교사들의 땀과 눈물만이 보입니다. 교육부의 '관리'들이 교육에 기여한 바는 그리 높지 않습니다. 그들이 내놓은 정책은 대부분 현장의 교사들이 보이지 않는 희생과 노력으로 겨우 갈무리해 낸 것이 태반입니다.

교사들은 교육 본연의 역할 외에도, 끊임없이 쏟아지는 행정 업무와 실효성 없는 정책 준비에 시달려왔습니다. 교사가 아이들을 가르치는 일에 집중할 수 없게 만드는 구조, 이것이 바로 교육부 중심의 관료 행정이 낳은 가장 큰 폐해입니다.

정부 철학 부재를 넘어, 과감한 결단으로?

교육부를 왜 폐지하지 못하는가? 저는 그 답을 정부의 철학 부재에서 찾습니다. 교육을 백년대계가 아닌 '정권의 입맛에 맞는 도구'로 여기는 구태의연한 시각이 교육부라는 조직을 유지시키고 있습니다. 정권이 바뀔 때마다 교육 정책이 춤을 추는 '조령모개(朝令暮改)'의 혼란은 교육의 안정성과 신뢰를 무너뜨렸습니다.

이제는 제대로 교육 현장을 되돌려줄 적기입니다. 우리의 아이들과 미래 세대를 위해, 과감하게 교육부를 폐지하는 일부터 추진해야 합니다.

교육부의 폐지는 무정부 상태를 의미하지 않습니다. 오히려 교육의 권한을 실질적인 수요자인 학교와 지역사회, 그리고 시·도 교육청으로 이양하고, 중앙정부는 장기적인 교육 비전 제시와 교육 기회 균등, 재정 지원 등 꼭 필요한 최소한의 기능만을 수행하는 **'국가교육위원회'**와 같은 합의제 기관으로 재편해야 합니다.

학교를 살리고, 우리 아이들에게 올바른 교육을 제공하기 위한 첫걸음은, 교육 현장 위에 군림하는 낡고 무능한 중앙 관료 시스템을 걷어내는 것에서 시작되어야 합니다. 이것이 서른여섯 해 교단에 서 온 저의 간절한 제언이자, 우리 아이들의 미래를 위한 절박한 호소입니다.

미래 교육을 찾아 나선 나의 회고록

점수의 그림자 아래서, 입시 위주 교육의 현실

나는 지난 수십 년 동안 교단에 서 있었다. 희망과 열정으로 가득 찬 아이들을 매년 만났지만, 그들의 눈빛이 시간이 지날수록 어떻게 메말라 가는지를 가장 가까이에서 지켜본 증인이기도 하다. 학교는 본래 앎의 기쁨과 성장의 터전이어야 했으나, 우리의 현실은 달랐다. 학교는 그저 '대학 입시'라는 단 하나의 관문을 통과하기 위한 거대한 훈련장이었다.

학생들의 삶은 철저히 효율성과 점수 획득을 중심으로 재편되었다. 수업 시간은 교사의 일방적인 지식 전달과 문제 풀이 기술 전수 시간으로 변질되었고, 학생들은 무언가를 깊이 탐구하거나 스스로 질문할 여유를 잃었다.

그들에게 가장 중요한 것은 '왜' 배우는가가 아니라, '어떻게' 높은 점수를 받는가였다. 수많은 지식 정보들이 끊임없이 주입되었지만, 그 지식이 학생들의 삶 속에서 어떤 의미를 가지는지, 어떻게 연결되고 융합될 수 있는지는 가르쳐지지 않았다.

마치 잘 훈련된 기계처럼, 아이들은 오로지 시험 성적이라는 목표를 향해 달렸다. 이 획일화된 경쟁 시스템 아래에서, 아이들이 가진 고유한 호기심과 창의력은 점차 점수의 그림자 속으로 숨어들 수밖에 없었다.

시대의 역행, 지식 암기가 아닌 역량이 필요한 시대

우리가 사는 시대는 4차 산업혁명이라는 거대한 물결 아래 빠르게 재편되고 있다. 인공지능이 인간의 인지적 영역까지 대체하는 이 초연결, 초지능 사회에서, 단순 암기 지식은 더 이상 개인의 경쟁력이 될 수 없다. 이미 인터넷 검색 한 번으로 쏟아져 나오는 지식을 굳이 머릿속에 담아둘 필요가 없어졌기 때문이다.

하지만 학교 교육은 여전히 20세기 산업화 시대의 틀에 갇혀, 변화의 속도를 따라가지 못하고 있다. 구체적으로, 현재의 교육은 불확실한 미래를 주도적으로 살아갈 아이들에게 가장 필요한 핵심 역량인 창의력, 융합적 사고, 그리고 자기주도성을 길러주지 못하고 있다.

오히려 매번 정답이 정해져 있는 객관식 문항 앞에서, 아이들은 틀릴까 두려워 새로운 시도를 주저하고, 스스로 생각하는 힘을 잃어버렸다. 미래 사회는 복잡하고 정답이 없는 문제를 해결할 줄 아는 인재를 요구하는데, 우리 교육은 여전히 과거의 '정해진 답'만을 고집하며 시대에 역행하고 있는 것이다.

근본적인 전환의 시작, 입시 정책의 혁신과 공정성

미래 역량을 학교 교육에서 효과적으로 함양하기 위해서는, 학교 교육을 지배하는 대학 입시 제도의 근본적인 변화가 필수적이다. 입시가 변하지 않으면 학교는 절대 변할 수 없다. 물론 입시 정책의 변화는 공정성 확보와 안정성 유지를 최우선 과제로 삼아야 한다.

변화 자체가 혼란을 야기하거나, 소위 '금수저' 전형으로 불리는 불공정성을 심화시켜서는 안 된다.

내가 제시하는 근본적인 전환은 이렇다. 단순한 점수나 등급이 아닌, 학생의 성장 과정과 역량 발현을 중심으로 평가하는 체제로의 전환이다. 이를 위해 입시 정책은 다음과 같은 원칙을 따라야 한다.

첫째, 학교생활기록부(학생부)의 기록과 평가의 투명성 및 객관성을 극대화해야 한다. 교사가 학생의 역량을 평가하는 과정에 대한 명확한 가이드라인을 제시하고, 공교육 시스템 내에서 이루어진 활동만 평가에 반영해야 한다.

둘째, 대학수학능력시험(수능)은 암기 중심의 변별력을 약화하고, 대학 교육을 받을 수 있는 최소한의 학업 역량(학력)을 평가하는 자격고사 형태로 전환되어야 한다. 이를 통해 수능이 학교 교육을 지배하는 영향력을 줄여야 한다.

셋째, 궁극적으로 학교 교육이 '미래 인재 양성'에 기여하도록, 입시가 단순한 선발 도구가 아닌 학생의 잠재력을 발현시키는 성장 지원 시스템으로 기능해야 한다.

교육 내용과 평가 체제의 혁신: 창의적 문제 해결 중심

입시 제도의 개혁이 학생들을 입시의 압박으로부터 해방시켜 줄 기초 작업이라면, 교육의 본질을 바꾸는 것은 그 위에 세워야 할 새로운 집이다. 우리는 교육 내용과 평가 체제를 완전히 혁신해야 한다.

교육 내용은 '지식의 습득'에서 '지식의 융합과 재구성 능력'을 키우는 방향으로 전환되어야 한다. 학생들은 더 이상 개별 과목의 파편화된 지식만을 배우는 것이 아니라, 실생활의 복잡한 문제(예: 기후 변화, 지역사회 갈등 등)를 해결하기 위해 여러 학문의 경계를 넘나드는 프로젝트 기반 학습(PBL)에 참여해야 한다. 예를 들어, 수학과 미술을 융합하여 도시 디자인 문제를 해결하고, 역사와 과학을 결합하여 전염병의 확산 경로와 사회적 영향을 탐구하는 식이다.

평가 체제 역시 암기식 지식을 묻는 중간고사나 기말고사의 비중을 줄이고, 학생의 탐구 과정과 산출물에 대한 정성적 평가를 강화해야 한다. 평가의 중심은 '얼마나 많이 아는가'가 아니라, '배운 것을 어떻게 활용하고 새로운 것을 만들어낼 수 있는가'에 맞춰져야 한다. 학생 스스로 학습 목표를 설정하고, 그 목표를 달성하기 위한 과정을 포트폴리오로 제출하며, 교사는 그 과정을 섬세하게 기록하고 피드백을 주는 '성장 기록형 평가'가 표준이 되어야 한다.

미래 학교의 모습, 스스로 불을 지피는 교육

내가 꿈꾸는 미래 학교는 더 이상 지식을 채워 넣는 주유소가 아니라, 아이들 스스로 지식의 불을 지피는 캠프파이어와 같다. 교사의 역할은 지식 전달자에서 학습 촉진자(Facilitator)로 바뀐다. 교사는 학생이 스스로 질문을 던지고, 답을 찾아가는 여정에서 올바른 방향을 제시하고 필요한 자원을 연결해 주는 조력자이다.

이 학교에서 학생들은 다양한 배경과 강점을 가진 동료들과 협력하여 문제를 해결하는 경험을 통해 자연스럽게 협력적 의사소통 능력을 키우게 된다. 실패는 처벌받는 경험이 아니라, 성장의 필수적인 과정으로 인정된다. 중요한 것은 정답을 맞히는 것이 아니라, 정답을 찾아가는 과정에서 자기주도적인 학습 습관을 형성하는 것이다.

학교 교육이 미래 사회의 핵심 역량을 기르는 요람이 되기 위해서는, 우리가 가진 교육에 대한 고정관념을 부수고 나아가야 한다. 공정성을 지키면서도 혁신을 멈추지 않는 용기 있는 선택이 필요하다. 나의 교육 여정의 끝에서, 나는 모든 아이가 불확실한 미래를 당당하게 맞설 수 있는 주체적인 인간으로 성장하는 미래 학교를 만날 수 있기를 간절히 소망한다. 이것이 우리가 다음 세대에게 물려주어야 할 가장 위대한 유산일 것이다.

제언: 학교를 살리는 교육청,
그 혁신을 위한 노교사의 자서전적 제안

학생 수 감소와 비대한 교육행정 조직, 그 모순의 시대 앞에서

오랜 세월 교단에서 아이들과 함께 숨 쉬고, 땀 흘리며 교육 현장을 지켜온 한 노교사로서, 저는 지금 우리 교육이 처한 현실을 외면할 수 없습니다. 수십 년 전, 교실이 학생들의 웃음소리로 터져 나갈 듯 북적이던 시절을 기억합니다. 그러나 지금은 어떻습니까. 매년 발표되는 교육통계는 우리에게 뼈아픈 현실을 고발하고 있습니다. 시골뿐만 아니라 대도시에서도 학생 수는 급감하고, '폐교'라는 단어가 더 이상 낯설지 않은 시대가 되었습니다. 학교들은 문을 닫고, 남은 학교마저 학생모집에 어려움을 겪는 이 엄중한 현실 말입니다.

그럼에도 불구하고, 저는 상식적으로 납득하기 어려운 또 하나의 현실에 직면합니다. 학생 수가 줄어들고, 학교 현장이 축소되는 이 시점에, 정작 학교를 '지원'해야 할 교육청과 교육지원청의 소속 직원이 줄었다는 소식은 좀처럼 들려오지 않는다는 사실입니다. 아니, 오히려 조직은 그대로이거나, 새로운 업무와 정책을 이유로 비대해지는 것은 아닌지 우려스럽습니다.

'지원청'이라는 이름의 허울과 '시어머니'의 역할

2014년, 학교 현장의 교육을 '지원'하기 위해 교육청의 명칭이 '교육

지원청'으로 변경되었을 때, 솔직히 현장의 교사들은 작은 기대를 품었습니다. 이제야말로 상급 관청이 아닌, 우리 학교의 든든한 조력자로 거듭나겠구나 하는 희망이었습니다.

하지만 시간이 흐르면서, 그 기대는 점차 회의와 허탈감으로 바뀌었습니다. 명칭만 '지원청'으로 바뀌었을 뿐, 학교 현장에서 교육청의 본질적인 역할은 크게 달라지지 않았다고 느끼는 교사들이 많습니다. 여전히 교육지원청은 학교를 향해 '지시'와 '통제'의 메시지를 보내며, 각종 행정 업무와 불필요한 공문을 쏟아내는 상급 관청, 때로는 과도한 '시어머니' 역할을 하는 곳으로 인식되는 경향이 있습니다.

학교를 진정으로 지원한다는 것은, 학교가 본연의 임무인 '교육'에 집중할 수 있도록 행정 부담을 덜어주고, 학생들에게 필요한 전문적인 자원과 서비스를 제공하는 것을 의미해야 합니다. 하지만 학생 수 감축에 비례하지 않고 도리어 팽창하는 듯한 교육청 조직을 보면서, 현장 교사들은 묻지 않을 수 없습니다.

"이 거대한 조직의 에너지는 과연 누구를 위해, 무엇을 위해 쓰이고 있는가?" 교육의 본질인 '학생과 학교의 성장'보다는, 조직 자체의 유지와 행정 절차에 몰두하고 있는 것은 아닌가 하는 씁쓸한 의구심이 드는 것입니다.

과감한 혁신, '학교 중심의 교육행정'으로의 재정비가 필요하다

저는 이 시대의 교육을 진정으로 걱정하는 사람이라면, 이 모순적인 상황 앞에서 과감한 혁신을 이야기해야 한다고 믿습니다. 학생 수 감소와 비례하여 교육청의 직원을 감축하고, 남은 인력과 예산을 학교 현장에 직접적인 도움을 주는 방향으로 재배치하는 일은 더 이상 미룰 수 없는 시대적 과제입니다. '파킨슨의 법칙'처럼, 조직은 스스로 업무를 창출하며 팽창하려는 경향이 있지만, 공공 조직인 교육청은 마땅히 그 존재 이유인 '학교'를 위해 기꺼이 자신을 재단해야 합니다.

오랜 시간 교육 현장에 몸담았던 노교사의 생각은 명료합니다. 비대한 교육청은 우리 교육에 더 이상 필요하지 않습니다. 우리는 학교를 살리기 위한 조직으로 교육청을 되돌려 놓아야 합니다.

첫째, 교육청 조직의 규모를 학생 수 감축 추이에 맞춰 대대적으로 재정비해야 합니다. 중복되거나 불필요한 행정 절차를 과감히 폐지하고, 인력을 최소화하여 예산을 절감해야 합니다. 이 예산은 학교가 학생들을 위해 직접 사용할 수 있는 교육 활동비, 교사들의 연구 지원비 등으로 전환되어야 합니다.

둘째, 교육지원청의 역할을 '통제'에서 '학교의 교육력 강화 지원'으로 완전히 전환해야 합니다. 교육청에 근무하는 직원들의 생각이 진정으로 학교를 지원하고 학교의 교육을 생각하고 있는지, 그 존재의 이유와 가치관부터 재정립해야 합니다. 현장의 필요를 가장 잘 아는 학교의 요청에 응답하고, 학교가 해결하기 어려운 문제(예: 복합 민원, 전문적인 컨설팅, 지역 사회 연계 등)에 대해서만 효율적으로 개입하는 조직이 되어야 합니다.

셋째, 학교 현장의 '학교 자치'를 실질적으로 보장하고, 교육청의 행정 권한을 단위 학교로 대폭 이양해야 합니다. 학교 운영의 자율성을 높여 교장과 교사들이 교육 전문가로서 학생 맞춤형 교육을 실현할 수 있도록 해야 합니다. 교육청은 그저 학교가 자율적으로 교육을 운영할 수 있도록 법적, 제도적 울타리를 제공하는 최소한의 관리 조직으로 남아야 합니다.

시대를 직시하며, 본질로 돌아갈 때

시대의 흐름 앞에서 솔직해질 필요가 있습니다. 학생들은 줄어들고, 학교는 고통받고 있습니다. 교육의 본질은 교실 안에 있고, 교육 행정은 오직 그 교실을 돕기 위해 존재해야 합니다.

교육청 존속 여부에 대한 논의는 단순히 조직을 없애거나 유지하는 이분법적 문제를 넘어, '대한민국 교육이 나아가야 할 방향'에 대한 근본적인 질문과 맞닿아 있습니다. 저는 교육청의 기능이 사라져야 한다고 주장하는 것이 아닙니다. 오히려 학교를 살리기 위한, 학교 중심의 작고 강한 조직으로 조속히 재정비되어야 한다고 제언하는 바입니다.

비대한 조직을 위한 행정이 아닌, 학생 한 명 한 명을 위한 교육을 위한 지원이 절실한 시점입니다. 이 노교사의 간절한 바람이, 우리 교육의 미래를 위한 혁신의 불씨가 되기를 기원합니다.

이 글은 35년 5개월 동안의 학교 교육활동을 담은 필자의 교무수첩 기록을 바탕으로 학교 현장을 객관적으로 이해하고 대안을 모색하고자 하는 필자의 깊은 고민을 담고 있습니다.

학교 교육의 현주소를 암울하게 보고, 개인적인 노력에도 불구하고 근본적인 문제가 해결되지 않아 변화가 없음을 지적하며, 교육 개혁의 시급성을 강조합니다.

필자는 현재의 교육 당국을 향해 답을 알면서도 해결하지 않는다면 무책임하다고 비판하며, 잠자는 교실을 살리고 교육의 미래를 밝게 하기 위한 두 가지 핵심적인 개선 방안을 제시합니다.

다음에서는 이 두 가지 개선점을 중심으로 대안을 제시합니다.

잠자는 교실을 살아있는 교실로, 입시 제도의 근본적 개선

잠자는 학생들로 가득한 교실은 현 교육 시스템의 가장 심각한 병폐 중 하나입니다. 학생들의 흥미와 참여가 결여된 교실은 교육의 본질적 목표를 달성할 수 없습니다. 필자는 이러한 현상의 근본 원인이 현재의 입시 구조에 있다고 진단하며, 생동감 넘치는 교실을 만들기 위해 입시 제도의 과감한 개혁을 촉구합니다.

획일적인 입시 위주 교육 탈피

현재의 입시 제도는 수능과 내신이라는 획일적인 잣대로 학생들을 평가하고 서열화합니다. 이로 인해 학교 교육은 입시 과목 위주의 암기식, 주입식 학습에 매몰되어 버립니다. 교사들은 창의적이고 탐구적인 교육을 시도하기보다, 오로지 시험 성적 향상을 위한 지식 전달에 집중하게 됩니다.

개선 방안:

- 다양한 평가 요소 도입 및 비율 확대: 단순히 지필고사 성적을 넘어, 학생의 과정 중심 평가, 논술 능력, 비판적 사고, 협업 능력, 인성 등을 종합적으로 반영하는 입시 제도로의 전환이 필수적입니다.

- 고교 학점제와 연계된 평가 시스템 구축: 학생들이 자신의 흥미와 적성에 따라 과목을 선택하고, 그 과정에서 얻은 성취와 학습 태도를 대학 입시에서 실질적으로 인정받을 수 있도록 평가 시스템을 개편해야 합니다. 이는 학생들에게 학습 동기를 부여하고, 학교 수업 참여도를 높이는 결정적인 역할을 할 것입니다.

- 대학의 자율성 확대와 책무성 강화: 대학이 학생을 선발하는 과정에서 획일적인 점수 위주 평가에서 벗어나, 대학의 교육 목표와 인재상에 맞는 학생을 선발할 수 있도록 자율성을 부여하되, 공정성과 투명성을 담보할 수 있는 책무성을 강화해야 합니다.

'공교육 정상화'를 위한 입시 제도의 설계

입시 제도는 공교육이 지향해야 할 방향을 설정하는 강력한 정책 도구입니다. 현행 입시 제도가 사교육 의존도를 높이고 공교육을 약화시킨다는 비판을 수용하여, 공교육을 정상화시키는 방향으로 제도를 설계해야 합니다.

개선 방안:

- 학교 생활 기록부의 신뢰성 제고와 실질 반영: 학생의 학교 활동, 동아리, 봉사, 교과 세특(세부 능력 및 특기 사항) 등이 단순한 서류 채우기가 아닌, 학생의 진정한 성장 과정과 역량을 보여주는 지표가 될 수 있

도록 기록 방식과 평가 기준을 명확히 하고 신뢰도를 높여야 합니다.

대학 입시에서 이를 실질적으로, 그리고 공정하게 반영하는 시스템을 확립해야 합니다.

지역 균형 및 기회 평등 전형 확대: 교육 기회의 불평등을 해소하고, 사교육 접근성이 낮은 지역의 학생들에게도 공정한 기회를 제공하기 위해, 지역 균형 및 사회적 배려 대상자 전형을 확대하고 그 취지에 맞게 운영될 수 있도록 제도적 보완이 필요합니다.

교육 현장의 활력 회복, 교사 승진 구조의 개혁

노교사가 제시하는 또 하나의 근본적인 개혁 과제는 교사의 승진 구조 개혁입니다. 현재의 승진 구조는 교사들이 교육 본연의 역할인 학생 지도와 수업 연구보다, 승진 점수를 얻기 위한 행정 업무, 연구 실적, 연수 참여에 치중하게 만드는 결과를 낳고 있습니다. 이는 교육의 질 저하와 교실의 활력 부족으로 직결됩니다.

'수업 전문성' 중심의 승진 시스템 구축

현재의 승진 구조는 경력 평정, 근무 성적 평정(주로 보직 유무), 연구 실적, 연수 실적 등 행정적 요소에 크게 의존합니다. 이는 유능한 교사가 학생 지도와 수업 개선에 전념하기보다, 행정 업무를 맡거나 승진에 유리한 '점수'를 획득하는 데 시간을 쓰게 만듭니다.

개선 방안:

• 수업 전문성 평가의 실질적 도입 및 비중 확대: 승진 심사에서 교사의 수업 전문성, 학생 지도 능력, 교실 혁신 노력 등을 객관적이고 다면적으로 평가하는 시스템을 도입하고, 그 비중을 획기적으로 높여야 합니다. (예: 동료 교사 참관 평가, 학생 및 학부모 만족도 평가(익명 보장), 수업 연구 실적 등)

• 수업 명장(Master Teacher) 제도 및 보상 체계 강화: 학생들에게 생동감 있는 수업을 제공하고 교실을 변화시키는 데 기여한 교사에게는 승진과는 별개로 명예와 보상을 제공하는 '수업 명장' 또는 '선임 교사' 제도를 확대하여, 교육 전문가로서의 경력 경로를 다양화하고 우대해야 합니다.

교직 생활의 다양한 경로 제시

교사가 부장 교사, 교감, 교장으로 승진하는 단일 경로 외에, 자신의 전문성을 심화하고 교육에 기여할 수 있는 다양한 경로를 제시해야 합니다.

개선 방안:

• 교육 전문가 트랙 신설: 교실에서 탁월한 역량을 발휘하는 교사가 행정 관리직으로의 승진 없이도 연구/연수/교육과정 개발 등 교육 전문

분야에서 리더 역할을 수행하고 그에 합당한 대우를 받을 수 있는 '교육 전문가 트랙'을 신설해야 합니다.

- 행정 업무 경감 및 전담 인력 배치: 교사들이 교육 본연의 업무인 수업과 학생 지도에 집중할 수 있도록, 불필요한 행정 업무를 대폭 경감하고, 학교 운영 및 일반 행정을 담당하는 전담 인력을 충분히 배치해야 합니다. 현재의 승진 구조가 행정 업무를 '점수화'하는 경향을 근절시켜야 합니다.

결론: 교육 개혁은 미래에 대한 투자

필자의 교무수첩에 기록된 내용을 중심으로 지적처럼, 교육 개혁은 진보와 보수의 이념 논쟁을 넘어선 '우리의 미래와 직결된 문제'이며, 정부 정책의 최우선 순위가 되어야 합니다.

잠자는 교실을 깨우는 입시 구조의 개혁과 교사의 전문성을 존중하는 승진 구조의 개혁은 교육 현장의 활력을 되찾고, 학생들에게 진정한 학습 기회를 제공하며, 궁극적으로 대한민국의 미래 경쟁력을 확보하는 길입니다. 교육 당국은 무능하거나 무책임하다는 비판을 면하기 위해, 필자의 뼈아픈 제언을 정책적 차원에서 혁신적으로 수용해야 할 것입니다.

잠자는 교실을 깨울 입시 구조의 구체적 대안 (입시 제도의 혁신)

현행 입시 구조의 가장 큰 문제점은 공교육의 획일화와 사교육 의존 심화입니다. 이를 근본적으로 해결하고 잠자는 교실을 생동감 넘치는 공간으로 만들기 위한 구체적인 대안을 제시합니다.

개혁 목표	현행 문제점	구체적 대안 (정책적 혁신)	기대 효과
I. 평가 기준의 다면화	수능 및 내신 성적 위주의 단편적 평가로 학생의 다양한 잠재력과 역량 무시	1. 학교생활기록부(학생부) 실질 반영 비율 80% 이상 의무화: 수치화된 등급(내신)을 넘어, 세부 능력 및 특기 사항(세특), 창의적 체험 활동(자율/동아리/진로) 등 정성적 기록의 평가 비중을 대폭 확대하고, 대학 입시에서 이를 정량화하지 않고 정성적으로 심층 평가하도록 강제	교사들이 학생의 개별적인 학습 과정과 성장을 기록하는 데 집중하게 되며, 학생들은 교과 수업뿐 아니라 학교 활동 전반에 적극적으로 참여하여 교실이 살아남.
II. 고교 학점제의 완성	고교 학점제가 도입되었으나, 여전히 대입에서 5등급제, 절대평가/ 상대평가의 혼재로 학생들의 과목 선택권이 제한됨.	2. 모든 고교 교과목의 전면적 절대평가(A, B, C 등) 전환: 석차 등급(1~9등급)을 폐지하고, 고교 내 모든 교과목을 성취평가제(절대평가)로만 평가하여 학생들의 성적 경쟁 부담 완화 및 흥미 중심 학습 유도	학생들은 입시에 대한 불이익 걱정 없이 자신의 진로와 적성에 맞는 과목을 자유롭게 선택하며, 수업 참여도가 극적으로 향상되어 교실 활성화.
III. 수능의 역할 재정립	수능이 학생 선발의 '당락'을 결정하는 주요 변수로 작용하여 교육과정 정상화 저해.	3. 수능의 '자격고사화(Qualification Exam)' 또는 '최저 학력 기준' 활용으로 전환: 수능을 현행처럼 고난도 변별력을 위한 시험이 아닌, '대학 수학에 필요한 최소 학력(Basic Literacy & Numeracy)'을 검증하는 시험으로 전환하고, 입시에서 전체 점수 반영을 폐지하거나 반영 비율을 극히 낮춤.	학교 교육의 정상화를 유도하고, 수능 중심의 사교육 시장 위축. 교실에서 수능 범위 외의 다양한 심화/탐구 학습이 가능해짐.

개혁 목표	현행 문제점	구체적 대안 (정책적 혁신)	기대 효과
IV. 공정성 확보	정성 평가 확대에 대한 불공정성 우려 존재	4. 학생부 기록 가이드라인 및 평가 절차의 표준화/투명화: 학생부 정성 기록에 대한 전국 단위의 명확한 가이드라인을 제시하고, 대학의 평가 과정(서류 및 면접)에 AI 기반 블라인드 평가 도입 등을 통해 인맥 등 외부 요인 개입을 원천 차단하여 공정성 담보.	정성 평가의 장점을 살리면서도 공정성 확보를 통해 국민적 신뢰를 높임.

교육 현장의 활력 회복을 위한 교사 승진 구조의 구체적 대안 (전문성 중심 개혁)

현재의 승진 구조는 교사를 '관리직'으로 유도하고, 행정 업무에 치중하게 만들어 교육 전문가로서의 성장을 방해합니다. 유능한 교사가 학생 지도와 수업 연구에 전념하도록 독려하기 위한 구체적인 대안을 제시합니다.

개혁 목표	현행 문제점	구체적 대안 (정책적 혁신)	기대 효과
I. 수업 전문성 최우선 평가	승진 점수가 행정 보직(부장 교사), 연구/연수 실적 등 수업 외적 요소에 크게 의존함.	1. '수업 전문성 평정' 항목 신설 및 반영 비율 50% 이상 의무화: 근무 성적 평정(근평)을 재편하여 '수업 및 학생 지도 전문성' 항목을 최우선으로 두고, '학교 혁신 프로젝트 기여도', '동료 및 학생 수업 만족도(익명)' 등을 다면적으로 평가.	교사들이 승진을 위해 행정 업무를 맡기보다, 교실에서 좋은 수업과 학생 지도에 전념하게 되어 수업의 질 향상.
II. 전문 교사 트랙 신설	승진의 유일한 목표가 교감/교장 등 관리직으로 귀결되어, 훌륭한 교사가 교실을 떠나게 됨	2. '선임교사(Master Teacher)' 또는 '수석교사+' 제도 도입 및 보상 강화: 수업 전문가로서의 교직 경력 경로를 신설하고, 승진을 원하지 않는 교사에게 교감/교장 수준의 급여 및 연구비 지원, 행정 업무 면제, 학교 내 수업 컨설팅 역할 부여 등의 대우를 보장.	유능한 교사가 교실에 남아 전문성을 발휘하며 후배 교사들을 이끌게 하여 교육력 전반을 상향 평준화.

개혁 목표	현행 문제점	구체적 대안 (정책적 혁신)	기대 효과
III. 행정 업무와 교직 분리	교사가 행정가 역할까지 수행하며 본연의 교육 업무에 집중하지 못함.	3. '학교 운영 행정직' 전문 인력의 대규모 확충 및 법제화: 학교 행정 업무(공문 처리, 예산 집행, 시설 관리 등)를 전담하는 전문 행정직원(Educator Administrator)을 대폭 충원하고, 교사는 오직 교육 과정 기획, 수업, 학생 상담 및 지도에만 집중할 수 있도록 업무 분장 체계 혁신	교사들이 불필요한 행정 부담에서 해방되어 교육 연구 및 학생 개별 지도에 집중하여 교실의 활력 회복.
IV. 교장 임용의 혁신	교장 임용이 승진 점수 위주로 이루어져 교육 철학이나 리더십 부재 우려	4. '교장 공모제' 확대 및 '전문경영인' 채용 도입: 교장 임용 시 승진 점수 외에 학교 경영 능력, 교육 철학, 혁신 리더십에 대한 심층 평가를 강화하고, 일정 비율 이상을 공모제로 선발하여 역량 있는 인사가 학교를 이끌도록 함	학교 현장의 변화와 혁신을 이끌어낼 수 있는 리더십을 갖춘 교장이 임명되어 학교 전체의 분위기 개선.

♣ 맺음말:

이 두 가지 구조적 대안, 즉 입시 구조의 혁신과 교사 승진 구조의 개혁은 상호 보완적으로 작동해야만 실질적인 교육 개혁을 달성할 수 있습니다. 입시가 변하면 교실이 변할 동기가 생기고, 승진 구조가 변하면 교사가 변할 의지가 생깁니다. 정부는 이러한 구조적 문제에 정책적 우선순위를 두고, 정치적 논리가 아닌 미래 세대의 교육이라는 관점에서 과감한 개혁을 추진해야 할 것입니다.

학교폭력, 줄지 않는 비극, 관리자와 시스템의 착각

"우리 학교가 작년에 TOP입니다"

　2024년, 학교폭력 전담조사관으로 J학교를 처음 방문했을 때의 기억은 아직도 생생합니다. 학교폭력 담당 교사는 지쳐 보였고, 그가 내뱉은 첫마디는 충격적이었습니다.

　"우리 학교가 작년에 TOP입니다."

　"어떤 분야에서요?"

　"학교폭력 발생 건수가 이 지역에서 TOP입니다."

　영광스러워야 할 'TOP'이라는 단어가 이토록 참담하게 들릴 줄은 몰랐습니다. 이 한마디는 학교가 짊어져야 할 고통의 무게를 웅변했습니다. 그리고 그는 담담하게 덧붙였습니다. "그래서 학폭 담당을 아무도 맡지 않겠다고 해서, 결국 전입 교사인 제가 맡게 되었습니다." 그들의 '고생'은 시스템이 외면한 결과이자, 가장 힘든 업무를 신규 또는 피할 수 없는 이들에게 떠넘기는 현장의 민낯이었습니다.

　학교폭력은 왜 줄지 않는 것일까요? 학교 현장에서 수십 년간 이 문제를 마주해 온 필자의 입장에서 볼 때, 현재와 같은 시스템에서는 학교폭력이 줄어들 것이라는 기대 자체가 지극히 순진한 '착각'입니다.

　학교폭력 발생은 이미 당연한 일상처럼 여겨지고, 학교폭력이 발생하면 매뉴얼에 따라 보고하고 처벌하는 과정에만 몰두할 뿐, 가장 근본적인 질문을 놓치고 있습니다.

'왜 이렇게 많은 학교폭력이 발생하는가? 이는 학교 교육에 어떤 영향을 미치는가? 이에 대한 근본적인 대책은 무엇인가?' 이 질문들은 교육의 본질을 되찾기 위해 반드시 고민해야 할 당연한 이치입니다.

학교폭력이 발생하면, 교육청 보고와 사후 처벌 과정은 지켜야 합니다. 하지만 그전에, 학교 현장에서 폭력을 줄이기 위해 선제적으로 어떤 노력을 했습니까? 학생들만의 문제입니까? 학교폭력 전담 교사 한 명의 헌신과 소진으로 해결될 수 있는 문제입니까?

관리자의 침묵과 교육지원청의 부재

교단에서 학교폭력을 담당하고 줄이는 노력을 다해온 저의 경험에 비추어 볼 때, 학교 관리자(교장, 교감)의 역할이 그 무엇보다 중요합니다. 관리자는 폭력 발생에 대한 대책을 강구하고, 폭력이 발생하는 원인을 차단하기 위한 시스템을 설계해야 합니다.

단순히 담당 교사에게 책임을 전가하고 사후 처리만 독려하는 것은 관리자의 책무를 방기하는 것입니다. 학교의 분위기, 예방 교육의 질, 학생 상담 체계의 활성화 여부는 관리자의 의지에 달려있습니다. 관리자가 문제 해결의 강력한 의지를 가지고 현장에 개입할 때 비로소 학교는 예방 시스템을 구축하고 폭력의 싹을 자를 수 있습니다.

더 나아가, 교육지원청의 역할에 대해 심각한 의문을 제기하지 않을 수 없습니다.

교육지원청은 글자 그대로 학교를 '지원'하는 조직입니까? 아니면 학교의 행정 부담을 가중시키고 관료적인 절차만 강요하는 존재입니까?

학교폭력이 과다 발생하는 학교에 대해 교육지원청은 적절한 컨설팅과 획기적인 대책을 수립했습니까? 대부분의 경우, 여력이 없다는 핑계 혹은 관행에 젖어 그저 매뉴얼대로의 보고와 처리만을 요구할 뿐입니다. 학교를 찾아가 근본적인 원인을 진단하고, 학교 관리자와 함께 대책을 수립하며, 필요한 인력과 자원을 선제적으로 지원하는 교육지원의 역할은 찾아보기 어렵습니다.

저는 교육지원청이라는 조직이 과연 현재의 기능과 형태로 존속할 필요가 있는가에 대한 의문까지 품게 됩니다. 만약 그들이 학교를 진정으로 돕는 '지원청'이 아니라면, 학교 현장의 고립을 심화시키는 하나의 관료적 장벽에 불과할 뿐입니다.

획기적인 변화 없이는 학교폭력은 줄어들 수 없습니다. 학교 관리자가 책임을 인식하고 예방을 최우선 과제로 삼는 혁신, 그리고 교육지원청이 관료적 절차에서 벗어나 학교 현장에 실질적인 지원과 컨설팅을 제공하는 대변화가 없다면, 학교폭력 건수는 줄지 않을 것입니다.

오히려, 겉으로 드러나지 않는 교묘하고 은밀한 형태의 학교폭력이나 사이버 폭력 등이 증가하여, 통계만으로 파악할 수 없는 더 심각한 교육 현장의 병폐로 이어질 것입니다.

학교폭력 감소를 위한 근본적 대안 모색, '학교 부적응'과 '경직된 시스템'을 중심으로

KESS 통계에 의하면 2023년 중학교 학생의 학업중단률은 전체중학생의 0.7%, 고등학교 학업중단률은 2.0%이다. 2024년도의 학업중단률은 중학교 0.8%, 고등학교 중단률은 2.1%로 매년 증가하고 있다.

학업중단율 증가 현상은 학교 교육의 본질적인 문제와 학교폭력 대응 시스템의 한계를 동시에 시사합니다.

학업중단율 증가는 단순히 개인의 문제가 아닌, 학생들이 학교에서 지식 습득 이상의 흥미와 의미를 찾지 못하고 있다는 구조적 어려움의 반영으로 볼 수 있습니다. 이러한 학교 부적응은 학교폭력 발생의 근본적인 토양이 될 수 있습니다. 학교폭력을 줄이기 위한 대안은 학교 현장의 경직된 구조를 개선하고, 학생들의 학교 적응도를 높이는 데 초점을 맞춰야 합니다.

I. 학업중단율 증가와 학교 부적응 문제 진단

현상	원인 분석	시사점
학업중단율 증가 (중/고교)	심리·정신적 문제, 원하는 것 습득 어려움 (검색 결과), 내신 성적 부담/입시 전략 (특히 고교), 학교 부적응	학교가 학생들에게 경쟁과 입시의 스트레스를 줄 뿐, 개인의 성장과 흥미를 충족시키지 못함(학교 이탈 증가)
학교폭력의 증가 및 양상 변화	'장난이나 이유 없이' 가해 (검색 결과), 사이버 폭력, 성폭력 증가, 집단화, 지능화	학생들 간의 공감 능력 및 인간관계 기술 부족 심화. 폭력이 범죄라는 인식이 미흡. 학교가 관계 형성 연습의 장으로서 제 기능 상실.

학교가 '그냥 거쳐가는 곳'이라는 인식이 팽배하고 교육과정이 학생들의 흥미를 끌지 못하는 구조라면, 학생들은 학교에서 안정감과 소속감을 느끼기 어렵다. 이는 학업중단으로 이어질 뿐만 아니라, 낮은 학교 적응도와 정서적 불안정을 통해 폭력 발생 가능성을 높이는 핵심 요인이 된다고 할 수 있다.

II. 현행 학교폭력 시스템의 한계 및 문제점

현재 학교 현장에서 "학교폭력이 발생하면 매뉴얼에 따라 처리하면 된다"는 접근 방식으로는 폭력을 줄이는 데 한계가 있습니다. 이는 다음의 이유 때문입니다.

① 사후 처리 중심의 경직된 매뉴얼: 현행 시스템은 발생한 사안의 처리 및 처벌에 중점을 두고 있어, 예방이나 관계 회복에는 미흡합니다. 학교 관리자나 교사들은 사안 처리의 공정성과 민원 방지에 에너지를 소모하며, 근본적인 예방 노력에 집중하기 어렵습니다.

② 학교 구성원의 책무성 부재 및 부담 증가: 학교폭력 다발생 학교나 교육지원청에 대한 원초적인 질문("학교폭력을 줄이기 위해 어떤 노력을 했는가?")에 속 시원히 답할 수 없는 것은, 시스템 자체가 예방 노력의 성과를 측정하거나 책임을 묻는 구조가 아니기 때문입니다. 오히려 사안 처리 부담만 가중되어 교사의 소진을 유발합니다.

③ 관계 회복 및 교육적 해결 미흡: 학교폭력 처리가 법적 분쟁의 성격을 띠면서, 피해-가해 학생 간의 화해, 공감, 관계 회복을 통한 교육적 해결 기회가 축소됩니다. 단순한 처벌 강화만으로는 폭력의 재발을 막기 어렵습니다.

III. 학교폭력 감소를 위한 근본적 대안

1. 학교 교육 시스템의 '관계 중심' 및 '흥미 유발' 구조 개혁

대안 방향	구체적 실천 방안	기대 효과
학교 적응 및 회복 탄력성 강화	체험 중심, 토론 중심, 학생 주도적 수업 활성화: 지식 전달을 넘어 문제 해결, 협업, 의사소통 역량을 키우는 교육과정 운영 (검색 결과 참고).	학교에 대한 흥미와 소속감 증가. 학업중단율 감소 및 학교 부적응 완화를 통한 폭력 발생 환경 개선.
정서 및 공감 능력 강화	정규 교육과정에 공감 및 감정 조절 교육 필수화: 솔리언 또래상담 등 또래 관계를 활용한 예방 프로그램 확대, 가해-피해 학생뿐 아니라 모든 학생 대상의 전문적인 심리 상담 및 정서 지원 확대.	타인 감정에 대한 이해 증진, 묻지마 폭력 등 충동적 폭력 감소, 건강한 또래 문화 형성.
학교 문화 개선 및 인식 전환	학교폭력 발생을 '실패'가 아닌 '교육적 과제'로 인식하는 문화 조성. 교사/학부모 대상의 학교폭력 예방교육 의무 및 질적 강화.	학교폭력 발생 시 처벌뿐 아니라 회복과 교육에 집중할 수 있는 환경 조성. 학교 구성원 모두의 책임 의식 강화.

2. 학교 관리자 및 교육지원청의 '예방 중심' 책무성 강화

대안 방향	구체적 실천 방안	기대 효과
관리자의 예방 노력 의무화 및 평가 반영	학교 관리자(교장, 교감)의 학교폭력 예방 노력(선제적 프로그램 운영, 관계 중심 문화 조성)을 학교 평가 및 성과에 긍정적으로 반영. (단, 폭력 빈도를 부정적 자료로 사용하는 법률 조항은 유지하여 사후 처리 부담 완화)	관리자가 매뉴얼 처리 대신 근본적인 예방 활동에 집중하도록 동기 부여.
교육지원청의 지원 시스템 혁신	교육지원청이 사안 처리에서 벗어나, 다발생 학교에 대해 전문적인 교육 인력(전문상담교사, 사회복지사 등) 배치 및 예산 지원을 통한 맞춤형 예방 및 치료 프로그램을 제공.	학교의 예방 역량 강화. 학교폭력 문제를 교육청 차원의 전문적인 지원 시스템으로 해결.
사안 처리의 교육적 활용	학교폭력 발생 시, 관계 회복 및 재발 방지를 위한 전문가(심리 상담, 회복적 정의 전문가) 개입을 의무화하고, 가해/피해 학생 분리 교육 및 위탁 교육을 실질적으로 활성화.	처벌과 함께 교육이 병행되어, 가해 학생의 반성 및 변화 유도. 피해 학생의 심리적 회복 지원.

3. 가정-학교-지역사회의 연계 강화

대안 방향	구체적 실천 방안	기대 효과
가정 교육의 변화 지원	시대 변화에 맞춘 자녀 감정 코칭, 공감 대화법 등에 대한 학부모 교육을 필수화하고, 온라인 플랫폼을 통해 상시 접근 가능하도록 지원.	가정 내 정서적 안정 및 긍정적 양육 환경 조성. 학생의 문제 해결 능력 향상.
학교-지역사회 연계 강화	청소년 상담 복지센터, 지역 경찰(학교 전담 경찰관)과의 상시적인 정보 공유 및 협력 시스템 구축. 학교 밖 청소년(학업중단 학생)을 포함한 위기 청소년 조기 발굴 및 지원 체계 마련.	학교 경계를 넘어선 사회 전체의 안전망 구축. 잠재적 위험 사전 감지 및 개입.

이러한 구조적 개선과 예방 중심의 접근을 통해 학교폭력을 지금보다 훨씬 낮은 수준으로 줄이고, 학생들의 학교 적응도를 높일 수 있을 것입니다.

에필로그
교육, 이대로는 안 된다

빛바랜 수첩을 덮으며, 남은 질문들

35년 5개월. 교직 생활의 마침표를 찍으며, 빛바랜 교무수첩을 정리했습니다. 세월의 흔적이 고스란히 묻어 있는 이 기록들을 펼쳐볼 때마다, 마음속에서 떠나지 않는 질문들이 메아리쳤습니다.

"나는 과연 훌륭한 교사였는가? 실력 있는 교사였는가?"

솔직한 고백을 하자면, '실력 있는 교사'라는 수식어는 감히 붙이기 어렵습니다. 하지만, 단 하나만은 누구에게도 부끄럽지 않게 당당히 말할 수 있습니다.

"나는 35년 5개월, 단 하루도 정성을 다하지 않은 날이 없었다"고 말입니다.

사립, 공립, 중학교, 고등학교, 심지어 해외학교까지. 교단에서 체험하고 느꼈던 모든 순간들을, 이 책『교육, 이게 뭡니까?』에 비교적 객관적인 기록으로 남기고자 노력했습니다.

이 책을 세상에 내놓기로 결심한 근본적인 이유는 하나입니다. '교육이 이제는 바뀌어야 한다'는 절박함 때문입니다.

학교라는 울타리 안에서 벌어지는 일들, 어쩌면 불편하고 감추고 싶었을지 모르는 학교의 '민낯'을 용기 내어 공개합니다.

이 공개가 학교 스스로 변화를 일으키는 작은 불씨가 되기를 간절히 소망합니다.

물론, 지금 이 순간에도 교단에서 묵묵히 헌신하며 학생들을 지도하는 훌륭한 교사들이 압도적으로 많음을 저는 잘 알고 있습니다. 그들의 노고에 진심으로 감사와 존경을 표합니다. 그럼에도 불구하고, 학교 현장의 본래 기능이 제대로 작동하고 있다고 자신 있게 말할 수 있는 교사는 많지 않을 것입니다. 일부겠지만, 제 역할을 다하지 못하는 교사들의 존재 역시 외면해서는 안 될 우리의 현실입니다. 이 현실을 직시하는 것에서부터 변화는 시작되어야 합니다.

교육 개혁의 시급함과 소박한 바람

저는 『제6장. 미래를 향한 교육의 길 위에서』에서 단호하게 진단했습니다. 현재의 '입시 구조'와 '교사의 승진 구조'를 바꾸지 않고서는 교육의 근본적인 변화를 기대할 수 없다는 것이, 35년 5개월 현장 경험을 통해 얻은 저의 결론입니다.

요즘 아이들은 뛰어납니다. 토론 수업도 잘하고, 자신의 의견을 발표하는 능력도 탁월합니다. 하지만, 안타깝게도 '입시'라는 거대한 벽 앞에 서면, 그 모든 토론과 발표는 멈춰버립니다. 오직 시험 점수만이 목표가 되는 순간, 교육은 본질을 잃고 맙니다.

교사의 승진 구조 역시 마찬가지입니다.

학생들을 열과 성을 다해 가르치고 지도하는 '참된 교육자'보다는, '점수 위주'의 승진 제도에 능통하고 승진에만 열을 올리는 교사가 앞서 나가는 구조입니다. 공정성이라는 잣대로 보면 타당할 수 있겠으나, 그들이 학교 교육을 책임지는 리더가 되었을 때 학교가 어떻게 될지는 너무나 뻔한 일 아닙니까? 현장을 바라보면 깊은 한숨이 나옵니다.

새 정부는 '검찰 개혁, 언론 개혁, 사법 개혁' 3대 개혁을 외칩니다. 물론 중요한 개혁들입니다. 그러나 저는 이 순서가 바뀌었다고 감히 주장합니다. '교육 개혁' 없이 사교육 문제를 줄이고, 학부모의 부담을 덜어줄 수 있을까요? 국가의 미래는 교육에 달려있는데, 정부의 교육 철학은 과연 무엇입니까?

자원이 부족한 대한민국이 인재를 활용하여 국가의 미래를 개척해야 한다는 책무를 가진 모든 관계자들에게, 저는 이 책을 통해 고(告)합니다. 부디 이 책이 우리의 교육 현실을 한 번쯤 되돌아보고, 깊이 고민하는 계기가 되어주기를 바랍니다.

이제 저는 35년 5개월 동안 기록했던 교무수첩을 완전히 닫습니다.
그리고 간절히 기대해봅니다. 이 책이 출판된 후, 제가 35년 5개월 동안 품어왔던 소중한 바람, '모두가 행복한 교육의 미래'가 이루어지는 첫걸음이 될 수 있기를 말입니다

교육!
이게
뭡니까?

35년의 빛바랜 교무수첩에서

초판　1쇄 발행　　　　2025년 11월 20일

저자 김창학
편집 · 디자인 홍성주
펴낸곳 도서출판 위
주소 경기도 파주시 광인사길 115
전화 031-955-5117~8

ISBN 979-11-86861-46-2 03370